最长的一天

登陆诺曼底，1944年6月6日

THE LONGEST DAY

Cornelius Ryan

[美] 科尼利厄斯·瑞恩 著

小小冰人 译

民主与建设出版社

·北京·

图书在版编目（CIP）数据

最长的一天 : 登陆诺曼底 : 1944年6月6日 / （美）
科尼利厄斯·瑞恩著 ; 小小冰人译 . -- 北京 : 民主与
建设出版社 , 2025. 1. -- ISBN 978-7-5139-4784-8

Ⅰ. E195.2

中国国家版本馆 CIP 数据核字第202483H4D0号

最长的一天：登陆诺曼底，1944年6月6日
ZUI CHANG DE YITIAN DENGLU NUOMANDI 1944 NIAN 6 YUE 6 RI

著　　者	［美]科尼利厄斯·瑞恩	
译　　者	小小冰人	
责任编辑	金　弦	
封面设计	杨静思	
出版发行	民主与建设出版社有限责任公司	
电　　话	（010）59417749　59419778	
社　　址	北京市朝阳区宏泰东街远洋万和南区伍号公馆4层	
邮　　编	100102	
印　　刷	重庆长虹印务有限公司	
版　　次	2025年1月第1版	
印　　次	2025年1月第1次印刷	
开　　本	787毫米 ×1092毫米　1/16	
印　　张	18	
字　　数	230千字	
书　　号	ISBN 978-7-5139-4784-8	
定　　价	99.80元	

注: 如有印、装质量问题，请与出版社联系。

献给
D 日所有参战官兵

朗，相信我，登陆头24小时深具决定性……德国的命运取决于此……无论对盟国还是德国，这都是最长的一天。

——埃尔温·隆美尔元帅对副官如是说

1944年4月22日

前言

1944 年 6 月 6 日，周二，D 日

盟军进攻欧洲大陆的"霸王行动"，始于 1944 年 6 月 6 日 0 点 15 分，这一天后来作为 D 日永载历史。那一刻，美国第 82、第 101 空降师精心挑选的官兵跃出飞机，投入月夜下的诺曼底上空。5 分钟后，英国第 6 空降师一群官兵在 50 英里外跳离机舱。他们是探路者，负责为即将跟上的伞兵和滑翔机机降步兵照亮空降地域。

盟军空降兵团清楚地标明了诺曼底战场的界线：在他们与诺曼底之间，沿着法国海岸线排列着五片登陆海滩，分别是犹他、奥马哈、金滩、朱诺、剑滩。拂晓前几个钟头，伞兵在诺曼底黑黢黢的灌木树篱间战斗之际，有史以来最庞大的舰队在几片海滩外集中，近 5000 艘舰船载有 20 多万陆军官兵、水兵、海岸警卫队人员。海空力量实施大规模炮击和轰炸后，清晨 6 点 30 分，第一拨突击部队的几千名官兵涉水上岸。

接下来我要讲述的不是战史，而是人的故事：关于盟军将士，关于抵抗他们的敌人，关于置身 D 日血腥而又混乱战事的平民百姓。当日打响的战斗，彻底终结了希特勒为称霸世界展开的疯狂冒险。

英制单位换算表

1英里 ≈ 1.609千米   1磅 ≈ 0.454千克

1英尺 = 0.3048米   1平方英里 ≈ 2.590平方千米

1英寸 = 2.54厘米   1英亩 ≈ 4046.856平方米

1码 = 0.9144米

目录
Contents

第一部

等待

— *1* —

6 月潮湿的清晨,拉罗什吉永一片寂静。近 12 个世纪来,这个村子静静地坐落在塞纳河宽阔平静的河湾边,大致位于巴黎到诺曼底的中途。多年来,拉罗什吉永不过是行人赶往其他地方的途经地,只有村内的城堡值得一提,也就是历代拉罗什富科公爵的府邸。正是这座以村庄后方的山丘为背景,向前伸出的城堡,打破了拉罗什吉永的祥和宁静。

在这个灰蒙蒙的清晨,只有城堡隐约可见,构筑它的大量石块因露水的沁润而闪闪发亮。快 6 点了,可城堡内鹅卵石铺就的两个院落毫无动静。门外宽阔的主干道空空荡荡,村内一座座红色瓦顶的房屋窗户仍关着。拉罗什吉永很安静,静得似乎无人居住。但这种寂静纯属假象,一扇扇关闭的窗户后,村民正等待钟声响起。

城堡旁建于 15 世纪的圣桑松教堂,每天早上 6 点敲响祈祷钟。若是太平岁月,钟声的意义很简单:拉罗什吉永村民会在胸前画十字,暂时停下来祷告一番。但祈祷钟此刻的含义远不止沉思片刻。今天早晨响起的钟声,标志着宵禁结束,也代表德国占领拉罗什吉永第 1451 天的开始。

拉罗什吉永村内岗哨林立。哨兵裹着迷彩斗篷,伫立在城堡两扇大门内,各个村口的路障旁,与山麓露出的白垩岩齐平的碉堡里,城堡上方最高山丘上一座摇摇欲坠的古塔废墟中。机枪手居高临下,村内的动静一览无遗。在德军占领的法国地区,拉罗什吉永堪称把守最严密的村庄。

拉罗什吉永看上去一派田园风光,其实是一所监狱;这里有 543 名居民,而部署在村内外的德国军人,数量是村民的三倍多。埃尔温·隆美尔元帅就是其中的一个，他统率的 B 集团军群是西线德军最强大的军团。隆美尔的司令部设在拉罗什吉永城堡内。

第二次世界大战至关重要的第五年，意志坚定的隆美尔置身此地，全神贯注地准备着职业生涯中最悬殊的较量。他麾下 50 多万将士守卫着漫长的海岸线，这道防线绵延近 800 英里，从荷兰的堤坝一路延伸到布列塔尼半岛被大西洋海浪冲刷的岸滩。隆美尔把担任主力的第 15 集团军集中在加来附近，也就是法国与英国之间的海峡最窄处。

夜复一夜，盟军轰炸机不断轰炸这片地区。第 15 集团军的老兵不胜其烦，悻悻地调侃道，最佳疗养地莫过于第 7 集团军驻守的诺曼底地区，那里几乎没落下一颗炸弹。

数月来，滩头障碍物和地雷场构成的"密林"后方，隆美尔的部队一直待在混凝土海岸防御工事内等待盟军进攻，但蓝灰色的英吉利海峡始终没出现盟军舰船，平安无事。这个昏暗而又平静的周日清晨，从拉罗什吉永仍看不到盟军进攻的迹象。此时是 1944 年 6 月 4 日。

— *2* —

　　隆美尔独自待在楼下的办公室里。他坐在文艺复兴时期的一张大桌子后面，借助一盏台灯的光亮埋首工作。这间办公室很大，顶很高，一面墙上挂着褪色的戈贝林挂毯，另一面墙上，沉甸甸的金色相框内，神情傲慢的弗朗索瓦·德·拉罗什富科公爵俯视下方，他是17世纪的格言作家，也是现任公爵的祖先。几把椅子随意摆放在擦得锃亮的拼花地板上，几扇窗户前挂着厚厚的窗帘，除此之外就没什么了。

　　值得一提的是，办公室里除了隆美尔本人，没有任何属于他的私人物品。没有他妻子卢齐厄－玛丽亚或15岁儿子曼弗雷德的照片，没有战争初期他在北非沙漠赢得的一场场伟大胜利的战利品，也没有希特勒1942年兴高采烈地授予他的那根元帅权杖（这根花哨的金质元帅权杖包裹着红色丝绒，缀满金色鹰徽和黑色反万字标志，长18英寸，重3磅，隆美尔只拿过一次，就是他获得权杖那天）。这里甚至没有辖内兵团布防图。一如既往，深具传奇色彩的"沙漠之狐"神秘莫测，令人难以琢磨。必要情况下，他可以离开办公室，不留下丝毫痕迹。

　　现年51岁[①]的隆美尔看上去比实际年龄更老些，但依然有股孜孜不倦的劲头。B集团军群的将士都知道，他没有哪个晚上的睡眠时间超过5个钟头。和以往一样，他今天早上不到4点就起床了，此时也在不耐烦地等

---

① 译注：实际53岁。

待 6 点到来，届时他会和身边的幕僚共进早餐，然后返回德国。

这是隆美尔数月来的首次休假，他打算乘汽车回国。希特勒下达过命令，要求高级将领出行"必须乘坐三引擎飞机……还得有一架战斗机护航"，这些条件很难实现，好在隆美尔不喜欢坐飞机。他打算乘坐黑色大型敞篷霍希轿车返回乌尔姆黑尔林根的家中，整个行程要耗时 8 个钟头。

隆美尔很期待此次休假，但下决心离开司令部不是件容易的事。他肩负重任，只要盟军发动进攻就得立即击退对方。接二连三的军事灾难致使希特勒的第三帝国摇摇欲坠：盟军数千架轰炸机夜以继日地轰炸德国本土，兵力强大的苏军已攻入波兰，盟军兵临罗马城下。无论在何处，一个个德国集团军不是被击退就是遭歼灭。德国此时还远谈不上战败，但盟军登陆无疑会成为决定性战役，德国的前景堪称岌岌可危，没人比隆美尔更明白这一点。

但隆美尔今天早上要回家了。数月来，他一直期盼 6 月上旬能回国待几天。他觉得自己暂时离开司令部没什么问题，各种理由很充分，但他绝不会承认自己急需休息。几天前，他致电年迈的上司——西线总司令格尔德·冯·伦德施泰特元帅，提出休假请求，冯·伦德施泰特立即批准了。出于礼貌，隆美尔随后拜访了冯·伦德施泰特设在巴黎郊外圣日耳曼莱昂的司令部，正式办理休假手续。冯·伦德施泰特和他的参谋长京特·布鲁门特里特步兵上将，都对隆美尔憔悴的面容震惊不已。布鲁门特里特永远忘不了，隆美尔看上去"疲惫而又焦虑……显然有必要回家和家人团聚几天"。

隆美尔确实紧张而又焦躁。从 1943 年年底他到达法国那天起，盟军会在何处登陆，该如何击退他们，这些问题就给他造成了近乎难以承受的重负。与驻守海岸防线的所有德国官兵一样，他一直活在忧心忡忡的梦魇里。他始终得揣摩盟军的企图：他们如何发动进攻，他们打算在何处登陆，最重要的是——何时！

只有卢齐厄－玛丽亚清楚隆美尔承受的压力，因为他总是对妻子倾诉一切。不到 4 个月，他给她写了 40 多封信，几乎每隔一封信，他就对盟军的进攻做出新的预测。

隆美尔在 3 月 30 日的信里写道："3 月份临近结束，英美军队没有发动进攻……我觉得他们对他们的事业丧失了信心。"

他在 4 月 6 日的信里写道："这里的气氛越来越紧张……很可能再过几周就会发生决定性事件……"

他 4 月 26 日写道："英国国内士气低落……罢工此起彼伏，'打倒丘吉尔和犹太人'与要求和平的呼声越来越高……这些情况对风险重重的进攻行动无疑是个坏兆头。"

他 4 月 27 日写道："目前看来，英国人和美国人近期不会通力合作，发动入侵。"

他 5 月 6 日写道："还是没有英美军队入侵的迹象……每天，每周……我们的实力越来越强大……我期待与敌人交战，对此满怀信心……可能是 5 月 15 日，也可能是月底。"

他 5 月 15 日写道："我不能再去各地视察部队了……因为谁都不知道敌人何时发动入侵。我觉得再过几周，西线就要出事了。"

他在 5 月 19 日的信里写道："我希望能更快地推行自己的计划……我不知道 6 月份能否离开几天，眼下没机会。"

但机会还是有的。隆美尔决定此时休假，原因之一是基于他对盟军意图的判断。B 集团军群的每周报告此时就摆在他面前的办公桌上。这份精心编撰的评估报告，会在次日中午前发给冯·伦德施泰特元帅的司令部，用军事术语来说，那里通常被称为"西线总司令部"。这份报告在西线总司令部被进一步润色后，成为整个战区报告的组成部分，随后发给希特勒的大本营，也就是国防军最高统帅部。

隆美尔在评估报告里写道，盟军已进入"高度戒备状态"，"发给法国抵抗组织的电报大幅度增加",但这份报告继续指出,"基于以往的经验,这些情况并不能说明敌人即将发动入侵……"

隆美尔这回猜错了。

— 3 —

  从元帅的书房沿走廊往前走，就来到了集团军群参谋长的办公室，隆美尔 36 岁的副官赫尔穆特·朗上尉拿起晨间报告，这是他每天为总司令做的第一件例行事务。隆美尔喜欢早点拿到报告，这样就可以和幕僚在共进早餐时商讨相关问题。但今天早上没什么新情况，除了加来海峡持续不停的夜间轰炸，整条防线依然平静。看来没什么疑问了：不提其他各种迹象，仅凭盟军针对加来地区旷日持久的空袭就足以证明，他们选中的进攻地段就是那里。倘若对方真想登陆，地点肯定就是此处。看来，几乎每个人都是这么认为的。

  朗看看手表，差几分钟 6 点。他们打算 7 点整出发，现在得抓紧时间了。隆美尔此次回国没有卫队跟随，只安排了两辆轿车，除了他的霍希，另一辆是 B 集团军群作战处长汉斯－格奥尔格·冯·滕佩尔霍夫上校的座车，他与隆美尔同行。一如既往，元帅的出行计划没有告知途中各地区军事指挥官。隆美尔向来如此，他反感下级指挥官碰响靴跟敬礼，也不喜欢摩托车卫队等候在各座城市的入口，觉得这套繁文缛节太耽误时间。这样算来，一切顺利的话，他们下午 3 点左右就能到达乌尔姆。

  还有个老生常谈的问题：该带点什么给元帅当午餐呢？隆美尔不抽烟，很少喝酒，也不太讲究伙食，有时候甚至忘记吃饭。以前他与朗核实长途旅程的安排时，经常用铅笔划掉拟定的午餐，再用很大的黑字写上一句："简单的野战伙食即可。"隆美尔有时候会说，"当然，要是您想加一两块猪排，我也不反对"，简直让朗无所适从。朗是个细心的副官，可始终不知道该让厨房弄些什么。今天早上，除了装在保温罐里的清炖肉汤，他还准备了几块不同口味的三明治。他估计隆美尔和以往一样，肯定会把午饭忘得一干二净。

朗离开办公室，沿着贴有橡木镶板的走廊往前走。走廊两侧的房间传出嗡嗡的说话声和打字机发出的咔嗒声，此时的 B 集团军群司令部是个异常忙碌的场所。朗总是纳闷，这么嘈杂的环境，楼上的公爵和公爵夫人怎么能睡得着。

朗来到走廊尽头，在一扇很大的门前停下脚步。他轻轻敲了敲门，随即转动门把走了进去。隆美尔没有抬头，全神贯注地看着面前的文件，似乎根本没发觉自己的副官进入办公室，朗知道不能打搅他，于是站在一旁等待。

埋首案牍的隆美尔终于抬头看了一眼，说道："朗，早上好。"

"早上好，元帅先生，这是晨间报告。"朗递上文件，随即离开办公室，等在门外，准备陪隆美尔去吃早饭。元帅今天早上似乎忙得不可开交，朗知道隆美尔性情冲动、心思多变，因而不敢断定今天早上真能动身出发。

隆美尔没想取消行程。虽说约见元首的安排尚未确定，可他还是想觐见希特勒。所有元帅都有面见元首的权力，隆美尔已经给老朋友鲁道夫·施蒙特中将打过电话，请他安排会面。施蒙特是希特勒的副官长，他觉得此次会晤可以安排在 6 月 6 日到 9 日之间的某天。除了隆美尔身边的亲信幕僚，没人知道他打算觐见元首，这是他一贯的做法。伦德施泰特司令部的官方日志简短地写道，隆美尔回家休假几天。

隆美尔深信这个时候离开自己的司令部没什么不妥。5 月份的天气特别好，非常适合盟军发动进攻，可现在 5 月份已过去，隆美尔据此得出结论：对方接下来几周不会登陆。他对此深信不疑，甚至为所有防登陆障碍物工程的竣工时间规定了最后期限。他的办公桌上放着发给第 7、第 15 集团军的指令。指令里写道："务必想方设法完成障碍物布设作业，确保敌人付出极为高昂的代价后，才有可能在低潮时登陆……6月20日前向我的司令部汇报完成情况。"

隆美尔推断，盟军的登陆要么与苏军夏季攻势同时发起，要么稍后实施，这种看法与希特勒和德国最高统帅部的观点不谋而合。他们知道苏联人要到波兰境内姗姗来迟的化冻到来后才会发动进攻，故而认为盟军6月下旬才有可能实施登陆。

一连数日，西面的天气很恶劣，相关预报称接下来几天更糟糕。德国空军派驻巴黎的首席气象学家、教授瓦尔特·施特贝上校早上5点提交了报告，预测多云，还伴有大风和降雨。即便是此刻，英吉利海峡的风速也达到每小时20～30英里。在隆美尔看来，盟军接下来几天敢于发动进攻的可能性很小。

即便在拉罗什吉永，天气在夜间也起了变化。隆美尔办公桌正对面有两扇高大的落地窗，推开窗户就是一座梯台式玫瑰园。今天早上，整个玫瑰园面目全非，遍地都是玫瑰花瓣和折断的花枝。拂晓前不久，一场短暂的夏季风暴从英吉利海峡袭来，席卷了部分法国海岸，随后继续向前。

隆美尔推开办公室房门走了出去。"早上好，朗，"他说道，就好像刚刚看见自己的副官似的，"做好出发的准备了吗？"他们一同去吃早饭。

城堡外的拉罗什吉永村，圣桑松教堂的祈祷钟声响起，钟声与风力苦苦抗衡。此刻是早上6点。

　　隆美尔与朗的关系轻松而又随意。几个月来，他俩形影不离。朗 2 月份来到隆美尔身边，打那以后，他几乎每天都跟随隆美尔长途奔波，视察一处处防区。他们通常清晨 4 点 30 分驱车出发，全速驶往隆美尔麾下某个遥远的防区。今天去荷兰，明天去比利时，接下来说不定又赶往诺曼底或布列塔尼。行事果断的元帅充分利用每分每秒，他对朗说过："我现在只有一个真正的敌人，那就是时间。"为征服时间，隆美尔严以律己，也严格要求部下。自 1943 年 11 月调到法国那天起，他就这样兢兢业业地履行自己的职责。

　　那年秋天，负责整个西欧防务的冯·伦德施泰特请求希特勒调拨援兵，没想到派来的是头脑冷静、英勇无畏、雄心勃勃的隆美尔。令时年 68 岁、贵族气十足的西线总司令倍感羞辱的是，隆美尔带着"弹性指令"到来，奉命视察海岸防御工事，也就是希特勒大肆吹嘘的大西洋壁垒，然后直接向元首大本营汇报情况。冯·伦德施泰特难堪而又失望，隆美尔比他年轻（他把隆美尔称为"娃娃元帅"），现在却带着"尚方宝剑"插手他的事务，不免让他有些恼火，于是质询国防军最高统帅部参谋长威廉·凯特尔元帅，元首是否想让隆美尔接替自己的职务。凯特尔告诉他，"不要胡乱得出错误的结论"，还说"尽管隆美尔才华出众，但还不能胜任您的职务"。

　　隆美尔到任后不久，就对大西洋壁垒展开旋风式视察，见到的情况令他大为震惊。沿海岸修筑的大型钢筋混凝土防御工事只有几处完工，也就是在主要的港口、河口、俯瞰海峡处，大致从勒阿弗尔向北延伸到荷兰。

其他地段的防御工事完工度不一，某些地方甚至还没动工。没错，即便从目前的状况看，大西洋壁垒也是一道令人望而生畏的屏障，完工地段简直可以说重炮林立。但隆美尔并不满意，他觉得没有足够的东西阻止敌人必然发起的猛烈进攻，他一直记得去年在北非输给蒙哥马利的惨痛经历。以他挑剔的目光来看，大西洋壁垒纯属闹剧。他以德语这种世界上最具描述性的语言，批评大西洋壁垒是"希特勒幻想的仙境"。

就在两年前，还不存在这道壁垒。

1942 年之前，元首和趾高气扬的纳粹党人觉得胜利似乎已成定局，根本不需要修筑海岸防御工事。反万字旗在各处飘扬。奥地利和捷克斯洛伐克兵不血刃地落入德国手里。德国和苏联早在 1939 年就瓜分了波兰。战争爆发后没过一年，西欧若干国家就像腐烂的苹果那样纷纷坠落。丹麦的陷落只用了一天，从内部渗透的挪威耗时稍长，也不过 6 个星期。接下来的 5 月和 6 月，希特勒的军队展开闪电战，没有任何前奏，仅用 27 天就攻入荷兰、比利时、卢森堡、法国，在敦刻尔克把英国远征军赶下大海，全世界为之瞠目结舌。法国战败后，只剩孤身只影的英国。这种情况下，希特勒要"壁垒"又有何用呢？

但希特勒没有入侵英国本土，德军将领希望他这样做，可希特勒却在等待，认为英国人会求和。随着时间推移，局势迅速发生变化。英国获得了美国的大力援助，实力逐渐恢复，这段过程尽管缓慢，但很稳定。希特勒 1941 年 6 月入侵苏联，随后在东线难以自拔，因而不再把法国海岸视为进攻英国的跳板，而是西部防御的弱点。到 1941 年秋季，他开始与一众将领商讨，如何把欧洲打造成"坚不可摧的堡垒"。当年 12 月美国参战后，元首向全世界发表了慷慨激昂的讲话，声称"支撑点和大型防御工事构成的防御地带，从（挪威—芬兰边界的）希尔克内斯起……一路延伸到（法国—西班牙边界的）比利牛斯山脉……把这条防线打造得坚不可摧，抵御一切敌人，是我不可动摇的决心"。

这番话纯属自吹自擂，根本不可能实现。且不说各个凹陷部，仅北起北冰洋、南到比斯开湾的海岸线就绵延近 3000 英里。

就连英国正对面的海峡最窄处，德国人也没构建防御工事。但希特勒沉醉于"堡垒"的设想。时任德国陆军总参谋长的弗朗茨·哈尔德大将，清楚记得希特勒首次阐述他那荒谬设想时的情形。哈尔德永远不会原谅希特勒拒不入侵英国，因而对整个"堡垒"的构想反应冷淡。他谨慎地指出，"就算需要修筑防御工事"，也应该建在"海岸线后方，舰炮射程外"，否则守备部队会遭到压制。希特勒疾步走过房间，来到摊放大幅地图的桌子前，整整发了 5 分钟的脾气，这一幕令人难忘。他攥紧拳头敲击地图，吼道："炸弹和炮弹会落在这里……这里……这里……和这里……落在堡垒前方、后方、上方……但隐蔽在堡垒内的部队平安无恙！然后他们就冲出来投入战斗！"

哈尔德无言以对，他和最高统帅部其他将领都知道，尽管德意志帝国赢得了一场场令人陶醉的胜利，但元首已经担心第二战线出现，也就是盟军登陆欧洲。

尽管如此，海岸防御工事的修筑作业还是进展甚微。1942 年，战争大潮变得对希特勒不利，英国突击队开始突袭"坚不可摧的"欧洲堡垒。随后发生了战争期间最惨烈的突击队突袭战，5000 多名英勇的加拿大官兵登陆迪耶普。这是盟军登陆战的血腥序幕，盟军策划者借此弄清了德国人在各港口构建的筑垒防御有多么强大。加拿大官兵伤亡 3369 人，其中 900 人阵亡。这场突袭大败亏输，但希特勒震惊不已，他怒斥一众将领，要求以最快的速度完成大西洋壁垒，必须"狂热地"展开修筑作业。

的确如此。成千上万名奴工夜以继日地修筑防御工事，浇筑了数百万吨水泥，水泥用量太大，导致希特勒统治下的欧洲再也弄不到水泥修筑其他工事。钢材需求量也大得惊人，这种物资本来就供不应求，工程师只好少用甚至不用钢材。结果，大多数掩体或碉堡没有配备旋转穹顶，因为修建此类炮塔需要钢材，这就限制了火炮的射界。由于材料和装备需求量太大，德国人不得不把昔日的法国马其诺防线和德国边界防御工事（西格弗里德防线）拆除一部分，用于构筑、装备大西洋壁垒。到 1943 年年底，虽说整道壁垒远未完工，但 50 多万人在那里施工，一处处防御工事已成为深具威胁的现实。

希特勒知道盟军的登陆不可避免，可他眼下面临另一个重要问题：必须为德军日益吃紧的防御调派更多师。东线，面对苏军持续不停的猛烈攻击，德国军队竭力据守长达 2000 英里的战线，一个个师灰飞烟灭。盟军登陆西西里后，迫使意大利退出战争，但成千上万名德军官兵仍被牵制在那片战场。因此到 1944 年，为加强西线守军，希特勒不得不投入怪异的乌合之众——补充兵。所谓补充兵，不是老人就是孩子，以及在东线遭歼灭的各个师残部，还有从被占领国家招募的"志愿者"（由波兰人、匈牙利人、捷克人、罗马尼亚人、南斯拉夫人组成的各种部队，而这还只是其中很小的一部分），甚至还有两个苏联人组成的师，他们宁愿替纳粹打仗也不想再待在战俘营里。虽说这些部队的战斗力值得怀疑，可好歹填补了兵力缺口。另外，希特勒手里仍有久经沙场的兵团和装甲力量，这是他守卫西线的中坚核心。总之到 D 日，希特勒部署在西线的兵力多达 60 个师，是一股强大的作战力量。

并非所有师都齐装满员，但希特勒还是对大西洋壁垒寄予厚望，认为凭借这道防御工事肯定能有所作为。而隆美尔这些在其他战线打过仗，也遭受过败绩的将领，见到法国海岸的防御工事不免深感震惊。隆美尔 1941 年后就没到过法国，和许多德国将领一样，他对希特勒的宣传信以为真，还以为那里的防御工事即将完成。

隆美尔严厉批评大西洋壁垒，西线总司令冯·伦德施泰特对此并不惊讶。相反，他完全赞同隆美尔的看法，这可能是他唯一一次与隆美尔观点相同。老谋深算的冯·伦德施泰特从来就不相信固定防御。他策划了 1940

年迁回马其诺防线的行动，那场战役大获成功，最终导致法国败亡。在他看来，希特勒的大西洋壁垒纯属"虚张声势……只能骗骗德国民众，对敌人起不到什么作用……因为敌人通过间谍了解的情况比我们多"。这道壁垒能"暂时阻碍"盟军的进攻，但无法挡住对方。冯·伦德施泰特确信，无法阻止盟军的初期登陆取得胜利。为击败登陆之敌，他打算把大批部队从海岸地带调到后方，待盟军登陆后再发动进攻。他认为这才是施以打击的最佳时刻，因为盟军此时兵力虚弱，没有足够的补给线，正在一个个孤立的登陆场内竭力组织起来。

隆美尔完全不赞成这种观点，他坚信粉碎盟军的登陆只有一个办法：迎头痛击。从后方调派援兵根本来不及，他敢肯定，盟军持续不停的空袭和海军舰炮、地面炮兵的猛烈炮击会彻底粉碎德军前调的援兵。在他看来，从步兵兵团到装甲师，所有作战力量必须在海岸或稍靠后的地方做好战斗准备。隆美尔的副官清楚记得他总结自己作战构想的那一天。他们站在荒芜的海滩上，个头不高、身材敦实的隆美尔穿着厚厚的军大衣，脖子上戴着旧围巾，挥着元帅略杖来回踱步。这根 2 英尺长的黑色木杖一端包银，挂着红、黑、白三色流苏。隆美尔用略杖指着沙滩说道："战争的输赢会在海滩上见分晓。我们只有一次机会阻止敌人，就是他们仍在海里……挣扎着登上滩头之际。预备队根本无法赶到进攻地点，就连指望他们都是愚不可及的。主战线会在这里……我们必须把所有力量部署在海岸上。朗，相信我，登陆头 24 小时深具决定性……无论对盟国还是德国，这都是最长的一天。"

希特勒大体上批准了隆美尔的作战部署，从这一刻起，冯·伦德施泰特成了空有其名的西线总司令。冯·伦德施泰特下达的命令，只有符合自己的观点，隆美尔才执行。为达成自己的目的，他总是提出唯一但很有力的理由。隆美尔多次强调："元首给我下达了明确无误的指令。"但他从不在威严十足的冯·伦德施泰特面前说这种话，而是告诉西线总司令部参谋长布鲁门特里特将军。

西线总司令冯·伦德施泰特厉声说道: "波西米亚二等兵希特勒总是出尔反尔。"但他还是勉强让步了, 再加上希特勒的大力支持, 行事果断的隆美尔开始彻底修改现有的防登陆方案。

短短几个月, 雷厉风行的隆美尔就让总体局面大为改观。在他认为盟军有可能登陆的每一片海滩, 隆美尔命令部下与当地征召的劳工营通力合作, 搭设简陋的防登陆障碍物。这些障碍物埋设在高潮线、低潮线下方, 既有参差不齐的三角形钢架, 也有布满锯齿的门形铁架, 还有带金属尖头的木桩和混凝土锥体。障碍物还绑缚了致命的地雷, 地雷不够就以炮弹替代, 引信不祥地指向外海, 一旦触碰就会立即爆炸。

大多数障碍物是隆美尔亲自设计的, 他的奇思妙想简单而又致命, 目的是捅穿、炸毁满载士兵的登陆艇, 或长时间阻滞对方, 好让海岸炮兵连瞄准目标。他估计无论哪种方式, 都能让盟军在踏上海滩前付出高昂的代价。致命的水下障碍物超过 50 万件, 沿海岸线布设。

但事事讲求完美的隆美尔并不满足。他下令在沙滩、悬崖、冲沟、通往海滩的各条小径上埋设地雷, 这些地雷型号各异, 既有能炸断坦克履带的大型饼式地雷, 也有小型 S 雷, 一旦踩上 S 雷, 它就会腾空跃起, 在受害者腹部高度炸开。法国海岸现在埋设的地雷超过 500 万枚, 隆美尔希望赶在盟军发动进攻前再埋设 600 万枚, 而他的最终目标是以 6000 万枚地雷掩护整个登陆海岸。[1]

---

[1] 地雷这种防御武器深深吸引了隆美尔。有一次, 阿尔弗雷德·高泽中将(他是隆美尔的参谋长, 汉斯·施派德尔中将后来接替了他)陪同隆美尔外出视察, 指着春天野花盛开的几英亩土地说道: "景色真美, 是吧?"隆美尔点头, 随即说道: "高泽, 您也许该记下来, 必须在这片地方埋设1000枚地雷。"还有一次, 他们前往巴黎途中, 高泽提议去塞夫尔参观著名的精美瓷器, 没想到隆美尔居然同意了。但隆美尔对展出的瓷器不感兴趣, 他在几间展览室快速游览了一番, 扭头对高泽说道: "问问他们能不能替我埋在水下的地雷打制防水外壳。"

在这片布满地雷和障碍物的地带后方，隆美尔的部队待在碉堡、混凝土掩体、交通壕内，俯瞰海岸线，周围布设了一层层铁丝网。隆美尔弄到的每一门火炮，都从这些阵地居高临下地俯瞰沙滩和海面，相应的部署确保了每门火炮的射界重叠。有些火炮实际上就部署在海岸阵地内。这些火炮藏在混凝土炮台里，上方是看似毫无危害的海景房，火炮身管不是瞄向海面，而是向下对准海滩，准备以近距离直瞄火力打击盟军突击部队。

隆美尔还利用了各种新技术、新发明。缺乏火炮的防御地段，他部署了多管火箭炮连。在某个地段，他甚至安排了名为"歌利亚"的小型遥控坦克，这东西能搭载半吨炸药，以遥控方式驶上海滩，在盟军部队或登陆艇之间引爆。

隆美尔的中世纪武器库里，唯一没见到把熔化的铅浇到进攻者头上的坩埚，不过他有更现代化的同类装备，也就是自动喷火器。前线某些地段，管道网从隐蔽的煤油罐延伸到通往海滩、杂草丛生的接近地。只要按下电钮，火焰就会立即吞噬前进中的盟军部队。

隆美尔也没忘记伞兵或机降步兵构成的威胁。他下令往防御工事后方的低洼地灌水，在距离海岸 7～8 英里的每一处开阔地插满粗粗的木桩，还布设了诡雷。这些木桩间拉了绊发线，一旦触动会立即引爆地雷或炮弹。

为迎接盟军到来，隆美尔组织了血腥的"欢迎仪式"。现代战争史上，从来没有谁为登陆军队准备过如此强大、如此致命的防御。但隆美尔意犹未尽，还想构筑更多碉堡，埋设更多滩头障碍物和地雷，部署更多火炮和部队。而他最想要的是强大的装甲师，这些兵团在远离海岸的地方担任预备队。他当初在北非沙漠就是以装甲力量一次次赢得了令人难忘的胜利。可眼下的关键时刻，未经希特勒批准，他和伦德施泰特无权动用这些装甲兵团。元首固执己见，说什么都要把装甲力量控制在自己手里。隆美尔至少需要把 5 个装甲师部署到海岸，做好在盟军进攻头几个钟头内发起反突击的准备。要想获得这些装甲师只有一个办法，就是与希特勒面谈。隆美尔多次告诉过朗："最后去见希特勒的人总能说服他。"拉罗什吉永这个阴沉沉的早上，隆美尔准备长途驱车回国休假，他下定决心，无论如何都得说服希特勒。

— 5 —

125 英里外，靠近比利时边境的德国第 15 集团军司令部内，某人高兴地见到 6 月 4 日的早晨终于到来。赫尔穆特·迈尔中校坐在办公室里，面容憔悴，睡眼惺忪。自 6 月 1 日以来他就没睡过一个好觉，但刚刚过去的夜晚糟透了，他永远不会忘记。

迈尔的工作不仅累人，还很伤脑筋。他是第 15 集团军情报处长，还领导着整条防线唯一的反谍报组。该部门的核心力量是由 30 人组成的无线电监听组，他们在混凝土掩体内昼夜不停地轮流值班，掩体里塞满了各种最精密的无线电设备。这些人的工作就是监听，其他什么都不用管。他们每个人都是精通三种语言的专家，盟军从空中传来的每个词，莫尔斯电码轻轻敲出的每个声音，他们都能捕捉到。

迈尔的部下经验丰富，他们的设备也很灵敏，就连 100 多英里外英国境内宪兵吉普车上的无线电通话都能截获，对迈尔的帮助很大。美国和英国宪兵指挥军方车队时用电台聊天，这些谈话内容很重要，迈尔借此编撰了盟军驻英国境内各个师的名单。但最近一段时间，迈尔的监听员再也没能截获此类通话。在迈尔看来，这件事意味深长，说明对方严格执行了无线电静默。他已经掌握了很多线索，现在又加上一条，看来盟军的进攻迫在眉睫。

借助手头掌握的其他情报，再加上这一条，迈尔勾勒出了盟军的意图。他的情报工作干得不错，他每天都把成捆的监听报告梳理好几次，不断寻找可疑的、不同寻常的，甚至是令人难以置信的信息。

说到令人难以置信的信息，他的部下昨晚就截获了一条。这份加急新闻电讯是他们天黑时监听到的，电文如下："美联社急电，发纽约，艾森豪威尔司令部宣布盟军登陆法国。"

迈尔惊呆了，第一反应是赶紧通知集团军司令部。可他没这么做，而是让自己冷静下来，因为他知道这条电文肯定不实。迈尔做出这种判断有两个原因：第一，整道防线没有任何动静，如果盟军发动进攻的话，他肯定立马就能知道；第二，德国军事情报局局长威廉·卡纳里斯海军上将，今年 1 月对他说过一份奇特的电文，他告诉迈尔，盟军登陆前会以这条由两部分组成的电文通知法国地下抵抗组织。

卡纳里斯提醒他，盟军进攻前几个月，会给地下组织发送数百份电文，真正与 D 日相关的只有几条，其他的都是假消息，目的是混淆视听，误导德国人。卡纳里斯明确指出：迈尔必须监听所有电文，以免漏掉最重要的那条。

迈尔起初有点将信将疑。在他看来，这么重要的事情完全依赖一条电文似乎过于儿戏。另外，以过往的经验看，他觉得柏林的情报来源十有八九都不可靠。他有一大堆假情报来证明自己的观点，盟军似乎把登陆的"确切"地点和日期告诉了从斯德哥尔摩到安卡拉的每一个德国间谍，可没有两份报告是一致的。

但这次，迈尔知道柏林是对的。他的部下监听了几个月，6 月 1 日夜间截获了盟军电文的第一部分，和卡纳里斯说的一模一样。这份电文与迈尔的部下前几个月截获的数百道加密语句没什么不同。BBC 广播电台每天定时播报新闻后，播音员就用法语、荷兰语、丹麦语、挪威语向地下组织朗读加密指令。迈尔觉得大部分电文没什么意义，更令人恼火的是，像"特洛伊战争不会发生""糖浆明天会喷出白兰地""约翰留着长胡子""萨拜因刚刚患了腮腺炎和黄疸"这些晦涩难懂的句子根本没法破译。但 BBC 广播电台 6 月 1 日晚 9 点的新闻播完后朗读的句子，迈尔是懂的。

广播里用法语说道："接下来请听几条私人信息。"瓦尔特·赖希林中士赶紧打开钢丝录音机。广播里停顿了片刻，随后读道，"Les sanglots longs des violons de l'automne"（秋风萧瑟，琴声呜咽，余音长）。

赖希林突然拍拍耳机，随后一把扯掉耳机，冲出掩体朝迈尔的宿舍跑去。他冲入迈尔的办公室，情绪激动地喊道："长官，电文第一部分来了！"

两人一同返回无线电监听掩体，迈尔听了录音，果然是卡纳里斯提醒他们务必留心的那条电文，是19世纪法国诗人保罗·魏尔伦所写的《秋之歌》第一句。据卡纳里斯说，魏尔伦这句诗会在"某月1日或15日播出……是宣布英美军队登陆的那份电文的前半部分"。

电文后半部分是魏尔伦《秋之歌》的第二句，"Blessent mon coeur d'une langueur monotone"（单调无力，令人悲戚，心忧伤）。卡纳里斯告诉他们，一旦广播里读出这句，就说明"登陆会在48小时内发起……从广播后的次日0点算起"。

听完魏尔伦《秋之歌》第一句的录音，迈尔立即汇报第15集团军参谋长鲁道夫·霍夫曼中将。他告诉霍夫曼："收到第一条电文，看来要出事了。"

"您能绝对肯定吗？"霍夫曼问道。

"我们录了下来。"迈尔回答道。

霍夫曼立即发出警报，命令第15集团军全体将士进入戒备状态。

与此同时，迈尔用电传打字机把这份电文发给国防军最高统帅部，随后打电话通知冯·伦德施泰特的西线总司令部和隆美尔的B集团军群司令部。

国防军最高统帅部收到电文后，立即呈交指挥参谋部参谋长阿尔弗雷德·约德尔大将。这份电文就放在约德尔的办公桌上，可他没发出警戒令，因为他估计伦德施泰特已经这样做了，而伦德施泰特认为隆美尔的司令部会下达相关指令①。

整道海岸防线，只有一个集团军进入戒备状态，也就是第15集团军。

---

① 隆美尔无疑收到了电文，但基于他对盟军意图的判断，他显然对电文的真实性不以为然。

据守诺曼底海岸的第 7 集团军对这份电文一无所知，也没收到警报。

6 月 2 日、3 日夜间，BBC 广播电台再次播出电文第一部分。这让迈尔困惑不解，据他所知，这份电文应该只播报一次。他只能认为，盟军之所以反复播报，是为了确保地下组织收悉电文。

6 月 3 日夜间，BBC 广播电台重复电文后没过一个钟头，迈尔的部下就截获了美联社声称盟军登陆法国的急电。如果卡纳里斯先前的警告是对的，那么美联社的报道就是错的。迈尔起初有点惊慌，可他很快冷静下来，决定把宝押在卡纳里斯身上。此时他很疲惫，但欢欣鼓舞。拂晓到来，整条战线依然平静，进一步证明他的判断正确无误。

现在，除了等待电文后半部分，没什么事情可做，那份至关重要的电文随时有可能到来。一想到它的重大意义，迈尔心里就发毛。能不能击败登陆之敌，数十万同胞的性命，他的国家能否继续存在，一切取决于他和部下是否能及时监听到广播，迅速向整道防线发出警报。迈尔和他的监听员做好了前所未有的准备，他只希望各级上司也明白这条电文的重要性。

迈尔镇定下来耐心等待之际，125 英里外，B 集团军群司令正准备回德国休假。

— 6 —

　　隆美尔小心翼翼地往一片黄油面包上抹了点蜂蜜。B 集团军群才智过人的参谋长汉斯·施派德尔博士中将和几名幕僚也坐在餐桌旁。众人熟不拘礼，餐桌上的交谈轻松随意，无拘无束，就像围坐在一起的家人，父亲坐在上首。从某种意义上说，他们的确是关系亲密的一家子。每个军官都是隆美尔亲自挑选的，个个忠心耿耿。今天早上，他们向隆美尔简要汇报了各种问题，想让他跟希特勒说说。隆美尔只是听着，没多说什么。他现在急于动身。他看看手表，突然说道："诸位，我得走了。"

　　正门外，隆美尔的司机丹尼尔站在车门敞开的元帅座车旁。隆美尔邀请冯·滕佩尔霍夫上校同乘他那辆霍希，除了朗，上校是唯一与他们同行的参谋军官。滕佩尔霍夫的座车可以跟在后面。隆美尔与司令部人员逐一握手，又同参谋长简短地说了几句，随后上车坐在司机旁边，这是他常坐的位置。朗和冯·滕佩尔霍夫上校坐在后排。隆美尔说道："丹尼尔，我们出发吧。"

　　霍希轿车绕着庭院慢慢转了一圈，随即驶出城堡大门，沿车道驶过 16 棵修剪得整整齐齐的菩提树，在村内左拐，驶上通往巴黎的主干道。

　　此时是早上 7 点。在 6 月 4 日这个阴沉沉的周日清晨离开拉罗什吉永，隆美尔觉得非常合适，此次出行的时机再好不过了。他座位旁边摆着个硬纸盒，里面是一双手工制作的灰色羊皮鞋，5 码半，是他送给妻子的礼物。他之所以想在 6 月 6 日周二那天与妻子团聚，有个不同寻常、极富人情味的原因，那天是她的生日。[1]

英国此时是早上 8 点（英国提前 2 小时的夏令时与德国中部时间有一个钟头时差）。朴次茅斯附近树林内一辆旅居挂车里，彻夜忙碌的盟国远征军总司令德怀特·D. 艾森豪威尔将军正在熟睡。一连几个钟头，附近的司令部以电话、传令兵、电台发出一份份加密电文。大致在隆美尔起床的时候，艾森豪威尔做出重大决定：由于气候恶劣，盟军的进攻推迟 24 小时。条件合适的话，D 日定于 6 月 6 日，星期二。

---

[1] 战争结束后，隆美尔身边的许多高级军官抱成团，竭力为隆美尔 6 月 4 日、5 日乃至 6 日绝大多数时间不在前线开脱。他们在若干书籍、文章、访谈里声称隆美尔 6 月 5 日离开司令部返回德国，这不是实情。他们还说是希特勒命令隆美尔回国的，这也不是实情。元首大本营唯一知道隆美尔打算觐见元首的人是希特勒的副官长鲁道夫·施蒙特中将。时任国防军最高统帅部指挥参谋部副参谋长的瓦尔特·瓦尔利蒙特将军告诉我，约德尔、凯特尔和他本人都不知道隆美尔回国了。甚至到 D 日，瓦尔利蒙特还以为隆美尔正在司令部指挥作战。隆美尔离开诺曼底的日期确实是 6 月 4 日，确凿无疑的证据就在 B 集团军群记录得一丝不苟的作战日志里，这份日志提供了隆美尔离开的确切时间。

美国海军"科里"号驱逐舰上，33 岁的舰长乔治·D. 霍夫曼海军少校透过双筒望远镜，看着身后一长列破浪前进的舰船稳稳驶过英吉利海峡。船队行驶了这么远，却没遭受任何攻击，他觉得有点不可思议。他们行驶在正确的航道上，时间也分秒不差。船队沿迂回路线缓缓向前，航速不到 4 英里 / 小时，自昨晚离开朴次茅斯港已经行驶了 80 多英里。但霍夫曼估计随时会遇到麻烦，也许是德国人的潜艇，也许是敌人的飞机，甚至有可能潜艇和飞机同时到来。不管怎么说，他觉得至少会遇到水雷场，因为随着时间推移，他们越来越深入敌方水域。法国就在前方，此时离他们只有 40 英里了。

霍夫曼很年轻，在"科里"号驱逐舰上没用三年就从上尉"蹿升"到舰长，此时他对自己的军舰为这支庞大、雄伟的船队打头阵深感自豪。但他用望远镜察看情况时，知道整个船队不过是敌人的活靶而已。

扫雷舰位于前方，6 艘小型舰只呈对角线阵形散开，就像倒 V 字的半边，每艘扫雷舰都在右侧的水里拖着条长长的锯齿状扫雷索，用于切断水雷系缆，引爆漂浮水雷。扫雷舰后方是细长、线条流畅的"牧羊犬"，即护航驱逐舰。再往后，一直到目力所及处，是由一大群笨重、航速缓慢的登陆舰组成的船队主力，载有数千名官兵、坦克、火炮、车辆、弹药。每艘满载的船只都用结实的缆绳升起一个防空阻塞气球。这些防空气球高度一致，在凛冽的风中朝同一个方向倾斜，致使整个船队看似醉醺醺地歪向一侧。

霍夫曼眼前的景象确实很壮观。他算了算每艘舰船的间隔，也知道舰船总数有多少, 因而觉得这支庞大船队的末端仍在英国, 尚未驶离朴次茅斯港。

这仅仅是一支船队。霍夫曼知道, 他起航时还有几十支船队即将出发, 或在当日昼间离开英国。所有船队夜间都要集中到塞纳湾。次日清晨, 5000 艘舰船构成的庞大舰队会停泊在诺曼底几片登陆海滩外。

霍夫曼想看看登陆的场面, 简直有点迫不及待。他率领的船队最早离开英国, 因为他们的航程最长。船队载有强大的美国第 4 步兵师部分官兵, 目的地是瑟堡半岛东侧狂风吹拂的一片沙滩, 代号"犹他"。和数百万美国人一样, 霍夫曼从未听说过这个地方。东南方 12 英里, 临海村庄滨海维耶维尔和科莱维尔前方, 是另一片美军登陆海滩, 代号"奥马哈", 美国第 1、第 29 步兵师官兵即将在那片新月形银色沙滩登陆。

"科里"号驱逐舰舰长本以为今天早上会见到附近的其他船队, 可整道海峡似乎只有他这支船队。霍夫曼倒没有为此而不安, 因为他知道在附近某处, 隶属 U 编队或 O 编队的其他船队正驶向诺曼底。但霍夫曼不知道, 由于天气状况不确定, 忧心忡忡的艾森豪威尔只批准不到 20 支航速缓慢的船队夜间起航。

舰桥上的电话突然响了, 一名舱面军官走过来接电话, 但霍夫曼靠得更近, 他拿起听筒说道: "舰桥, 我是舰长。"听了片刻他问道: "你确定吗? 电文复述了吗?"他又听了一会儿, 这次的时间稍长些, 随后把电话放回听筒架。真令人难以置信: 上级命令整支船队返回英国, 没说原因。出什么事了? 进攻延期了吗?

霍夫曼端起望远镜察看前方的扫雷舰, 它们没有改变航向, 尾随其后的几艘驱逐舰也没有。他们收到电报了吗? 霍夫曼决定亲自去看看返航指令, 他得确定此事, 然后再采取相应的措施。他迅速攀下楼梯, 来到下一层甲板的报务室。

三等报务员本尼·格利森没有弄错。他把无线电日志递给舰长, 还说道:

"我核对了两遍，就怕弄错。"霍夫曼匆匆返回舰桥。

他和另外几艘驱逐舰现在的任务是让庞大的船队掉转方向，动作要快。由于"科里"号是领头舰，他最担心前方几英里那支小型扫雷舰编队。他无法用电台联络对方，因为整支船队实施了严格的无线电静默。"全速前进，"霍夫曼下达了命令，"追上扫雷舰，信号兵打开信号灯。"

"科里"号向前疾驶，霍夫曼扭头望去，看见身后几艘驱逐舰在船队侧翼掉转航向。此时，一具具信号灯不停地闪烁，几艘驱逐舰开始带领整支船队掉头，这项任务不容易。忧心忡忡的霍夫曼觉察到船队危险地靠近法国海岸，只剩 38 英里了。敌人还没发现吗？倘若整支船队掉头都没被发现的话，那真是奇迹了。

下方的报务室里，本尼·格利森继续接收推延进攻的加密电文，这些电文每隔 15 分钟重复一次。他觉得这是很长一段时间来收到的最坏的消息，因为它似乎证实了某种挥之不去的怀疑：德国人对盟军的登陆计划了如指掌。取消 D 日是不是因为德国人发现了？与成千上万名盟军官兵一样，本尼不明白，那么多船队、舰艇、船舶、人员、物资塞满了从兰兹角到朴次茅斯的每个港口、河湾、海港，德国空军的侦察机怎么会没发现盟军的进攻准备呢？如果这份电报仅仅表明是其他原因导致了进攻推延，那么德国人就获得了更多时间来发现盟军的庞大舰队。

这名 23 岁的报务员转动另一部电台的表盘，调到巴黎电台，收听德国人的宣传广播。他想听听声音性感的"轴心莎莉"。她讥讽式的广播节目很有趣，因为她透露的消息错得离谱，但有时候也很难说。"轴心莎莉"吸引本尼还有一个原因，尽管盟军官兵经常骂她是"柏林婊子"，可她播放的热门歌曲多得数不过来。

本尼没来得及收听"轴心莎莉"的节目，因为此时发来一长串加密天气报告。待他用打字机打完这些电报，"轴心莎莉"刚好开始播放今天的第一张唱片。本尼立马听出这是战时流行金曲《我赌你不敢》开头几个小节，但这首歌填了新词。他听着，歌词证实了他最担心的事。成千上万名盟军官兵为6月5日进攻诺曼底做好了准备，可现在又得焦虑地等上24个钟头，那天早上快到8点时，他们和本尼都听到了这首《我赌你不敢》，尽管歌词令人不寒而栗，但确实很贴切：

> 我赌你不敢来，
> 我赌你不敢靠近。
> 摘掉高礼帽，别吹牛，
> 少废话，老实点，
> 你敢赌吗？
>
> 我赌你不敢进攻，
> 我赌你不敢登陆。
> 你唬人的宣传没半句真话。
> 我赌你不敢过来，
> 我赌你不敢。

— *8* —

在盟国海军司令部庞大的作战中心，设在朴次茅斯郊外的索思威克别墅，众人正在等待舰船返航。

这间又长又高的作战中心贴着白色和金色墙纸，此时里面一派忙碌景象，气氛十分紧张。英吉利海峡的大幅海图占据了整整一面墙。站在活动梯上的两名皇家海军女子服务队队员，每隔几分钟就移动图上的彩色标志，标出每支返航船队的新位置。一有新报告送抵，盟军各军种参谋人员就三三两两凑到一起，默不作声地观看。他们看似镇定自若，可各人内心的紧张无从掩饰。这些船队不仅要在敌人眼皮下掉头，沿扫清水雷的特定航线返回英国，现在还要面临另一个敌人的威胁，那就是海上风暴。航速缓慢的登陆艇载满了士兵和物资，遇上风暴很可能造成一场灾难。英吉利海峡的风速已达每小时 30 英里，浪高 5 英尺，而且天气还会继续恶化。

时间一分一秒地过去，海图上呈现出井然有序的返航模式。好几行彩色标志原路返回爱尔兰海，也有的聚在怀特岛附近，或是英格兰西南海岸各港口和锚地。有些船队要用一整天才能返回港口。

只要看看墙上的海图，就能找到盟军舰队每支分舰队，乃至每艘舰船的位置。但有两艘袖珍潜艇不见踪影，似乎从图上彻底消失了。

附近一间办公室里，皇家海军女子服务队里容貌俏丽、芳龄 24 的内奥米·科尔斯·昂纳上尉暗自琢磨，她丈夫要过多久才能返回母港呢？尽管作战中心的朋友似乎对她丈夫和他那艘 57 英尺长的袖珍潜艇 X23 号的去向一无所知，但内奥米只是稍有些焦虑，还没到过分担心的程度。

距离法国海岸 1 英里的海上，潜望镜探出海面。30 英尺深的水下，乔治·昂纳上尉蜷缩在 X23 号逼仄的控制室里，他把军帽往后推了推，事后记得自己当时说道："好吧，诸位，咱们好好瞧瞧。"

他把一只眼睛贴紧杯形橡皮目镜，缓缓转动潜望镜，镜头上海水扭曲的微光消失了，眼前模糊的景象清晰起来，他看见奥恩河口附近宁静的度假小镇乌伊斯特勒昂。距离很近，再加上图像放得很大，昂纳清楚地看见一根根烟囱冒出的烟雾，远处，一架飞机刚刚从卡昂附近的卡尔皮凯机场起飞。他甚至看见了敌人！朝两侧延伸的沙滩上，德国兵在防登陆障碍物间默默地干活，这一幕深深地吸引了昂纳。

在这名 26 岁的皇家海军预备役上尉看来，这是个伟大的时刻。他退后一步，对负责此次行动的导航专家莱昂内尔·G. 莱恩上尉说道："瘦子，来瞧瞧，我们几乎正中目标！"

从某种意义上说，反攻已然开始。盟军第一艘舰艇和首批人员在诺曼底海滩外海就位了。X23 号袖珍潜艇正前方就是英国和加拿大军队的突击地段。昂纳上尉和他的艇员当然知道这个特殊日子的意义。四年前的 6 月 4 日，就在距离此处不到 200 英里的地方，33.8 万名英国远征军最后一批将士，撤离烈焰四起的敦刻尔克港。X23 号袖珍潜艇上，5 名特别挑选的英国人觉得这一刻紧张而又自豪。他们是英军先遣队，负责为成千上万名即将重返法国的战友开辟道路。

他们 5 个穿着橡胶潜水服，挤在 X23 号狭小的多用途舱室里，身上揣着制作精良的假证件，就连最多疑的德国哨兵也看不出这些证件有什么问题。他们每人都有一张伪造的法国身份证，照片等物一应俱全，还有工作许可证和配给卡，盖有橡胶印章，看上去很正式，除此之外，他们还带着几封信函和文件。万一出了岔子，X23 号沉没或不得不弃艇的话，这些艇员就游上岸，利用假证件避开德国人的搜捕，设法联系上法国地下抵抗组织。

X23 号的任务非常危险。盟军发动进攻前 20 分钟，这艘袖珍潜艇和它的姊妹艇 X20 号（位于海岸下方约 20 英里处，勒阿梅尔村对面）就得大胆浮出水面充当航标，明确标出英国和加拿大军队突击地段的两端。这片突击地段由三片海滩组成，代号分别是"剑滩""朱诺""金滩"。

两艘潜艇执行的计划复杂而又周密。一旦浮出水面，它们就要打开潜艇上的自动无线电信标机，连续发送信号。与此同时，声呐设备自动发送声波，穿过海水，让水下监听设备收到。载有英国和加拿大部队的舰队，将根据他们收到的一个或两个信号确定方位。

每艘袖珍潜艇还带了根 18 英尺长的伸缩杆，上面装有功率强大的小型探照灯，射出的光束在 5 英里外都能看见。如果探照灯射出绿光，就表明潜艇就位，倘若是红光，就说明潜艇还没到位。

作为辅助导航措施，相关计划还要求每艘袖珍潜艇放出一条系泊橡皮艇，派一名艇员上艇，朝海岸漂移一段距离。橡皮艇上也安装了探照灯，由艇员操作。根据袖珍潜艇和橡皮艇发射的光束，驶近的舰船就能确定三片突击海滩的确切位置。

一切算无遗策，就连笨重的登陆艇有可能碾过袖珍潜艇的危险也考虑到了。为防范万一，X23 号届时会升起一面硕大的黄旗，清楚标出自己的位置。昂纳考虑过这个问题，他觉得升起黄旗会让自己的潜艇沦为敌军炮火的活靶。尽管如此，他还是打算再升一面旗帜，水兵把这面大幅白色海军战旗戏称为"战斗抹布"。昂纳和他的艇员宁可遭受敌军炮火打击，也不愿冒上被己方舰船撞沉的风险。

这些装备和另一些器材塞在 X23 号已经很狭窄的舱室里。袖珍潜艇定员 3 人，现在又增添了 2 名导航专家。X23 号只有一间多用途舱室，长 8 英尺、宽 5 英尺、高 5 英尺 8 英寸，此时挤得满满当当，几乎没有可供站立或坐下的空间。舱内闷热不堪，潜艇要到夜间才敢浮出水面换气，在此之前，舱内的空气无疑会更加污浊。

昂纳知道，白天即便待在浅海水域，也有可能被敌人低空飞行的侦察机或巡逻艇发现，潜艇在潜望深度停留的时间越长，风险就越大。

莱恩上尉透过潜望镜测量了一系列方位，很快识别出几个地标：乌伊斯特勒昂灯塔，镇内的教堂，几英里外朗格吕讷村和滨海圣奥班村另外两座教堂的尖顶。昂纳说得没错，他们几乎"正中目标"，与标定的位置就差四分之三英里。

与标定位置靠得这么近，昂纳松了口气。此次航程漫长而又艰巨。他们从朴次茅斯起航，90英里航程差不多耗时两天，大多数时间用于穿越水雷场。他们现在要进入标定位置，然后潜到海底。"弃兵行动"好歹有个不错的开始，昂纳暗自思忖，当初选择另一个代号该多好。他并不迷信，可查查"弃兵"的意思，这名年轻的艇长惊愕地发现，这个词的意思是"开局时牺牲几个兵卒"。

透过潜望镜，昂纳最后看了眼在海滩上干活的德国兵。他想到，几片海滩明天这时候就会一片混乱。他命令道："收回潜望镜！"潜艇下潜，中断了与基地的无线电联络。昂纳和X23号的艇员都不知道，盟军的进攻延期了。

到上午 11 点，英吉利海峡的风力一直很猛。在与英国其他地区隔绝的滨海禁区，即将投入进攻的盟军官兵正在苦苦煎熬。此时他们的活动天地仅限于集中地域、一架架飞机、一艘艘舰船，似乎与英国本土彻底隔绝，怪异地夹在英格兰熟知的天地与诺曼底未知的世界之间。一道紧密的安全帷幕把他们与熟悉的外界隔开。

帷幕另一侧的日子照旧，众人继续从事他们习惯的日常活动，却没想到数十万人正在等待命令，而这道命令标志着第二次世界大战结束的开始。

萨里郡莱瑟黑德镇，一名身材瘦削的 54 岁物理老师正在遛狗。伦纳德·西德尼·道是个沉默寡言的谦谦君子，除了为数不多的朋友，没什么人认识他，但即将退休的道受公众关注的程度远远超过电影明星。他和同为教师的朋友梅尔维尔·琼斯，为每天早上发行的伦敦《每日电讯报》编撰的填字游戏，让上百万人绞尽脑汁。

20 多年来，道一直是《每日电讯报》填字游戏的资深编撰者，在此期间，他那些棘手、复杂的谜面让无数猜谜者既恼火又过瘾。有些爱好者说《泰晤士报》的字谜更难，但道的粉丝立马指出，《每日电讯报》填字游戏给出的解答提示从来不重复。性格内向的道对此深感自豪。

要是道知道，苏格兰场某部门受反谍报机构军情五处所托，自 5 月 2 日起就把他列为重点调查对象的话，他肯定会大吃一惊。一个多月来，他出的字谜一次次让盟军最高统帅部的多个部门惊恐不安。

　　这个不同寻常的周日早上, 军情五处决定找道好好谈谈。他回家时, 见到两个人在等他。和其他人一样, 道也听说过军情五处, 可他们找他干吗呢?

　　询问开始了, 一名特工问道: "道先生, 上个月一些高度保密的代号出现在《每日电讯报》的填字游戏里, 涉及盟军某项行动, 你能告诉我们为什么要用这些词吗? 或者说, 你是从哪里得知的?"

　　道惊讶不已, 没等他回答, 那名特工又从兜里掏出张单子, 问道: "我们很想知道, 你怎么会选中这个词的?"说着, 他指指单子。《每日电讯报》5月27日的有奖填字游戏有这样一条提示(横11): "但某些这样的大人物有时候也会偷东西。"这条提示看上去神秘莫测, 但在道忠实的粉丝看来, 掌握方法的话, 解开谜面并不难。两天前的6月2日, 答案公布了, 正是盟军整个登陆计划的代号——霸王。

　　道确实不知道此时谈论的是盟军作战行动, 所以他对这个问题不太惊讶, 甚至没有愤慨。他告诉两名特工, 他没法解释自己为何会选择这个不同寻常的词。但他指出, "霸王"一词在历史书里很常见, 还反问道: "我怎么知道你们有没有用哪个词作为代号呢?"

　　军情五处的两名特工彬彬有礼, 他们承认这确实难以做到。可作为代号的那些词出现在同一个月, 难道不是咄咄怪事吗?

　　他们与这位戴着眼镜的老师逐一研究单子上列出的词, 道有点惴惴不安了。5月2日出的题目, 横17给的提示是"美国某个州", 答案是"犹他"。而5月22日纵3的提示是"密苏里河畔的印第安人", 答案是"奥马哈"。

　　5月30日的字谜, 横11的提示是"这种灌木是苗圃革命的核心", 答案是"桑葚", 恰恰是盟军打算在海滩外构筑的两座人工港的代号。6月1日纵15的提示是"不列颠尼亚与他握的是同一件东西", 答案是"海神", 这是盟国海军进攻诺曼底的行动代号。

　　道无法解释自己为何会用这些词。他告诉两名特工, 据他所知,单子上列出的这些词的填字游戏 6 个月前就编好了。道认为答案只有一个：神奇的巧合。

另一件事也把人吓得够呛。三个月前的芝加哥中央邮局，一个包得不太好的大信封在分拣台上破了，几份看上去很可疑的文件漏了出来。至少 10 名分拣员看见了文件的内容，好像是关于什么"霸王行动"的。

反谍报人员蜂拥而至，盘问了分拣员，还警告他们对见到的文件内容一个字也不能提。特工随后讯问了一无所知的收件人，是个姑娘。她不知道这些文件为什么会寄给她，但她确实认出了信封上的笔迹。特工从她那里掌握了寄件人的情况，是美军驻伦敦司令部的一名中士，他对此事同样一无所知，只是在信封上写错了收件地址，把绝密文件误寄给了住在芝加哥的妹妹。

这起事件不大，可如果盟军最高统帅部知道德国情报机构阿布维尔已经知晓"霸王"这一代号的含义的话，也许就会做出完全不同的判断。德国人招募了一名间谍，是个名叫迪耶洛的阿尔巴尼亚人，他在阿布维尔内部很有名，代号"西塞罗"，早在 1 月份他就把相关情报交给了柏林。西塞罗起初认为盟军的进攻计划是"霸王"，但后来又做出更正。柏林方面很信赖西塞罗，因为此人在英国驻土耳其大使馆当仆人。

但西塞罗没能探明"霸王行动"的关键秘密：D 日的日期和地点。盟军对此严加保密，到 4 月底也只有几百名军官知道详情。尽管反谍报部门不断警告，整个英伦三岛到处都有德国间谍，可那个月还是有两名高级军官（一个美国将军和一个英国上校）无意间违反了保密规定。在伦敦克拉里奇饭店举办的鸡尾酒会上，那个美国将军告诉几名同僚，盟军会在 6 月 15 日前发动进攻。而在英格兰另一处，担任营长的那名英国上校更鲁莽，他告诉几个不在军队服役的朋友，说他的部下正加紧训练，准备攻占某个目标，还暗示该目标就在诺曼底。两名军官立即被降级，调离原先的指挥岗位。①

6月4日这个紧张的周日，又发生了一起泄密事件，比前几起严重得多，盟军最高统帅部对此震惊不已。前一天晚上，美联社一名电传打字机发报员为提高打字速度，在一台空闲的机器上练习。不知怎么回事，她练习打字的穿孔纸带插到了每晚都要发送的俄语公报前面。没过30秒她就纠正了错误，可电文发出了。美国收到的"速报"是："美联社急电，发纽约，艾森豪威尔司令部宣布盟军登陆法国。"

这条消息可能会造成严重后果，但现在已来不及采取任何补救措施。庞大的进攻机器已开足马力。此刻，随着时间流逝和天气不断恶化，有史以来最强大的空降和两栖军队正等待艾森豪威尔将军的决定。艾克会把6月6日定为D日吗？他会不会因为20年来最恶劣的海峡天气再次推延进攻呢？

---

① 虽然这名美国将领是艾森豪威尔将军在西点军校的同学，但盟国远征军总司令别无选择，只能打发他回国。D日过后，泄密事件公之于众，此人后来以上校军衔退役。至于英国上校的不慎言行，没有记录表明艾森豪威尔的总司令部得知此事，看来是这名上校的上级悄悄处理了这起事件。此人后来当了议员。

— *10* —

在索思威克别墅盟国海军司令部 2 英里外一片雨水冲刷的树林里，不得不做出重大决定的那个美国人苦苦思索，还想在他那辆设施简陋的 3 吨半挂车内放松一下。他本可以在庞大的索思威克别墅里找个更舒适的住处，可他没这样做。艾森豪威尔想尽量靠近麾下部队的登船港口。几天前，他下令组建了小而紧凑的战斗指挥部，为身边的幕僚准备了几顶帐篷、几辆挂车，他那部挂车也在其中，很久前他就把它称为"我的马戏团大车"。

艾森豪威尔的挂车是一部又长又矮的宿营车，有点像搬家货车，三个隔间分别充当卧室、客厅、书房。除此之外，紧挨着挂车还安装了一个小小的厨房、一部电话总机、一个化学厕所，总长度与挂车一致，另一端还有个用玻璃封闭的观景台。但盟国远征军总司令在这里待的时间不多，没能充分利用这部挂车。他几乎没怎么使用客厅和书房，召开参谋会议时，他总是把众人叫到挂车旁边的帐篷里。挂车上只有卧室有点住人的样子，一看就知道是他待的地方：床铺旁的小桌上堆着一大摞平装本西部小说，桌上还摆着仅有的几张照片，一张是他的妻子玛米，另一张是他 21 岁的儿子——身着西点军校学员制服的约翰。

艾森豪威尔就在这部挂车里指挥近 300 万盟军将士。他麾下的官兵大半是美国人：约 170 万陆、海、空三军将士和海岸警备队人员。英国和加拿大官兵共计 100 万人左右，另外还有"战斗法国"、波兰、捷克、比利时、挪威、荷兰分遣队。此前从来没有哪个美国人指挥过这么多国家的这么多官兵，也没有哪个美国人肩负过如此沉重的责任。

尽管责任这么重, 权力这么大, 可这个身材高大、皮肤黝黑、笑容很有感染力的美国中西部人, 身上没什么能表明他就是盟国远征军总司令的东西。另一些著名的盟军将领, 身上总有些能让人一眼认出的东西, 例如异乎寻常的军帽, 缀满齐肩高勋章的花哨军装。和他们不同, 艾森豪威尔在各个方面都很低调。除了表明军衔的四颗将星, 胸兜上方的一排勋饰, 代表盟国远征军最高统帅部的火焰之剑臂章, 他没有佩戴任何表明自己身份的标志。他也不在挂车内展示自己的权力: 这里没有旗帜, 没有地图, 没有镶在镜框里的指令, 也没有经常到访的大人物或重要人士的签名照片。但挂车卧室里, 他的床铺旁摆放着三部非常重要的电话, 它们颜色各异, 红机经过扰频处理, 用于联络华盛顿, 绿机是连接伦敦唐宁街 10 号温斯顿·丘吉尔寓所的专线, 黑机用于联系他那位出色的参谋长沃尔特·比德尔·史密斯少将, 以及直属各总部、盟国远征军最高统帅部的其他高级将领。

正是这部黑机, 让忧心忡忡的艾森豪威尔更加烦恼, 他得知美联社发布了"盟军登陆"的错误消息。获悉此事, 他什么也没说。据艾森豪威尔的海军副官哈里·C. 布彻上校回忆, 总司令只是嘟哝了一声, 表示自己知道了。事已至此, 又有什么可说, 又有什么可做的呢?

四个月前, 华盛顿的参谋长联席会议在任命艾森豪威尔为盟国远征军总司令的指令中, 用一段明确无误的文字阐明了他的任务: "你要攻入欧洲大陆, 与其他盟国一同采取行动, 直插德国心脏, 消灭敌人的武装力量……"

这句话充分说明了进攻的宗旨和目标。但在全体盟国看来, 此次进攻不仅仅是军事行动。艾森豪威尔称之为"伟大的远征", 这场远征要彻底消灭一个残酷的暴虐政权, 该政权把全世界拖入最惨烈的战争, 将整个欧洲夷为焦土, 还导致 3 亿多人沦为奴隶。(实际上, 当时没人能想象纳粹席卷欧洲的残暴行径达到怎样的程度。数百万人死于海因里希·希姆莱无菌火葬场的毒气室和焚尸炉, 数百万人背井离乡沦为奴工, 其中很大一部分再也没能回家，还有数百万人被折磨致死、作为人质遭处决或是被简单易行的饥饿手段灭绝。）这场伟大的远征，坚定不移的目标不仅仅是赢得战争，还要消灭纳粹主义，彻底结束世界历史上前所未有的野蛮时代。

但首先要赢得登陆战的胜利，失败的话，最终击败德国还得拖上好几年。

为准备这场关系重大、全力以赴的进攻，细致的军事策划工作已进行了一年多。早在艾森豪威尔出任盟国远征军总司令前，英军中将弗雷德里克·摩根爵士领导的英美军官小组，就为盟军登陆欧洲奠定了基础。他们面临的各种问题复杂无比，几乎没有参照物，军事先例寥寥无几，问号倒是一大堆。该投入多少个师？如果需要 X 个师，能否集中这些师加以训练，让他们在 Y 日前做好出发准备？运送这些兵团需要多少船只？海军炮击、辅助舰船、护卫力量如何解决？从哪里能弄到登陆艇，能否从太平洋和地中海战区抽调一部分？需要多少个机场才能容纳空中突击不可或缺的数千架飞机？储备包括技术装备、火炮、弹药、运输工具、口粮在内的各种物资要多久？进攻和后续推进又需要多少物资？

这仅仅是盟军规划人员必须解决的诸多复杂问题的一小部分，相关问题还有很多。艾森豪威尔接掌指挥权后，他们扩大、修改了研究成果，最终发展成霸王计划，这场行动需要更多兵力、更多舰船、更多飞机、更多装备、更多物资，远远超过此前任何一场战役。

集结工作规模庞大。没等计划最终确定，数量前所未见的人员和物资就如潮水般涌入英国。大批美国官兵很快到达一个个小镇和村庄，数量远远超过当地的英国人。电影院、旅馆、餐厅、舞厅、热门的酒吧突然挤满了来自美国各个州的官兵。

机场遍地开花。为实施庞大的空中突击，除了现有的几十个机场，又修建了 163 座。机场实在太多，以至于美国第 8、第 9 航空队的飞行员中流传着一句笑话：无论南北向还是东西向，他们能在整个英格兰岛上滑行，绝对不会刮坏机翼。各港口也挤得满满当当，从战列舰到鱼雷艇，近 900

艘舰艇组成的强大支援舰队开始集中。开抵的船队也很多，春季前已交付近200万吨货物和物资，为转运这些物资，不得不新铺设了170英里铁路线。

到5月份，英格兰南部看上去简直就是一座巨大的军火库。堆积如山的弹药隐藏在一座座森林里；坦克、半履带车、装甲车、卡车、吉普车、救护车首尾相连横跨荒原，足有5万多辆；田野里，一排排榴弹炮、高射炮林立，还堆满了大批预制件，能搭设从尼森营房到简易跑道的各种设施，另外还有大量土方设备，从推土机到挖掘机应有尽有。几座中央仓库堆满了食品、衣物、医疗用品，从抗晕船药片到12.4万张病床，什么都有。但最惊人的场面是几条山谷里停放着好几列长长的铁路车辆：近1000个崭新的火车头，近2万节油罐车和货车车皮。待盟军建立滩头阵地，这些车辆就会把法国破破烂烂的设备换掉。

某些新装备稀奇古怪，既有能泅水的坦克，也有携带一捆捆板条的战车，这些板条可以在防坦克壕上铺设通道，也可以作为踏脚石翻越墙壁，还有些坦克装了好多根铁链，以此敲打前方地面，引爆敌人埋设的地雷。这里还有一段街区那么长的平底船，每艘平底船上安装了密密麻麻的管子，用于发射战争期间最新式的武器——火箭。最奇特的装备可能是两座人造港，届时会被拖过海峡，安置在诺曼底海滩。人造港堪称工程奇迹，也是"霸王行动"最大的机密之一，目的是确保在进攻发起后至关重要的头几周，兵力和物资能源源不断地运入滩头阵地，直到盟军夺得一座港口。两座代号"桑葚"的人造港，先以若干大型钢制浮箱构成外防波堤，再把145个尺寸各异的大型混凝土沉箱首尾相连地沉入海里，构成内防波堤。最大的混凝土沉箱上设有工作人员宿舍和高射炮，拖曳时就像一座横倒的五层公寓楼。在这些人造港内，自由轮这种大型货轮可以把物资卸到往来于海滩的驳船上。近海货轮或登陆艇这些较小的船只，可以把货物卸到大型钢制码头上，等在一旁的卡车会驶过浮箱支撑的一个个桥墩，把货物运到海滩。桑葚港外面还沉了60艘混凝土堵塞船，充当额外的防波堤。人造港在诺曼底登陆海滩外就位后，每座都像多佛尔港那么大。

整个 5 月份，人员和物资开始运往各港口和装载区。交通堵塞是个大问题，但军需官、宪兵、英国铁路部门想方设法地确保了运输工作的井然有序，而且很准时。

载满部队和物资的一列列火车在铁路线上来来回回，等着汇聚到海边。一支支车队挤满各条道路，细密的尘埃覆盖了每个小村庄。春季宁静的夜晚，整个英格兰南部回荡着卡车低沉的嗡嗡声、坦克引擎的轰鸣声、叮当作响的履带声、美国佬确凿无疑的喊叫声，似乎每个人都在询问同样的问题："那个鬼地方离这里有多远？"

一支支部队蜂拥进入登船区，尼森营房和帐篷构成的一座座"城市"几乎一夜间出现在沿海地区。这些士兵睡在三四层的高低床上，淋浴房和厕所通常在几片地段外，还得排队使用。打饭的队伍有时候长达四分之一英里。这里的军人实在太多，仅为美军兵营服务的人员就多达5.4万人，包括4500 名刚刚培训完的炊事员。5月份最后一周，部队和物资开始装上运输船和登陆舰。时候终于到了。

统计出的数字超出了所有人的想象力，盟军集中的兵力似乎势不可挡。自由世界的年轻人、自由世界的物资组成的庞大力量，此时正等待一个人的决定，他就是艾森豪威尔。

6 月 4 日大多数时候，艾森豪威尔独自待在挂车里。为确保此次进攻以最小的生命代价赢得胜利，他和他那些将领尽了一切努力。但此时，经过数月的政治和军事策划，"霸王行动"却听凭大自然摆布。艾森豪威尔束手无策，所能做的就是等待，期盼天气好转。可无论发生什么情况，今天结束前他都得做出重大决定，要么发动进攻，要么再次推延行动。不管怎么说，"霸王行动"的成败很可能取决于这项决定。没人能代他做出决定，责任只能由他本人，也只能由他一个人承担。

艾森豪威尔面临左右为难的复杂局面。他 5 月 17 日就下定决心，D

日只能是 6 月份三天中的某个日子：5 日、6 日或 7 日。气象研究表明，只有这三天符合登陆诺曼底需要的两个重要天气条件：月亮迟迟升起，拂晓后不久的海水处于低潮位。

　　伞兵和滑翔机机降步兵将率先发起突击，美国第 101、第 82 空降师和英国第 6 空降师约 1.8 万名官兵投入其中，他们需要月光。但这场突袭能否成功，取决于他们到达空降地域之前的黑暗。因此，月亮晚点升起是他们的关键要求。

　　海运部队实施登陆，要求潮水低得足以让隆美尔布设的海滩障碍物暴露出来。整个登陆行动的时机取决于这股潮汐。另外，当日晚些时候后续部队登陆也需要低潮，而且这股低潮必须在天黑前到来，这就导致气象预测工作更加复杂。

　　月光和潮汐这两个关键因素束缚了艾森豪威尔的手脚。仅潮汐一项，就把每个月适合进攻的日子减少到 6 天，其中 3 天是没有月光的。

　　除此之外，艾森豪威尔还得考虑许多问题。第一，各军种都需要长时间的白昼和良好的能见度，这样才能识别各处海滩，确保海空力量发现目标，减少 5000 艘舰船在塞纳湾并排实施机动时发生碰撞的危险。第二，整个登陆行动需要海面风平浪静。波涛汹涌的大海不仅会给舰队造成破坏，还会让舰上的士兵晕船，没等踏上海滩就丧失了战斗力。第三，需要刮向陆地的柔风吹散海滩上的烟雾，以免遮蔽目标。最后一点，D 日结束后盟军还需要三天风平浪静的日子，以便迅速集中兵力和物资。

　　盟军最高统帅部没人指望 D 日各方面的条件尽善尽美，艾森豪威尔对此更是不抱幻想。他与身边的气象人员研究过无数次，早已无师自通地权衡过所有因素，确定了进攻能接受的最低条件。但据他的气象专家说，诺曼底地区 6 月份任何一天，符合进攻最低要求的概率可能只有十分之一。这个风雨交加的周日，艾森豪威尔独自待在挂车里，考虑了各种可能性，眼前面临的不利条件似乎大得无穷无尽。

适合登陆的三个日子，他选择了 6 月 5 日，这样一来，就算延期也可以在 6 日发动进攻。可如果他下令 6 日实施登陆，随后不得不再次取消行动的话，那么就面临返航船队需要补充油料的问题，可能会导致 7 日也无法发动进攻。接下来有两种可能性：他可以把 D 日推迟到下一个潮汐合适的日子，也就是 6 月 19 日，但这样一来，空降部队就得在黑暗中发起攻击，因为 6 月 19 日那天没有月光；另一个办法是等到 7 月份，可正如他后来回忆的那样，延期那么久，"痛苦得不敢想象"。

推延行动的想法太可怕了，艾森豪威尔麾下许多最谨慎的将领，甚至做好了 6 月 8 日或 9 日发动进攻的准备，哪怕冒上风险也在所不惜。他们真不知道如何把 20 多万官兵（大多数人已听取了任务简报）关在船上、登船区、机场数周，还能确保即将发动进攻的机密不被泄露。就算这段时期的保密措施无懈可击，德国空军侦察机肯定也会发现盟军集中的舰队（倘若他们现在还没发现的话），而德国间谍更是会千方百计打探到消息。所有人都觉得推延行动的前景很不乐观，但必须做出决定的人是艾森豪威尔。

下午的光线越来越暗淡，盟国远征军总司令有时候走到挂车门口，透过暴露在风中的树梢，抬头凝望笼罩天空的云层。有时候他在挂车外来回踱步，香烟一根接一根，不时踢开小路上的煤渣。身材高大的他，双手深深地插在兜里，肩膀稍有些佝偻。

孤零零地溜达时，艾森豪威尔似乎没注意到旁人，但当天下午，他看见派驻前进指挥部四名记者中的一个，绰号"老红"的 NBC 记者梅里尔·米勒。艾克突然说道："老红，一同走走吧。"他没有等待米勒就迈开大步向前走去，双手插在兜里，步伐一如既往地轻快。见艾森豪威尔走入树林，米勒赶紧追了上去。

这是场沉默而又怪异的散步。艾森豪威尔几乎一言不发。米勒后来回忆道："艾克似乎在苦思冥想，完全沉浸于他面临的种种问题，几乎忘记了我跟在他身旁。"米勒有好多问题想问这位总司令，但没有开口，觉得自己此时不能打扰他。

他们回到宿营地，艾森豪威尔与他道别，米勒看着他登上挂车门前摆放的小型铝梯。这一刻，米勒觉得艾克"被烦心事压弯了腰……肩上的四颗将星，每颗仿佛重达一吨"。

当晚快到9点半时，艾森豪威尔麾下的高级指挥官和他们的参谋长，齐聚索思威克别墅图书室。屋内宽敞舒适，桌上铺着绿色粗呢桌布，旁边摆着几把安乐椅和两张沙发。深色橡木书柜排满三面墙，但书架上没几本书，整个房间看上去空空荡荡。几扇窗户前挂着厚厚的双层遮光窗帘，今天晚上，窗帘遮蔽了滂沱的雨声和单调烦人的风声。

参谋人员三五成群地站在房间里低声交谈。壁炉旁，艾森豪威尔的参谋长沃尔特·比德尔·史密斯少将与抽着烟斗的盟国远征军副总司令特德空军上将说着话。性情急躁的盟国远征军海军司令拉姆齐海军上将坐在一旁，盟国远征军空军司令利－马洛里空军上将紧挨着他。据史密斯将军回忆，在场的将领只有一人没穿军装。脾气不太好的蒙哥马利即将负责D日的进攻行动，他一如既往地穿着灯芯绒休闲裤和高领毛衣。只要艾森豪威尔一声令下，在场的这些人就会把命令转化成进攻行动。房间里的指挥官和他们的参谋长共计12人，此时正等待总司令到来，这场深具决定性的会议定于9点30分召开，届时他们会听到几位气象学家的最新预报。

9点30分整，房门开了，艾森豪威尔一丝不苟地穿着深绿色战斗服，大步走入房间。他与几位老朋友打招呼时，才露出一丝典型的艾森豪威尔式的笑容，但宣布会议开始后，愁容立即回到他脸上。不需要开场白，每个人都知道眼下必须做出的决定是多么重要。因此，"霸王行动"的三位资深气象学家，在他们的负责人，皇家空军J.N.斯塔格上校的带领下立即走入房间。

斯塔格开始做简报，全场鸦雀无声。他迅速总结了过去24小时的天气情况，随后平静地说道："诸位……天气发生了一些始料未及的变化，势头很快……"此时所有人紧盯着斯塔格，因为他给神情焦虑的艾森豪威尔和在场的指挥官带来了一丝微弱的希望。

斯塔格说，他们发现了一道新锋面，接下来几个钟头它会移动到英吉利海峡，突击地域上方会逐渐放晴。明天，不断改善的气候条件会保持一整天，一直持续到 6 月 6 日上午。之后，天气会再次恶化。在这段有望到来的好天气期间，风力会显著减弱，天空会放晴，至少足以让轰炸机在 5 日夜间和整个 6 日上午展开行动。到 6 日中午，云层会加厚，天空再次转阴。简而言之，艾森豪威尔获悉，好天气持续的时间稍稍超过 24 个钟头，勉强能接受，但远远低于登陆行动的最低需求。

斯塔格刚汇报完，就和另外两位气象学家受到连珠炮般的询问。他们能保证预测的准确性吗？天气预测会不会出错？他们有没有用手头的资料核实过预测报告？6 日后那几天，天气是否会继续好转？

有些问题，几位气象专家无法回答。他们反复核实过报告，对预测结果很有信心，但天有不测风云，谁也无法保证一定不出岔子。他们尽量回答了众人的问题，随后离开会议室。

接下来 15 分钟，艾森豪威尔和他那些指挥官反复商讨。拉姆齐海军上将强调了做出决定的紧迫性。倘若周二发起"霸王行动"，就得在半小时内给 A.G. 柯克海军少将下达命令，他指挥的美国海军特混舰队负责奥马哈、犹他海滩的登陆行动。拉姆齐担心补充油料的问题：如果这些部队迟迟起航，随后又被召回的话，就来不及为周三（6 月 7 日）有可能发动的进攻再次做好准备。

艾森豪威尔逐一询问几位指挥官的意见。史密斯将军认为应该在 6 日发动进攻，这是场赌博，可眼下的情况必须赌上一把。特德和利－马洛里都担心预测的云量太多，可能会导致空军无法展开卓有成效的行动。换句话说，地面突击也许无法获得足够的空中支援。他们觉得 6 日进攻有点"冒险"。蒙哥马利还是坚持前一天晚上的主张，当时 D 日的时间由 6 月 5 日往后推延了："要我说，干吧！"

　　轮到艾克了，现在该由他做出最终决定。艾森豪威尔反复掂量各种可能性，会议室里沉默了很长时间。史密斯将军在一旁看着，见艾克坐在那里，双手紧握，俯视着桌面，不由得被盟国远征军总司令的孤独无助深深触动了。时间一分一秒地流逝，有人说过了2分钟，也有人说过了整整5分钟。艾森豪威尔终于抬起头，神情凝重地宣布了自己的决定。他慢吞吞地说道："我知道我们必须下达命令……我不太满意，可眼下的情况……我看不出我们还有什么别的选择。"

　　艾森豪威尔站起身，他看上去很疲惫，但脸上的焦虑一扫而空。6个钟头后，在核实天气情况的简短会议上，他重申了自己的决定，再次确认D日定于6月6日星期二。

　　艾森豪威尔和几位指挥官离开会议室，现在得赶紧把这场庞大的进攻付诸实施。他们身后的图书室安静下来，一团蓝色烟雾萦绕着会议桌，抛光的地板反射出壁炉的炉火，壁炉台上的座钟，指针指向9点45分。

— *11* —

　　此时是夜里 10 点前后，第 82 空降师绰号"荷兰佬"的二等兵阿瑟·B. 舒尔茨不打算继续玩掷双骰子的赌博游戏了，他想他再也不可能拥有现在这么多钱了。上级宣布空降突袭至少推迟 24 小时后，他们就玩了起来。先是在帐篷后面开赌，随后转移到一架飞机的机翼下，此时在机库里赌得起劲，这座机库已改造成巨大的营房。即便在这里，赌场也不断换地方，在一排排高低床形成的过道间来回转移，"荷兰佬"赢得盆满钵满。

　　他也不知道自己赢了多少，但看看攥在手里那把皱巴巴的美元、英镑、供登陆后使用的崭新的蓝绿色法国钞票，他估计超过 2500 美元。"荷兰佬"活了 21 岁，还没见过这么多钱。

　　无论是身体还是精神，他都为跳伞做好了一切准备。当天上午，各教派在机场上举办仪式，"荷兰佬"是个天主教徒，他做了忏悔，领受了圣餐。此时他很清楚该如何处理赢的钱，具体分配方案早就想好了。他打算把 1000 美元存在副官办公室，待他重返英国，可以凭存款单据领取。另外 1000 美元他想寄给旧金山的母亲，请她代为保管，其中 500 美元是送给母亲的礼物，她想怎么用就怎么用。剩下的钱他有个特殊用途：待他所在的第 505 团到达巴黎，他要尽情挥霍一番。

　　这名年轻的伞兵感觉良好，一切都安排妥了，可他自己呢？为什么老是想起今天早上的事情，搞得他心神不宁？

　　今天早上派发邮件时，他收到母亲寄来的信。刚拆开信封，一串念珠滑出来落在他脚下。他赶紧捡起念珠，塞入留在营房的背包里，以免身边那帮爱说俏皮话的战友看见。

此时想到那串念珠，一个念头突然浮现在他脑海，是他此前从未想过的：这种时候干吗要赌钱？他看看夹在手指间那把折叠起来的皱巴巴的钞票，比他忙上一年能挣到的钱还要多。二等兵"荷兰佬"舒尔茨此刻想到，要是他把这些钱揣起来，肯定会没命的。他拿定主意，不能冒上送命的危险。他瞟了眼手表，想知道输掉 2500 美元要多久。

舒尔茨不是当晚唯一一行事怪异的人。从普通士兵到将军，似乎没人想同命运抗争。纽伯里附近的第 101 空降师师部，师长马克斯韦尔·D. 泰勒少将与手下几名高级军官聊了很长一阵子。屋内有五六个人，副师长唐·普拉特准将坐在床上。他们交谈时，另一名军官到了，摘下军帽扔在床上。普拉特将军一跃而起，把军帽扫到地上："天哪，这会带来霉运的！"所有人都笑了，可普拉特再也不肯坐在床上。他很快就要率领第 101 师的滑翔机机降部队进入诺曼底。

随着夜幕降临，英格兰各地准备投入登陆行动的部队继续等待。经过几个月训练，他们已做好出发准备，为此兴奋不已，而行动推延又让他们有点心神不宁。行动暂停后，到现在差不多过去 18 个小时了，可以说每个钟头都在消耗部队的耐心和战备状况。可他们不知道，此时离 D 日已不到 26 小时，但把消息传达到底层还为时过早。因此，风雨交加的周日夜间，所有人都在等待，孤独而又焦虑，不免对即将发生的某些事情或者说任何事情暗自恐惧。

他们所做的，恰恰是全世界所有人在这种情况下都会做的事：他们想起他们的家人，他们的妻子，他们的孩子，他们的恋人。每个人都在谈论即将到来的战斗。那些海滩究竟是什么模样？登陆会像众人说的那么艰难吗？没人知道 D 日会怎样，但每个人都以自己的方式为此做好了准备。

爱尔兰海漆黑一片，波涛汹涌，美国海军"赫恩登"号驱逐舰上，小巴托·法尔中尉想把心思集中到桥牌上，但很难做到，身边太多清醒的提示告诉他，这可不是社交晚会。军官室的墙壁上贴着大幅航拍照片：德国人的炮兵阵地俯瞰着诺曼底海滩。这些火炮是"赫恩登"号 D 日的目标，法尔突然想到，"赫恩登"号不也是这些火炮的目标吗？

法尔坚信 D 日那天自己能活下来。众人就谁能熬过 D 日、谁熬不过去的话题开了好多玩笑。当初在贝尔法斯特港，姊妹舰"科里"号的舰员以 10 比 1 的赔率赌"赫恩登"号回不来。"赫恩登"号舰员迅速报复，四处散布谣言，说登陆舰队起航时会把"科里"号留在港内，因为舰上人员的士气太低了。

法尔中尉对"赫恩登"号平安返航充满信心，自己肯定也会随舰返回。尽管如此，他还是为自己给未出生的儿子写了封长信而高兴。法尔从没想过身处纽约的妻子也许会生个女儿。（她生的不是女儿，那年 11 月，法尔夫妇有了儿子）

纽黑文附近的集中地域，英国第 3 步兵师的雷金纳德·戴尔下士坐在床铺上，暗自为妻子希尔达捏了把汗。他们 1940 年完婚，自那时起，两人就渴望有个孩子。几天前他最近一次休假，希尔达告诉他自己怀孕了。戴尔气得要命，他一直觉得登陆日临近了，自己肯定会参与其中。"我得说，真不是时候！"这句话脱口而出，希尔达深受伤害。想起她伤心的眼神，戴尔为自己草率的言辞自责不已。

可后悔也晚了，他现在甚至没办法给她打个电话。戴尔躺在床上，和英军集中地域的数千名官兵一样，想强迫自己睡上一会儿。

也有人镇定自若，睡得很香。英国第 50 步兵师一处登船区，连军士长斯坦利·霍利斯就是其中的一个。他很早以前就学会任何情况下都得抓紧时间睡上一会儿。霍利斯不太担心即将到来的进攻，他很清楚会发生些什么。他经历过敦刻尔克大撤退，跟随第 8 集团军在北非战斗过，还参加过登陆西西里海滩的行动。当晚驻扎在英国的数百万官兵里，霍利斯这种人很罕见。他期待登陆，想重返法国多杀几个德国佬。

霍利斯要清算私账。他当初在敦刻尔克是个摩托车传令兵，后撤期间在里尔镇见到了令他终生难忘的场面。霍利斯与自己的部队失去联系，在镇内某处拐错了弯，德国人显然刚刚从这里经过。他驶入一条死胡同，这里堆放着一百多具法国男女老幼温度尚存的尸体，是被机枪扫射打死的。尸堆后面的墙上嵌着弹头，地上散落着数百个弹壳。从那一刻起，霍利斯就成了出色的猎手，现在已击毙90多个敌人。D日结束时，他在斯特恩冲锋枪上刻下了他的102个毙敌战果。

还有些人也急于踏上法国的土地。在菲利普·基弗和他那支法国突击队171名彪悍的部下看来，这番等待似乎没完没了。除了在英国结交的几个朋友，他们没有要道别的人，因为他们的家人还在法国。

汉布尔河河口附近的营地里，他们利用这段时间检查武器，研究以泡沫、橡胶制成的剑滩地形模型，以及他们在乌伊斯特勒昂镇内要夺取的目标。突击队员居伊·德蒙洛尔伯爵对自己的中士军衔深感自豪，今晚他高兴地听到计划稍有些变动：他的班负责攻击那座度假胜地的赌场，据说那里是戒备森严的德军指挥所。他告诉突击队队长基弗："不胜荣幸，我在那里输过不少钱。"

150英里外，普利茅斯附近的美国第4步兵师集中地域，哈里·布朗中士执行完勤务后收到封信。他在战争片里多次见识过，可从没想到这种事会发生在自己身上：信封里是一份阿德勒增高鞋广告。这张广告把布朗中士气坏了。他那个分排的人个头都不高，被人家叫作"布朗的小矮子"。就连个头最高的中士也只有5英尺5英寸半。

就在他纳闷是谁把他的名字告诉阿德勒公司时，班里一个家伙跑来了。约翰·格瓦多斯基下士打算还他钱。他一本正经地把钱递给布朗中士，还解释道："别误会，我只是不想让你在地狱里到处追我，向我讨债而已。"布朗实在无法释怀。

海湾对面，停泊在韦茅斯附近的"新阿姆斯特丹"号运输舰上，第2

游骑兵营的乔治·克希纳少尉忙着从事日常事务，正在检查他那个排的信件。今晚的工作特别繁重，似乎每个人都给家里写了长长的信。第2、第5游骑兵营D日受领的任务极为艰巨，他们要在一个名叫奥克角的地方，攀上高100英尺近乎垂直的悬崖，还得打哑一座炮台，德国人部署在那里的6门远程火炮威力强大，完全能瞄准奥马哈或犹他海滩的运输区。游骑兵必须在30分钟内完成这项任务。

估计伤亡会很大，有人认为会高达60%，除非空中突击和海军炮击能在游骑兵到达前干掉那些火炮。不管怎样，没人觉得这场进攻是小菜一碟，但克希纳的一名分排长拉里·约翰逊上士不这么看。

约翰逊的信件，简直把克希纳少尉惊呆了。虽说所有信函要到D日过后才能寄出，还不知道哪天呢，可约翰逊这封信甚至无法通过正常渠道寄出。克希纳派人把约翰逊叫来，上士到来后，克希纳把信还给他，冷淡地说道："拉里，这封信最好还是等你到了法国自己寄吧。"约翰逊在信里约某个姑娘6月初见面，她住在巴黎。

上士离开舱室，克希纳少尉忽然想到，只要有约翰逊这样的乐观主义者存在，就没有什么做不到的。

漫长的等待期间，登陆部队几乎每个人都给某人写了信。他们封闭得太久，写信似乎成了情感的宣泄。许多人在信里写下自己的真情实感，而日常情况下，男子汉很少会这样做。

美国第1步兵师计划在奥马哈海滩登陆，师里的约翰·F. 杜利甘上尉在寄给妻子的信里写道："我爱这些伙计。他们睡在船上各个地方，要么睡在甲板上，要么就睡在车内和车上车下。他们抽烟、打牌、摔跤，玩得不亦乐乎。他们三五成群地聚在一起，话题无外乎是姑娘、家人、自身的体验（有女友、没女友的经历）……他们都是好样的，是世界上最优秀的军人……登陆北非前，我很紧张，还有点害怕。登陆西西里期间，我忙得不可开交，做事的时候也就把恐惧抛之脑后了……这次我们要登陆法国某处海滩，届时会怎样只有上帝知道了。我想告诉你，我全心全意地爱你……我祈求上帝保佑，把我留给你、安、帕特。"

　　置身重型海军舰船、大型运输舰、机场或登船区的人还算幸运，虽说活动受到限制，住的地方人满为患，可至少身上是干的，住的地方挺暖和，条件也说得过去。而待在平底登陆舰上的官兵，情况就大不一样了，这些登陆舰停泊在几乎每座港口外，在海上颠簸不已。有些人已经在舰上待了一个多星期，一艘艘登陆舰被挤得满满当当，臭气熏天，把他们搞得苦不堪言。在这些官兵看来，战役早在他们离开英国前就打响了，是与持续的恶心和晕船展开的斗争。时至今日，许多人仍记得舰上只有三种东西的气味：柴油、堵塞的厕所、呕吐物。

　　各艘舰船的情况不同。777 号坦克登陆艇（LCT）上，三等信号兵小乔治·哈克特惊奇地看见，滔天巨浪从晃晃荡荡的登陆艇一侧泼进来，又从另一侧涌出去。英军 6 号坦克登陆艇严重超载，美国第 4 步兵师的克拉伦斯·休普费尔中校真担心它会沉没。海水拍打着舷缘，有时候还冲入艇内。厨房淹水，艇上的官兵只好吃冷食，当然，这里指的是那些还能吃下东西的人。

　　第 5 特种工兵旅的基思·布赖恩中士记得，97 号坦克登陆舰（LST）上拥挤不堪，简直是摩肩接踵，而且颠簸得厉害，就连有幸分到床铺的人也很难待得住。加拿大第 3 步兵师的莫里斯·麦基中士觉得，他所在的登陆艇"比尚普兰湖中心的划艇颠簸得还要厉害"，他晕船严重到再也吐不出来的程度。

　　但等待期间最遭罪的是返航船队上的官兵。他们在海峡的暴风雨里煎熬了一整天，一个个浑身湿透、筋疲力尽，最后几支掉队的船队抛下船锚时，这些官兵情绪低落地排列在船栏旁。到夜里 11 点，所有舰船都回来了。

　　普利茅斯港外，"科里"号驱逐舰舰长霍夫曼少校站在舰桥上，盯着一串串长长的登陆舰编队，这些尺寸各异、种类不同的舰船实施灯火管制，看上去黑黢黢的。天气很冷，风还是很急，吃水较浅的舰船在波谷中晃荡时，他听见海浪的拍打声和海水的飞溅声。

霍夫曼疲惫不堪。他们回到港口没多久，就听说了行动延期的原因，随后收到再次待命的指示。

消息在甲板下迅速传播开来，报务员本尼·格利森听到消息时正准备上岗。他朝餐厅走去，看见十来个人在那里吃饭，今晚的伙食是火鸡和各种配菜。他们看上去一个个情绪低落，本尼不由得说道："你们这帮家伙，搞得像最后一餐似的。"这句话基本正确，D日发动进攻后没多久，在场的人至少有一半和"科里"号一同沉入海里。

附近的408号步兵登陆艇(LCI)上，士气也很低落。海岸警卫队员确信，此次虚假的起航不过是另一场演习罢了。第29步兵师的二等兵威廉·约瑟夫·菲利普斯想让众人振作精神，他一本正经地预测道："这支部队不会参战的。我们在英国待了这么久，要到战争结束才会给我们派任务。估计他们打算派我们清理多佛尔白崖上的蓝知更鸟鸟粪。"

午夜前后，海岸警卫队的快艇和海军驱逐舰开始了繁重的作业，重新集中一支支舰队。这次不会再返航了。

法国海岸外，X23号袖珍潜艇缓缓浮上海面。此时是6月5日凌晨1点，乔治·昂纳上尉迅速打开舱盖，爬入潜艇小小的指挥塔，和另一名艇员竖起天线。下方，詹姆斯·霍奇斯上尉把电台刻度表调到1850千赫，双手捂住耳机。没等多久，他就隐隐约约地听到X23号的呼号："大脚板……大脚板……大脚板。"霍奇斯随后收到只有一个词的信息，他抬起头，觉得难以置信。他用双手更紧地捂住耳机，又听了一遍。上级发来的信息明确无误。他把情况告知其他艇员，没人说话。他们闷闷不乐地交换了眼神，看来还得在水下再待一天。

拂晓的晨曦中，诺曼底海滩笼罩在薄雾下。前一天的间歇性降雨变成持续不停的蒙蒙细雨，打湿了一切。海滩后方是一片片形状不规整的古老田野，昔日这里发生过无数次战斗，日后还有无数次战斗要在此处上演。

诺曼底民众与德国人一同生活了四年。对不同的诺曼底人来说，受奴役的状况各不相同。港口城市勒阿弗尔和瑟堡分别位于这片地区东西两端，离海岸10英里的内陆城市卡昂从地理和大小来看都在它们之间，在这三座城市，占领是生活中严酷而又不变的事实。城内设有盖世太保和党卫队总部，居民们不断收到战争仍在继续的提醒：德国人每晚抓捕人质，对地下抵抗组织进行无休止的报复；盟军则展开既受欢迎又吓人的空袭。

几座城市之外，尤其是卡昂与瑟堡之间，是一片布满树篱的乡村：硕大的土堆环绕着一块块小小的农田，土堆上长满茂密的灌木和树苗，自罗马时代起，入侵者和防御者就把这些土堆当作天然防御工事。乡村间点缀着一座座木制农舍，不是茅草顶就是红瓦顶，微型城堡般的小镇和村落随处可见，有数百年历史的灰色石屋环绕着一座座诺曼式教堂，这些教堂几乎都呈方形。世界上大多数人从未听过这些村镇的名字：滨海维耶维尔、科莱维尔、拉马德莱恩、圣梅尔埃格利斯、谢夫迪蓬、圣玛丽迪蒙、阿罗芒什、吕克。在这片人烟稀少的乡村，占领的含义与那些大城市完全不同。诺曼底农民卷入了田园式的战争余波，竭力适应当前状况。德国人用船只把数千名男女运离村镇，带去外地当奴工。剩下的人也被迫抽出部分时间加入劳工营，替德军海岸守备部队干活。但这些农民很有主见，想方设法出工不出力。日复一日，他们以诺曼底人的顽强憎恨德国佬，坚忍地期盼、等待获得解放的那一天。

31 岁的律师米歇尔·阿尔德莱住在母亲的房子里，这座房屋位于小山上，俯瞰着沉睡的滨海维耶维尔村。他站在客厅的窗户后，端着望远镜盯着一个德国兵，对方骑着一匹高大的农场马，沿道路朝海边而去，马鞍两侧挂着几个金属水壶。这一幕确实很可笑：硕大的马屁股，晃晃荡荡的水壶，水壶上盖着德国兵的桶式钢盔。

阿尔德莱盯着他。德国兵策马穿过村子，再经过有着高耸、细长尖顶的教堂，径直来到把干道与海滩隔开的混凝土墙壁前。他下马后取下所有水壶，只留了一个。突然，三四个德国兵悄无声息地从悬崖和峭壁周围出现了。他们接过水壶，随后又消失了。先前骑马的那个德国兵拎着剩下的一只水壶翻过墙壁，来到一座黄褐色的大型避暑别墅，环绕别墅的树木横跨了海滩尽头的步行道。他跪下身子，把水壶递给从建筑物下方与地面齐平处伸出的手。

这一幕每天早上都会上演。德国兵从不迟到，总是在此时把早晨的咖啡送到滨海维耶维尔村村口。对海滩这一端待在悬崖旁碉堡和精心伪装的掩体内的炮组人员来说，新的一天到来了。这片看似宁静、平缓蜿蜒的沙滩，次日会以"奥马哈海滩"的名称为世人所知。

米歇尔·阿尔德莱知道，此刻是早上 6 点 15 分。

阿尔德莱先前多次见过这一幕，总是觉得有点滑稽，一是因为那个德国兵的模样，二是因为他觉得很有趣：给执勤士兵送咖啡这种简单的工作，戳破了德国人大肆吹嘘的在技术技能上的精通。但阿尔德莱纯属苦中作乐。和所有诺曼底人一样，他早就对德国佬痛恨不已，现在更恨他们了。

几个月来，阿尔德莱一直在监视德国人和他们征召的劳工营，看着他们沿海滩后方的峭壁和沙滩尽头两侧的悬崖不停地挖掘、打洞、钻隧道。他看见他们在沙滩上设置障碍物，还埋设了数千颗邪恶而又致命的地雷。

不仅如此，他们还有条不紊地彻底拆除了海边峭壁下方一排漂亮的红色、白色、粉红色避暑小屋和别墅。原先的 90 栋房子，现在只剩 7 栋。拆除这些房屋，不仅是为炮兵肃清射界，还因为德国人需要木料加固掩体。剩下的 7 栋房屋，最大的那栋是阿尔德莱的房子，是全年住人的石制建筑。当地驻军司令前几天正式通知他，马上要拆掉他的房子，因为他们需要砖块和石头。

阿尔德莱不知道，某个地方的某位人士会不会取消这项决定。德国人在某些事情上经常做出难以预料的决定。没过 24 小时，他得知了明确的决定：德国人告诉他，第二天（6 月 6 日，星期二）就拆除他的房子。

6 点半，阿尔德莱打开收音机，调到 BBC 广播电台。德国人禁止私藏收音机，但和成千上万的法国人一样，阿尔德莱对这道禁令嗤之以鼻。这只是抵抗的另一种形式。尽管如此，他还是把音量调得很低。一如既往，新闻播报结束后，英国上校（也就是道格拉斯·里奇，一直被视为盟国远征军最高统帅部发言人）宣读了一条重要的消息。

"今天，6 月 5 日，星期一，"他说道，"总司令授权我宣读以下内容：本台现在是总司令与被占领国家的民众取得联络的直接渠道……总司令会在适当的时候下达极为重要的指令，但不可能总是在预先宣布的时间下达，因此你们必须养成习惯，或单独，或与朋友安排好，时刻聆听广播。其实不难做到……"阿尔德莱猜测，广播里说的"指令"可能与盟军的登陆息息相关。所有人都知道这场进攻即将到来。他认为盟军会对英吉利海峡最窄处发动进攻，也就是敦刻尔克或加来周围，那里有港口，反正肯定不会在这里。

住在滨海维耶维尔的杜布瓦一家和达沃一家没听广播，他们今天早上很迟才起床。昨晚，两家搞了场盛大的庆祝，一直持续到凌晨。诺曼底各地都举行了类似的家庭庆祝，因为教会把 6 月 4 日星期天定为初领圣体日。这是个重要时刻，也是家人和亲属每年团聚的理由。

杜布瓦和达沃家的孩子穿上最好的衣服，来到滨海维耶维尔小教堂，在父母和亲属自豪的目光注视下初领圣体。有些亲属从巴黎远道而来，身上揣着耗时几个月才从德国当局弄到的特别通行证。这趟行程既令人恼火又很危险，恼火是因为一趟趟火车挤得要命，而且不再准时准点，危险是因为所有火车头都成为盟军战斗轰炸机的打击目标。

但跑一趟还是值得的，去诺曼底总是不虚此行。这里的物产依然丰富，好多东西是巴黎人现在很少能见到的，例如新鲜的黄油、奶酪、鸡蛋、肉，当然还有卡尔瓦多斯，这是诺曼底人酿制的馥郁的苹果白兰地。另外，这些困苦的日子里，诺曼底也是个好去处，这里宁静而又安详，离英国较远，不会沦为战场。

两户人家的聚会很圆满，但还没结束。今晚所有人还得坐下来美餐一顿，享用主人保存下来的最美味的葡萄酒和白兰地。聚会到那时才会结束，一众亲属星期二一大早赶火车返回巴黎。

但他们在诺曼底的三天假期要极大地延长了，接下来四个月，这些亲属一直待在滨海维耶维尔，没办法离开。

更靠近海滩处，科莱维尔村村口附近，40岁的费尔南·布罗克每天早上6点半都会做他要做的事：他坐在湿漉漉的谷仓里，歪戴着眼镜，头靠在奶牛的乳房旁，把一道细细的乳汁挤入桶里。他的农场位于狭窄的土路旁，就在一座小小的高地顶部，距离大海不到半英里。他很久没有沿土路前行，也没再踏上过海滩，自德国人封锁那里后，他就没去过。

五年来，他一直在诺曼底务农。第一次世界大战期间，比利时人布罗克目睹了自己的家园毁于战火，他永远忘不了那一幕。1939年第二次世界大战刚刚爆发，他立马辞掉办公室的工作，带着妻子和女儿迁居诺曼底，觉得在这里总可以平平安安地过日子了。

10英里外的大教堂镇巴约，布罗克19岁的漂亮女儿安妮·玛丽正准备去学校，她在那里教学前班。她期盼这一天早点结束，因为暑假明天就开始了，她要去农场度假。她打算骑自行车回家。

同样在明天，一个来自罗得岛又高又瘦的美国小伙，会登上几乎正对她父亲农场的海滩，她从未见过这个小伙，但日后却与他喜结连理。

整个诺曼底海岸，当地居民都在从事日常工作。农夫在田里干活，侍弄苹果园，照料白褐色相间的奶牛。村庄和小镇内的店铺开门营业。对所有人来说，这仅仅是被占领期间又一个平平淡淡的日子。

拉马德莱恩小村位于一座座沙丘和广阔的沙滩后方，这片沙滩很快会以"犹他"这个名称变得举世闻名。尽管没什么生意，但村内的保尔·加藏热尔还是像往常那样打开店铺兼咖啡馆的门。

有那么一段时间，加藏热尔一家的日子过得还算体面，说不上多富裕，但足够他本人、妻子马尔特、12 岁的女儿让尼娜开销。可德国人现在封锁了整片沿海地带，从维尔河河口（这条河流在附近汇入大海）到瑟堡半岛这一侧，住在最靠近海岸处的人家被迫迁离，只有在此地有农场的人获准留下。咖啡馆的生意一落千丈，现在只有留在拉马德莱恩村的 7 户人家和驻扎在附近的少数德国官兵光顾，尽管心不甘情不愿，可他不得不伺候这些德国佬。

加藏热尔也想搬走。坐在咖啡馆里等待第一个顾客上门时，他怎么也想不到，没过 24 小时自己就得踏上旅途。盟军把他和村内居民控制起来，送往英国盘问。

加藏热尔的朋友，面包师皮埃尔·卡尔德龙，当天早上心事重重。距离海岸 10 英里的卡朗唐镇内，让纳医生的诊所里，卡尔德龙坐在儿子皮埃尔的病床旁，5 岁的小皮埃尔刚动完切除扁桃体的手术。中午前后，让纳医生再次替他儿子做了检查，对焦虑不安的父亲说道："别担心，他挺好的，明天你就能带他回家了。"但卡尔德龙已拿定主意："不，我觉得要是今天就把小皮埃尔带回家的话，他妈妈肯定很开心。"半个钟头后，卡尔德龙抱着儿子动身了，他们家在圣玛丽迪蒙村，就在犹他海滩后方，D 日那天，伞兵会在那里与第 4 步兵师的官兵会合。

对德国人来说，当日也是平静、乏味的一天，没发生，也没指望发生任何意外情况，天气实在太恶劣了。实际上，正因为天气恶劣，德国空军设在巴黎卢森堡宫的司令部内，首席气象学家、教授瓦尔特·施特贝上校才在每日例行会议上告诉司令部人员放宽心。他甚至觉得盟军战机今天无法投入行动。各防空炮组随即接到解除戒备状态的命令。

施特贝随后打电话给 12 英里外的巴黎郊区，圣日耳曼昂莱的维克多雨果大街 20 号。他的电话立即转到西线总司令冯·伦德施泰特的司令部，这座巨大的三层建筑看上去像个碉堡，长 100 码，宽 60 英尺，嵌在一所女子中学下方的斜坡旁。施特贝与他派驻西线总司令部的联络员说了几句，气象员赫尔曼·米勒少校一字不差地记录下天气预报，随后转呈参谋长布鲁门特里特将军。西线总司令部非常重视天气预报，而布鲁门特里特急于见到今天这份，因为西线总司令打算外出视察，布鲁门特里特正在确定总司令的行程安排。读罢天气预报，他确信此次出行完全可以按计划进行。冯·伦德施泰特打算周二在他儿子（一名年轻中尉）的陪同下，去视察诺曼底的海岸防御。

巴黎郊区的圣日耳曼昂莱，没太多人知道这座碉堡式建筑的存在，更没什么人知道，西线德军权力最大的元帅就住在大仲马街 28 号，女子中学后面一座不起眼的小别墅里。此处高墙环绕，几扇铁门永远关着。要进入别墅，就得穿过一条打通中学校墙、特意修建的走廊，要么从大仲马街边围墙上一扇很不显眼的院门进入。

一如既往，冯·伦德施泰特很晚才睡，这位年迈的元帅现在很少在 10 点半前起床，临近中午，他才在别墅一楼书房的桌子后坐下。冯·伦德施泰特在这里与参谋长商量一番，批准了西线总司令部的《盟军意图评估》，这份报告当天晚些时候会发到元首大本营。但他们做出的评估大错特错，报告上写道：

（盟军的）空袭日益加剧，越来越有条理，表明敌人已进入高度戒备状态。他们有可能发动入侵的战线依然位于从（荷兰）斯海尔德河到诺曼底这片区域……布列塔尼北部战线包含在内的可能性也不能排除……（但）尚不清楚整片区域内，敌人究竟会在何处入侵。敌人对敦刻尔克与迪耶普之间的海岸防御实施密集轰炸，也许说明对方会把入侵的主要突击置于那里……（但）没看出他们即将发动入侵的迹象……

西线总司令部认为盟军可能会在近 800 英里海岸线的某处实施登陆，做出这番含糊的评估后，冯·伦德施泰特就和他儿子动身前往布吉瓦尔附近的"勇敢的公鸡"，那是元帅最喜欢的餐厅。此时是下午 1 点刚过，再过 12 个钟头，D 日就要到来了。

持续的恶劣天气对德军整个指挥体系的每个环节都起到了麻痹作用。各指挥部深信不疑，盟军近期肯定不会发动进攻。他们的推论是基于对盟军登陆北非、西西里、意大利期间天气情况的精心评估。虽说几场登陆的条件各不相同，但施特贝和他身处柏林的上司卡尔·松塔格博士这些气象学家注意到，在不确定天气有利，特别是无法提供空中掩护的情况下，盟军从未实施过登陆。德国人做事素来一板一眼，在他们看来，这条规则不可能被打破，天气必须非常理想，否则盟军不会发动进攻。而此时的天气并不好。

拉罗什吉永的 B 集团军群司令部里，一切工作照旧，与隆美尔在的时候没什么两样，参谋长施派德尔将军觉得平安无事，完全可以办一场小型晚宴。他邀请了几位客人：他的连襟霍斯特博士，哲学家兼作家恩斯特·云格尔，以及他的老朋友，官方战地记者威廉·冯·施拉姆少校。施派德尔是个知识分子，很期待这场晚宴，他想和几位朋友好好聊聊他最喜欢的话题：法国文学。他们还要商讨其他事情：云格尔起草了一份 20 页的手稿，已经秘密转呈隆美尔和施派德尔。这份手稿阐述了把希特勒送上法庭或干掉后实现和平的计划，隆美尔和施派德尔都对文件里描绘的前景坚信不疑。施派德尔告诉施拉姆："我们有一整晚时间，可以好好谈谈。"

在德国第 84 军驻圣洛的军部，情报处长弗里德里希·海因少校正在安排另一种性质的聚会。他订了几瓶上好的夏布利葡萄酒，军部人员想给军长埃里希·马克斯炮兵上将一个惊喜，6 月 6 日是他的生日。

他们打算午夜时举办这场惊喜生日聚会，因为马克斯将军一大早就得赶往布列塔尼半岛的雷恩市。他和派驻诺曼底地区的另外几名高级指挥官，奉命参加周二清晨开始的大型图上演习。马克斯想到自己在此次图演中的任务就暗自发笑，因为他奉命扮演"盟军"。这场演习是伞兵上将欧根·迈因德尔安排的，可能因为他是个伞兵，所以此次演习的主要特点，是以"伞兵突袭"发动"入侵"，而后再从海上"登陆"。所有人都觉得这场图演很有趣：理论上的这场入侵发生在诺曼底。

计划中的图上演习让第 7 集团军参谋长马克斯·彭塞尔少将心烦意乱。整个下午，他一直待在勒芒的集团军司令部思考此事。诺曼底地区和瑟堡半岛的高级指挥官同时离开指挥岗位，这就够糟糕的，要是他们夜间动身赶往雷恩，那就更危险了。对大多数指挥官来说，雷恩离得挺远，彭塞尔生怕某些将领天亮前就动身，过早离开自己的防线。他一直担心拂晓前后这段时间，倘若盟军真的入侵诺曼底，他相信对方会在拂晓时发动进攻。彭塞尔决定给参加图上演习的所有将领提个醒，于是用电传打字机下达了命令："特此通知参加图上演习的将领和相关人员，切勿在 6 月 6 日拂晓前动身赶往雷恩。"可这道命令为时已晚，有些将领已经出发了。

就这样，隆美尔麾下的高级将领在战斗前夕一个个离开前线，就连他本人也不在场。每个人都有自己的理由，他们的离开似乎受到反复无常的命运操弄。隆美尔在德国，B 集团军群作战处长冯·滕佩尔霍夫上校也在德国。西线海军司令特奥多尔·克兰克海军上将告知伦德施泰特，由于浪太大，巡逻艇无法离港，他汇报完就去波尔多了。第 243 步兵师负责守卫瑟堡半岛一侧，师长海因茨·黑尔米希中将前往雷恩，第709步兵师师长卡尔·冯·施利本中将同样如此。作风顽强的第91空降师刚刚调到诺曼底，师长威廉·法莱中将正准备动身出发。冯·伦德施泰特的情报处长威廉·迈尔－德特林上校还在休假，另一个师的参谋长不知去向——原来他带着法国情妇打猎去了。[①]

　　负责滩头防务的军官分散到欧洲各地之际，德国最高统帅部决定，把空军残留在法国的最后几个战斗机大队调到远离诺曼底海滩的地方。听到这个消息，德军飞行员都惊呆了。

　　调离战斗机的主要原因是帝国本土防御急需这些大队，数月来，盟军对德国境内夜以继日的轰炸越来越猛烈。德国最高统帅部认为，面对这种情况，把德国空军宝贵的战斗机滞留在法国无遮无掩的机场上，任由盟军战斗机和轰炸机消灭它们，这种做法似乎很不明智。希特勒当初对他那些将领许诺过，盟军登陆当天，德国空军会出动1000架战机猛烈打击各处海滩。现在看来，他的许诺显然无法兑现。6月4日那天，整个法国境内只有183架昼间战斗机[②]，可用的只有160余架。160架战机中的124架隶属第26战斗机联队，当天下午该联队被调离沿海地区。

[①] D日过后，这么多将领不在指挥岗位的巧合令希特勒深感震惊，他说要展开调查，弄清楚是不是英国间谍从中作祟。其实希特勒本人对这个重要的日子也没什么准备，比他那些将领好不到哪里去。元首此时在巴伐利亚的贝希特斯加登度假。他的海军副官卡尔－耶斯科·冯·普特卡默少将记得，希特勒那天起得很晚，中午召开例行军事会议，下午4点才吃中饭。除了他的情妇埃娃·布劳恩，在场的还有几名纳粹高官和他们的妻子。希特勒是个素食主义者，他为这顿见不到肉星的饭菜向在场的女士深表歉意，还说了句他进餐时常说的话:"大象是最强大的动物，可就连它也受不了肉食。"吃罢午饭，一行人来到花园，元首啜着酸橙花茶。6点到7点间，他打了个盹，晚上11点再次召开军事会议。午夜前不久，他又把那群女士请来。据普特卡默回忆，众人随后不得不听了4个钟头瓦格纳、莱哈尔、施特劳斯的音乐。

[②] 为撰写本书展开研究期间，我发现当日法国境内的德国战斗机数量，至少有5个不同的数字。我认为183架的说法是准确的。我引用的资料是约瑟夫·普里勒上校近期出版的德国空军史，这本书现在被公认是迄今为止关于德国空军作战行动最权威的著作之一。

　　第 15 集团军作战地域内，第 26 战斗机联队联队部设在里尔，绰号"皮普斯"的联队长约瑟夫·普里勒中校站在机场上大发雷霆，他是德国空军的王牌飞行员，取得过 96 个击落战果。他麾下三个大队中的一个，正飞往法国东北部的梅斯。第二个大队即将起飞，奉命转场到大致位于巴黎到德国边界中途的兰斯。第三个大队已飞往法国南部。

　　联队长除了连声反对，也没其他办法。普里勒个性张扬，是个喜怒无常的飞行员，在德国空军中素以急脾气而著称，火气上来的时候甚至敢顶撞将军，此时他正给上级打电话。普里勒吼道："简直是发疯！既然我们估计敌人会入侵，就该前调各大队，而不是把他们调往后方！要是转场期间敌人发动进攻怎么办？我需要的补给物资要到明天，甚至后天才能运抵新机场。你们都疯了！"

　　上级说道："听好了，普里勒，入侵是不可能的，天气太恶劣了。"

　　普里勒砰的一声撂下听筒，走回机场上。这里只剩 2 架飞机——他那架和僚机飞行员海因茨·沃达尔奇克下士那架。他对沃达尔奇克说道："我们还能做些什么呢？要是敌人入侵的话，上头说不定指望我们俩能挡住对方。我们现在倒不如喝个酩酊大醉。"

　　整个法国境内，期盼、等待的数百万民众中，知道盟军即将发动进攻的男女寥寥无几，不超过 12 人。和往常一样，他们平静、漫不经心地干着手里的活儿。平静、漫不经心是他们工作的组成部分，他们是法国地下抵抗组织的领导人。

　　他们中的大多数人待在巴黎，领导着庞大而又复杂的组织。实际上，这是一支指挥系统完善、有无数部门和分支机构的军队，他们营救被击落的盟军飞行员，实施破坏，刺探情报，组织暗杀行动，什么都干。他们有地区领导人、地域指挥官、地段负责人，还有数千名普通男女战士。从纸面看，这个组织有太多重叠的活动网，似乎过于复杂，毫无必要。但这种显而易见的混乱是故意而为，地下组织的力量正在于此。重叠的指挥提供了更大的保护，多个活动网确保了每场行动都能成功，整个机构高度保密，领导人互不相识，只知道对方的代号，每个小组也不知道其他小组在做什么。地下组织要想生存下去，就必须这样做。尽管采取了各种防范措施，可德国人的报复手段越来越残酷，到1944年5月，地下组织活跃的战士通常活不过六个月。

法国男男女女组成的秘密抵抗大军，从事这场无声的战争已经有四年多了，这场战争通常不引人注目，但始终危险重重。数千人遭处决，另有数千人死在集中营里。此刻，虽然抵抗组织的普通战士还不知道，但他们长期为之奋战的日子即将到来。

前几天，法国地下组织最高指挥部收到BBC广播电台发送的数百条加密信息。有几条信息提醒他们，盟军随时可能实施登陆，其中一条就是魏尔伦《秋之歌》的第一句。德国第15集团军司令部，迈尔中校的部下6月1日截获了这条信息，卡纳里斯说得一点没错。

此时，地下组织领导人比迈尔更激动，他们焦急地等待诗歌第二句和其他信息，好确认先前收到的消息。盟军真正实施登陆前几个钟头的最后时刻，广播里才会发出提醒。地下组织领导人知道，即便到那时，信息里也不会透露盟军的确切登陆地点。对大多数地下组织成员来说，待盟军下令把预先安排好的破坏计划付诸实施，真正的消息才算到来，届时会有两条信息触发破坏行动。一条是"苏伊士很热"，收到这条信息，他们就执行"绿色"计划，破坏铁轨和铁路设施；另一条是"骰子在桌上"，收到这条信息，他们就执行"红色"计划，切断所有电话线和电缆。各地区、地域、地段领导人都接到通知，要密切留意这两条信息。

D日前夕的周一傍晚，BBC广播电台6点半播出了第一条信息。播音员语气严肃地读道："苏伊士很热……苏伊士很热。"

纪尧姆·梅卡德尔是滨海维耶维尔与贝桑港之间诺曼底沿海地段（大

致在奥马哈海滩地区）的情报负责人，他在巴约开了个自行车铺，此时蹲在铺子地窖里藏匿的收音机旁，听到广播里传来的信息。播音员读出的字句把他惊呆了，这是他永远也不会忘记的时刻。他不知道盟军会在何处登陆，也不知道他们什么时候动手，但等待了这么多年，反攻终于到来了。

广播里停了片刻，随即传来梅卡德尔一直期待的第二条信息。播音员读道："骰子在桌上……骰子在桌上。"接着就是一长串信息，每条都重复一遍："拿破仑的帽子在斗场里……约翰爱玛丽……箭穿不透……"梅卡德尔关掉收音机，他只听到两条与他相关的信息，其余是发给法国其他地区地下组织的特定警告。

梅卡德尔匆匆爬上楼梯，对妻子玛德莱娜说道："我得出去一趟，可能要晚点回来。"他从铺子里推出辆矮座公路赛车，骑上车赶去通知几名地段负责人。梅卡德尔是诺曼底地区自行车赛的前冠军，多次代表省里参加著名的环法自行车赛。他知道德国人不会拦他，因为他们给他发了张特别许可证，批准他从事日常训练。

此时，各处的抵抗组织都从顶头上司那里悄无声息地得知了消息。每个小组都有自己的计划，非常清楚该做些什么。阿尔贝·奥热是卡昂火车站站长，他和他的部下负责破坏车场的水泵，砸碎火车头的蒸汽喷射器。安德烈·法里纳是滨海伊西尼附近利厄方丹一家咖啡馆的老板，任务是破坏诺曼底地区的通信，为此，他那个40人的抵抗小组要切断从瑟堡通出的粗大的电话电缆。瑟堡杂货铺老板伊夫·格雷塞兰的任务最艰巨：他的部下要炸毁瑟堡、圣洛、巴黎之间的铁路交通网。以上提到的仅仅是几个抵抗小组，整个地下组织接到的命令相当多。时间很紧迫，而各项破坏活动要到夜间才能实施。但从布列塔尼到比利时边界，抵抗组织成员沿盟军有可能实施登陆的海岸做好了准备，所有人都希望这场进攻发生在他们负责的地域。

对某些人来说，收到的信息造成了截然不同的问题。维尔河河口附近的海滨度假镇格朗康，差不多位于奥马哈与犹他海滩中间，该地段的地下组织领导人让·马里翁有重要消息要告知伦敦。就算时间还来得及，他也不知道该如何传递情报。当日下午早些时候，他的部下报告，德国人新调来的几个高射炮连开抵，就在不到 1 英里外。为核实情况，马里翁骑着自行车，装作漫不经心的样子去看看那些高射炮。他在途中被德国兵拦下，但他知道自己能混过去，因为他为此类场合准备了多份假证件，其中一份证明他是大西洋壁垒的建筑工。

德军高炮部队规模之大、掩护地域之广令马里翁震惊不已。这个摩托化高炮突击群配有重型、中型、轻型高射炮，5 个连共计 25 门火炮，他们正把火炮部署到炮位，掩护的地域从维尔河河口一路延伸到格朗康镇郊。马里翁注意到，部署火炮的德军炮组人员忙得不可开交，就好像在同时间赛跑，卖力的劲头让马里翁深感担心。这也许说明盟军可能会在此处登陆，而德国人通过某种渠道掌握了情况。

马里翁此时并不知道，这些高射炮瞄准的，恰恰是美国第 82、第 101 空降师搭乘的飞机和滑翔机几个钟头后就要飞过的航线。可是，就算德国最高统帅部有人知道这场即将到来的进攻，他们也没通知第 1 高射炮突击团团长维尔纳·冯·基斯托夫斯基上校。基斯托夫斯基此时还在纳闷，好端端的干吗要把他的 2500 名部下匆匆调到此处。但他对突如其来的调动早就习以为常，他的部队当初被孤零零地调往高加索地区，自那之后，他对任何情况都不会觉得意外了。

让·马里翁骑着自行车，镇定自若地从部署火炮的德国士兵身旁经过，脑子里盘算着紧要的问题：怎样才能把这份重要的情报告知莱昂纳尔·吉勒的秘密总部呢？吉勒是诺曼底地区负责军事情报的二把手，他的总部位于 50 英里外的卡昂。马里翁现在要做的事情太多，无法离开他负责的地段，于是他决定冒点风险，派几名交通员把情报告知巴约的梅卡德尔。他知道这要耗费几个钟头，但他相信只要时间来得及，梅卡德尔肯定会想办法把情报传递到卡昂。

马里翁还想向伦敦汇报另一个情况。这件事没有敌人新部署了高射炮那么重要，仅仅是确认他几天前上报的几条情报：德国人在奥克角九层楼那么高的悬崖上挖掘了大批炮位。马里翁想再次告知伦敦，德国人挖掘了炮位，但还没有部署火炮。那些火炮仍在途中，离奥克角的炮位还有 2 英里。（尽管马里翁想方设法通知伦敦，但 D 日那天，为消灭这些不存在的火炮，225 名美军游骑兵发起英勇冲锋，损失了 135 人。）

地下组织的某些成员并不知道盟军即将登陆，但对他们来说，6 月 6 日星期二本身就具有特殊意义。例如莱昂纳尔·吉勒，星期二他要去巴黎面见上级。尽管他知道执行"绿色"计划的破坏组随时会让火车脱轨，但此刻他还是镇定自若地坐在开往巴黎的火车上。吉勒坚信盟军不会在周二登陆，至少不会在他负责的地域登陆。他们真要进攻诺曼底地区的话，他的上级肯定会取消此次会晤。

但日期问题确实让他困惑不解。当天下午在卡昂，他手下一名地段负责人，领导着隶属共产党的某个小群体，明确无误地告诉他，盟军会在 6 日拂晓登陆。此人以前提供的情报向来很准。吉勒又想起老生常谈的问题：对方的情报会不会直接来自莫斯科？吉勒认为不可能，苏联人用泄密的方式蓄意破坏盟军的计划，在他看来似乎有些不可思议。

吉勒的未婚妻雅尼娜·布瓦塔尔仍在卡昂，她巴不得周二快点到来。从事地下抵抗活动的三年里，她在拉普拉斯街 15 号那间小小的底层公寓里藏匿了 60 多名盟军飞行员。此举费心费力，没什么成就感，还很危险，稍有不慎就有可能送命。星期二过后，雅尼娜就能稍稍松口气了，至少到她掩护下一个被击落的飞行员之前是这样。星期二，她要把两名在法国北部上空被击落的皇家空军飞行员沿逃生路线转移到下一站。两名飞行员在她的公寓里藏了 15 天，她希望自己仍有好运加持。

另一些人的好运已耗尽。在阿梅莉·勒舍瓦利耶看来，6 月 6 日既有意义也可以说毫无意义。盖世太保6月2日逮捕了她和她丈夫路易，他们俩帮助过100多名盟军飞行员逃离虎口，结果被自己农场里的一个小子出卖了。阿梅莉·勒舍瓦利耶此时坐在卡昂监狱牢房的床铺上，不知道自己和丈夫何时会被处决。

— 13 —

　　当晚9点前不久，法国海岸外出现了十几艘小型舰艇。它们静静地行驶，靠海岸线很近，艇员甚至能看见诺曼底的一座座房屋。没人发现这些舰艇，它们完成任务后就返航了。皇家海军的这批扫雷舰是先遣队，隶属有史以来集中的最强大的舰队。

　　后方的英吉利海峡，大批舰船驶过波涛起伏的灰色海水，朝希特勒控制的欧洲大陆而去，自由世界终于爆发出强大的力量和怒火。他们来了，5000艘各种类型的舰船一排接一排，占据了10条航道，宽度达到20英里。编队里有新式快速攻击运输舰，有航速缓慢、锈迹斑斑的货船，也有小型远洋班轮、海峡船、医疗船、老旧的油轮、沿海船只和大批拖轮。由吃水浅的登陆舰组成的编队一眼望不到头，它们在海里剧烈起伏，有几艘长达350英尺。这些舰只和其他更重型的运输船，大多载有真正用于海岸突击的小型登陆艇，总数超过1500艘。一支支船队前方，是扫雷舰、海岸警卫队快艇、布标艇、汽艇组成的编队。一艘艘船只升起阻塞气球，一个个战斗机中队在云层下逡巡。庞大的船队载有人员、火炮、坦克、车辆、物资，由702艘除小型海军舰艇外的战舰组成强大阵列环绕四周，提供掩护①。

　　美国海军"奥古斯塔"号重巡洋舰是柯克少将的旗舰，率领21支船

---

①　盟军登陆舰队到底投入了多少艘舰船，确切数字争议较大。但戈登·哈里森的《跨海峡攻击》（美国陆军官方军史）和塞缪尔·艾略特·莫里森海军少将的海军史《进攻法国和德国》，堪称关于D日最准确的军事著作，它们一致认为舰船总数在5000艘左右，这个数字包括各艘舰船搭载的登陆艇。而皇家海军中校肯尼斯·爱德华兹在《海王行动》一书里给出的数字稍低，在4500艘左右。

队组成的特混舰队开赴奥马哈和犹他海滩。珍珠港事件爆发前四个月，威严的"奥古斯塔"号载着罗斯福总统前往纽芬兰一处平静的海湾，与温斯顿·丘吉尔举行了首次历史性会晤。"奥古斯塔"号附近是几艘威风凛凛的战列舰，舰上都升起了战旗，除了皇家海军的"纳尔逊"号、"拉米利斯"号、"厌战"号，还有美国海军的"得克萨斯"号、"阿肯色"号。骄傲的"内华达"号也在其中，当年它被日本人炸沉在珍珠港，修复后现在重新服役。

皇家海军"锡拉"号轻巡洋舰，是菲利普·维安爵士少将的旗舰，率领 38 支英国和加拿大船队赶往剑滩、朱诺、金滩。维安少将当年追击过德国海军"俾斯麦"号战列舰。英国最著名的轻巡洋舰"阿贾克斯"号行驶在旁边，1939 年 12 月它和另外两艘军舰在普拉特河河口海战后一路追击德国海军引以为豪的"施佩伯爵"号袖珍战列舰，迫使其在蒙得维的亚港自沉。这支特混舰队还编有另外几艘著名的巡洋舰，例如美国海军的"塔斯卡卢萨"号、"昆西"号，皇家海军的"进取"号、"黑王子"号，法国的"乔治·莱格"号，共计 22 艘。

五花八门的舰船行驶在各支船队旁边：优雅的单桅帆船，粗短的护卫舰，荷兰"松巴岛"号那种细长的炮艇，反潜巡逻艇，鱼雷快艇，造型优美的驱逐舰更是随处可见。除了几十艘英美驱逐舰，还有加拿大的"卡佩勒"号、"萨斯卡切温"号、"雷斯蒂古什"号，挪威的"斯温内"号，就连波兰军队也助了一臂之力，派来了"闪电"号。

这支庞大的舰队，缓慢而又笨拙地横渡英吉利海峡，遵循的航行方式前所未见，每分钟都卡得很紧。一艘艘舰船驶离英国各港口，沿两条航线顺海岸而下，朝怀特岛南面的集中海域汇聚。它们在那里编组，每艘舰船都进入精心编排的位置，跟随船队驶向指定的某片海滩。集中海域立马得到了"皮卡迪利广场"的绰号，一支支船队离开集中海域，沿浮标标明的 5 条航道驶向法国。接近诺曼底时，5 条航道分成 10 条航道，每 2 条通往一处海滩，一条是快船道，另一条是慢船道。船队前方的 5 艘指挥舰，跟在扫雷舰、战列舰、巡洋舰组成的先遣力量身后，指挥舰其实就是竖起雷达和电台天线的攻击运输舰。这些海上指挥所是此次登陆行动的神经中枢。

舰船随处可见，对船上的人员来说，这支具有历史意义的庞大舰队，是他们见过的"最激动人心、最令人难忘"的场面，他们会永远记住这一幕。

尽管有种种不适，前方还会面临各种危险，但在参战官兵看来，终于出发了，这就很好。这些将士依然紧张，但压力多少有所缓解。每个人此刻只想赶紧把手头的事情干完。登陆舰和运输船上，盟军官兵抓紧最后的时间写信、打牌、与其他人高谈阔论。第29步兵师的托马斯·斯宾塞·达拉斯少校回忆道："一个个随军牧师忙得不可开交。"

第4步兵师第12团的随军牧师刘易斯·富尔默·库恩上尉，在拥挤不堪的登陆艇上主持圣餐仪式时，发现自己成了所有教派的牧师。犹太裔军官欧文·格雷上尉问库恩牧师，能不能领着"无论是新教徒、天主教徒还是犹太教徒的全连官兵，向我们都信仰的上帝祈祷，祈求上帝保佑我们完成使命，可能的话，再保佑我们平安回家"。库恩欣然从命。海岸警卫队快艇上的枪炮下士威廉·斯威尼记得，苍茫的暮色下，攻击运输舰"塞缪尔·蔡斯"号用灯光发来消息："正在做弥撒。"

对大多数人来说，此次航行的头几个钟头平静度过。许多人开始反省，说出了平日不轻易出口的话。数百人后来回忆道，他们承认自己很害怕，还以异乎寻常的坦率道出了一些私事。这个奇特的夜晚，他们似乎更亲近了，愿意对素未谋面者倾吐心声。第146工兵营的一等兵厄尔斯顿·赫恩回忆道："我们说了许多家里的事，还谈了过往的经历，以及登陆时可能会遇到的各种情况。"坐在湿滑的登陆艇甲板上，赫恩和他不认识的一名医护兵聊了一通。"那名医护兵家里有点麻烦，他妻子是个模特儿，想跟他离婚。他愁坏了，说这事得等他回家再说。我还记得，我们聊天时，旁边一个小伙一直哼着小曲。那个小伙说，他今天唱得比以往好多了，看上去他挺开心。"

美国第 1 步兵师的迈克尔·库尔茨下士是个老兵，参加过北非、西西里、意大利的登陆行动，他在皇家海军"帝国铁砧"号步兵登陆舰上看见一个新兵朝自己走来，是来自威斯康星州的二等兵约瑟夫·斯坦伯。

斯坦伯问道："下士，你真认为我们能成功吗？"

库尔茨答道："见鬼，小伙子，那还用问？别担心送命，在这支部队里，我们遇到战斗时才会担心。"

第 2 游骑兵营绰号"弯杆"的比尔·佩蒂中士此刻也忧心忡忡。他和好友比尔·麦克休一等兵坐在陈旧的海峡轮船"马恩岛"号的甲板上，看着逐渐降临的夜色。周围长长的舰船队列没起到太多安慰作用，佩蒂满脑子想的是奥克角的峭壁。他扭头对麦克休说道："我们都别指望活下来。"

麦克休说道："你可真是个讨厌的悲观主义者。"

佩蒂答道："也许吧，麦克，反正咱俩只有一个能活下来。"

麦克休不以为意地说道："阎王叫你三更走，谁敢留你到五更。"

有些人强迫自己看书。第 1 步兵师的艾伦·博德特下士翻着亨利·贝拉曼的《金石盟》，但难以集中注意力，因为他一直担心他那辆吉普车。要是他把车子驶入三四英尺深的海水里，防水功能会失效吗？加拿大第 3 步兵师的炮兵阿瑟·亨利·布恩待在满载坦克的登陆艇上，想把手里的袖珍版书读完，书名挺有意思，《一名少女和一百万个男人》。皇家海军"帝国铁砧"号步兵登陆舰上，第 1 步兵师的随军牧师劳伦斯·E. 迪里，惊讶地看见一名英国海军军官在阅读拉丁文版的《贺拉斯颂歌集》。而迪里呢，当晚读的是西蒙德的《米开朗基罗传》，D 日那天，他投入第一轮突击，跟随第 16 步兵团登上奥马哈海滩。另一支船队里，一艘登陆艇颠簸得太厉害，几乎所有人都晕船了，加拿大军官詹姆斯·道格拉斯·吉兰上尉掏出一本在今晚很有意义的书。为了让自己和另一个同为军官的朋友定下心神，他翻到《诗篇》第 23 篇，大声读道："耶和华是我的牧者，我必不至缺乏……"

也不是处处都这么庄严肃穆，还是有不少人显得无忧无虑。皇家海军"宝贝儿本"号运输舰上，一些游骑兵把几根四分之三英寸粗的绳索从桅杆拉到甲板，在舰上四处攀爬，英国舰员看得目瞪口呆。另一艘船上，加拿大第3步兵师的官兵办了场文艺晚会，节目有各种朗诵、吉格舞、里尔舞、合唱。女王步兵团绰号"帕迪"的詹姆斯·珀西瓦尔·德·莱西中士，听见风笛吹奏的《特拉利玫瑰》情不自已，一时间忘了自己身处何处，站起身提议为爱尔兰的埃蒙·德·瓦莱拉干上一杯，因为他"让我们免于卷入战争"。

许多人先前一直担心自己会送命，现在却巴不得早点到达海滩。他们最害怕的当然是海滩上的德国兵，但与乘坐小艇渡海的可怕经历相比实在不算什么。晕船像瘟疫那样席卷了59支船队，剧烈颠簸的登陆艇上尤为严重。每个人都拿到了晕船药，还有另一件装备，这东西在装货清单上以军方典型的精准性写明：纸袋，呕吐用，一只装。

从呕吐袋可以看出，军事效率发挥得淋漓尽致，但还是不够。第29步兵师的技术军士小威廉·詹姆斯·威德菲尔德回忆道："呕吐袋装满了，钢盔装满了，倒掉沙子的消防桶也装满了。钢制甲板上根本站不住，无论你在哪里都能听见有人在骂，'他们真让我们去死的话，好歹得让我们离开这些该死的浴缸'。"有些登陆舰上的士兵晕得厉害，甚至以跳海相威胁，他们也许是唬人的，并不想真的跳入海里。加拿大第3步兵师的二等兵戈登·莱恩紧紧拽住身边的朋友，他"求我松开他的皮带"。皇家海军突击队员拉塞尔·约翰·威瑟中士记得，他那艘登陆舰上的"呕吐袋很快用完了，只剩最后一个"，每个人都把它让给其他人。

由于晕船，许多人没能享用接下来几个月他们再没见到的美餐。上级做出特别安排，想方设法为各艘舰船提供最好的伙食。官兵们把这份特别餐单戏称为"最后的晚餐"。每艘舰船的安排各不相同，但各人的胃口显然也不一样。"查尔斯·卡罗尔"号攻击运输舰上，第29步兵师的卡罗尔·B.史密斯上尉吃了块配有单面煎蛋的牛排，还享用了冰激凌和罗甘莓。两个钟头后，他挤到舰上的护栏旁。第112工兵营的小约瑟夫·罗森布拉特少尉胃口大开，一连吃了7份奶油鸡块。第5特种工兵旅的基思·布赖恩中士同样如此，他消灭了几块三明治，喝了杯咖啡，觉得意犹未尽。一名战友从厨房弄来一加仑什锦水果，他们四个吃得精光。

皇家海军"查尔斯王子"号上，第5游骑兵营的艾弗里·J.桑希尔中士没觉得任何不适，他服用了过量的晕船药，睡得昏天黑地。

尽管舰船上的将士经受了苦难和恐惧，但某些场景还是记得清清楚楚。第29步兵师的唐纳德·安德森少尉记得天黑前一个钟头，阳光冲破云层，整支舰队的轮廓显现出来。当天是第2游骑兵营汤姆·瑞恩中士的22岁生日，F连的士兵围在他身边，唱起"祝你生日快乐"。第1步兵师的二等兵罗伯特·马里恩·艾伦思乡心切，觉得"今晚要是能在密西西比河上泛舟的话再好不过了"。

整个舰队的各艘舰船上，即将在拂晓时刻创造历史的官兵此时安定下来，想方设法睡上一会儿。法国突击队队长菲利普·基弗在登陆舰上钻入毛毯时，想起1642年英国埃奇希尔战役期间雅各布·阿斯特利爵士的祈祷。基弗祷告道："主啊，你知道我今天有多忙，要是我没时间想起你，求你千万别忘了我……"他往上拽拽毛毯，很快就睡着了。

夜里10点15分刚过，德国第15集团军情报处长迈尔中校就冲出办公室。他手里攥的，可能是德国人在整个二战期间截获的最重要的信息。迈尔现在知道，盟军会在48小时内登陆。掌握了这份情报，他们就能把盟军赶下大海。迈尔的部下听到BBC广播电台发给法国地下组织的信息，正是魏尔伦《秋之歌》的第二句，"Blessent mon coeur d'une langueur monotone"（单调无力，令人悲戚，心忧伤）。

迈尔冲入餐厅，第15集团军司令汉斯·冯·扎尔穆特大将正和参谋长及另外两名军官在玩桥牌。迈尔气喘吁吁地汇报道："大将先生！信息的第二部分，来了！"

冯·扎尔穆特沉思片刻，随即命令第15集团军进入高度戒备状态。迈尔匆匆走出餐厅，冯·扎尔穆特的目光又回到手里的牌上。他记得自己当时说了句："我老了，再也不会为这种事情激动了。"

回到办公室，迈尔和部下立即打电话通知冯·伦德施泰特的西线总司令部。西线总司令部随后汇报国防军最高统帅部，同时以电传打字机通报各指挥机构。

第7集团军又一次没收到通知，具体原因始终没得到令人满意的解释 ①。再过四个多钟头，盟军舰队就要到达诺曼底五片海滩外的运输舰区。三个钟头内，1.8万名伞兵会在黑黢黢的田野和树篱上方跳伞，进入德国第7集团军作战地域，而该集团军从未接到 D 日即将到来的警报。

第82空降师绰号"荷兰佬"的二等兵阿瑟·B. 舒尔茨准备好了。和机场上的其他人一样，他穿着跳伞服，降落伞挂在右臂。他的脸用木炭涂黑，受今晚其他伞兵影响，他的脑袋剃了个易洛魁人的样式，只留从脑门到后脑勺一行窄窄的头发。装备放在身边，他在各个方面都做好了准备。几个钟头前赢的 2500 美元，此时只剩 20 块。

伞兵等着卡车把他们送到各架飞机旁。"荷兰佬"的朋友杰拉尔德·科

---

① 本书写的时间都是基于英国提早两小时的夏令时，比德国中部时间晚一个钟头。因此对迈尔来说，他的部下是当晚9点15分截获的信息。为记录在案，德国第15集团军作战日志记下了发给各指挥机构的电传电文，全文如下："第2117/26号电传电报急电，发给第67、第81、第82、第89军，驻比利时和法国北部地区军事总督，B 集团军群，第16高射炮师，海峡海岸舰队司令，德国空军驻比利时和法国北部地区司令部。BBC 广播电台6月5日晚上9点15分的信息已破译。根据我方掌握的情况，这条信息的意思是，'自6月6日0点起，估计盟军会在48小时内发动入侵'。"

值得注意的是，第7集团军和该集团军辖下的第84军都不在上述通知名单内。迈尔不负责通知这些兵团，那是隆美尔司令部的职责，因为这些兵团都在 B 集团军群辖内。但最令人困惑的是，伦德施泰特的西线总司令部为什么没有向从荷兰到西班牙边界的整条海岸防线发出警报？导致这个谜团更加复杂的是，战争结束时，德国人声称他们截获、正确破译了至少15条与 D 日相关的信息。据我所知，魏尔伦的诗句是唯一一记入德军作战日志的信息。

伦比从玩得不可开交的小赌摊跑了过来，喊道："快借我 20 块钱！"

"干吗？"舒尔茨问道，"万一你死了呢。"

"我把这个抵给你。"科伦比说着，摘下自己的手表。

"好吧。""荷兰佬"把最后 20 块钱递给他。

科伦比跑回去玩骰子了。"荷兰佬"看看那块手表，是宝路华毕业款金表，背面刻着科伦比的名字和他父母的贺词。就在这时有人喊道："该出发了！"

"荷兰佬"拎起装备，跟随其他伞兵离开机库。登上卡车时，他看见科伦比就站在旁边。他把手表递了过去："还你吧，我不需要两块表。""荷兰佬"现在只剩母亲寄给他的念珠，他已经决定带上这串念珠。一辆辆卡车穿过机场，朝等候的飞机驶去。

在整个英格兰，盟军伞兵登上了一架架飞机和滑翔机。运送探路者的飞机已飞离，探路者会负责为空降部队照亮降落区。纽伯里第 101 空降师师部内，盟国远征军总司令德怀特·D. 艾森豪威尔将军和一小群军官、4 名记者看着第一拨准备起飞的飞机。他先前用了一个多钟头同机场上的伞兵交谈。与此次突击的其他阶段相比，他更担心空降行动。他手下几名指挥官认为，空降突击的伤亡率可能会超过 80%。

艾森豪威尔与亲自率领部下投入战斗的第 101 空降师师长马克斯韦尔·泰勒少将道别。泰勒离开时，腰板挺得笔直，有点发僵。他不想让总司令知道，当天下午打壁球时，他右膝的韧带撕裂了，生怕艾森豪威尔不让他参战。

艾森豪威尔此时站在那里，看着一架架飞机滑上跑道，慢慢升入空中，再一架接一架地消失在夜色里。它们在机场上方盘旋，随后完成编组。艾森豪威尔双手插在兜里，凝视着夜空。战机组成的庞大编队最后一次呼啸掠过机场，朝法国飞去，NBC 的"老红"米勒看了眼总司令，艾森豪威尔的眼中噙满泪水。

几分钟后的英吉利海峡，登陆舰队的官兵听见了飞机的轰鸣声。声音越来越响，一架架飞机从上空飞过，整个编队用了很长时间才通过。引擎的轰鸣声随后逐渐减弱。美国海军"赫恩登"号驱逐舰舰桥上，巴托·法尔中尉、几名值班军官、美国报业协会的战地记者汤姆·沃尔夫凝视着黑黢黢的夜空。此刻没人说话。最后一个编队飞过时，琥珀色灯光闪起，穿过云层发给下方的舰队。它用莫尔斯电码慢慢发出三个点和一个长信号：是代表胜利的 V。

第二部

夜晚

皎洁的月光洒入卧室。圣梅尔埃格利斯镇 60 岁的女教师安热勒·勒夫罗夫人慢慢睁开眼睛。床对面的墙壁上，静静地闪烁着一道道红色、白色光束。勒夫罗夫人赶紧坐起身，睁大双眼望去，闪烁的光束似乎顺着墙壁缓缓向下滑落。

待老太太彻底清醒过来，这才意识到自己看见的是梳妆台上大镜子反射的影像。这时她又听见远处传来飞机低沉的嗡嗡声，模糊的爆炸声，几个高射炮连尖锐、断断续续的快速射击声。她迅速走到窗前。

远处的海岸，一串串明亮的照明弹诡异地挂在空中。一束红光染红了云层。远处，伴随着亮粉色的火光，爆炸声响起，一串串橙色、绿色、黄色、白色曳光弹划破夜幕。在勒夫罗夫人看来，似乎是 27 英里外的瑟堡再次遭到轰炸。她很高兴自己今晚住在平静的小镇圣梅尔埃格利斯。

这位女教师穿上鞋子，披了件晨袍，穿过厨房走出后门，朝屋外的厕所走去。照明弹和月光把花园照得亮如白昼，但花园里一切都很平静。附近的田野和树篱静悄悄的，拖着长长的倒影。

没走几步，她就听见飞机的嗡嗡声越来越响，朝镇子飞来。部署在该地区的几个高射炮连突然开火，把勒夫罗夫人吓坏了，她赶紧跑到树后躲起来。几架飞机飞得又低又快，伴随着雷鸣般的高射炮火，剧烈的喧嚣中，她什么也听不见。引擎的轰鸣声很快消失了，炮火停息，就好像什么也没发生过，这里再次平静下来。

就在这时，她听见上方传来奇怪的窸窣声。她抬头望去，看见一顶降落伞径直落向花园，挂在伞下的大块头扭动着身子。有那么一刻，云层遮蔽了月光，就在这时，第82空降师第505团的探路者罗伯特·M.墨菲二等兵[①] 砰然落在20码外，一头跌入花园。勒夫罗夫人站在那里，惊得目瞪口呆。

这名18岁的伞兵迅速拔出匕首，割断了伞绳，拎着大袋子站起身，这才看见勒夫罗夫人。两人站在那里面面相觑了好一会儿。在这位法国老太太看来，伞兵的模样既古怪又吓人。他个头挺高，身材瘦削，脸上涂满油彩，突出了他的颧骨和鼻子。他携带的武器装备似乎很重。老太太惊恐地看着，一动不敢动，这时，那个怪模怪样的幽灵竖起手指放在唇上，示意她"别吱声"，随即迅速消失了。勒夫罗夫人终于恢复过来，抓起晨袍的裙摆，拼命朝自己的屋子跑去。她见到的是首批登陆诺曼底的美国官兵之一。此时是6月6日星期二0点15分。D日到来了。

探路者在整片地域跳伞，有些探路者的跳伞高度只有300英尺。一小群勇敢的志愿者组成了这支登陆先遣队，任务是在犹他海滩后方、瑟堡半岛50平方英里的地域内，为第82、第101空降师的伞兵和滑翔机标出空降地域。詹姆斯·M.加文准将绰号"蹦跳的吉姆"，他设立了一所特别学校，探路者都在那里接受过训练。加文告诉他们："你们在诺曼底着陆时只有一个朋友，那就是上帝。"他们得想方设法避免麻烦，这项任务至关重要，成败取决于速度和隐秘。

但探路者从一开始就遇到了困难，并陷入了混乱。达科他式飞机掠过

---

① 作为战地记者，我在1944年6月采访了勒夫罗夫人，她不知道那个伞兵的名字，也不知道他隶属哪支部队，但她给我看了放在袋子里的300发子弹，这些袋子是那个伞兵遗落的。1958年我开始撰写本书，为此采访了D日的亲身经历者，只找到十余名参加此次行动的探路者。墨菲先生就是其中的一个，他现在是波士顿的著名律师，他告诉我："落地后……我从靴筒拔出匕首，割断了伞绳。我当时不知道，仓促间还割断了几个袋子，里面装有300发子弹。"他的说辞在各个方面都与勒夫罗夫人14年前对我说的情况完全吻合。

目标的速度太快，德国人起初以为飞来的是战斗机。盟军的进攻非常突然，把德国人搞得措手不及，高射炮部队胡乱开火，曳光弹和纷飞的弹片交织在一起，布满了整片天空。第 101 空降师的查尔斯·阿塞中士降落时，以奇特的超然心态看着"五颜六色的子弹拖着优雅的长长弧线从地面升起"，不由得想起 7 月 4 日国庆节，他觉得"这一幕真美"。

没等德尔伯特·琼斯二等兵跳出机舱，炮弹就直接命中他那架飞机，穿过机身，虽然没造成太大破坏，但差点击中琼斯。阿德里安·多斯二等兵背着重达 100 多磅的装备跃入空中，惊恐地看见曳光弹在身边飞舞。子弹在他头顶上方汇聚，射穿丝绸伞面时，他感受到了降落伞的拉力。一串子弹随后穿过他挂在胸前的装备，他没中弹简直是奇迹，但他的野战背包被打了个洞，"大得足以让所有东西都掉了出去"。

德国人的高射炮火极为猛烈，许多飞机被迫偏离航线。120 名探路者，只有 38 人降落在正确地点。其他人落在几英里外，掉入田野、花园、溪流、沼泽。他们或撞上树木和树篱，或落在屋顶上。尽管大多数人都是经验丰富的伞兵，可还是迷失了方向，茫然无措地设法辨认方位。与他们数月来在地形图上所做的研究相比，这里的田野更小，树篱更高，道路也更窄。在初期迷失方向的可怕时刻，有些探路者干出了鲁莽甚至危险的事情。一等兵弗雷德里克·威廉晕头转向地着陆，忘了自己置身敌后，莽莽撞撞地打开了随身携带的大型标识灯，想看看标识灯有没有摔坏。灯是好的，但光束突然照亮田野，把他吓得够呛，就算德国人朝他开火也没这么吓人。第 101 空降师探路者小组组长弗兰克·利利曼上尉差点暴露自己的位置，他落入牧场，黑暗中突然有个庞然大物朝他冲来，他刚要开枪，却听见那家伙发出低低的哞声，这才反应过来是头牛。

探路者把自己和诺曼底居民吓得够呛，就连见到他们的几个德国人也大吃一惊，一时间不知所措。两名伞兵居然落在德国第 352 步兵师恩斯特·迪林上尉的连部外，离最近的空降地域足足有 5 英里多。迪林指挥的重机枪连驻扎在布雷旺德，低空飞行的飞机编队和高射炮的轰鸣声惊醒了他。迪林跳下床，匆匆穿上衣服，忙乱中把靴子穿反了，直到 D 日结束才发现。他在街上看见不远处两个伞兵的身影，大声喝问却没得到回答。他赶紧端起施迈瑟冲锋枪扫了一梭子。两名训练有素的探路者没有还击，就这样消失了。迪林跑回连部给营长打电话，对着话筒气喘吁吁地喊道："伞兵！伞兵！"

其他探路者就没这么幸运了。第 82 空降师的二等兵罗伯特·墨菲，拖着装有便携式电台的袋子离开勒夫罗夫人的花园，刚朝圣梅尔埃格利斯北面的空降地域走去，就听见右侧传来一阵短促的枪声。他后来得知好友伦纳德·德沃查克二等兵就是那时阵亡的。德沃查克当初发过誓，"每天要挣一枚勋章，证明自己完全能做到"，他可能是 D 日阵亡的首个美国兵。

整片地区，墨菲这样的探路者都在辨识自己所处的方位。这些面目凶狠的伞兵穿着鼓鼓囊囊的跳伞服，带着沉重的枪支、地雷、信号灯、电台、荧光板，悄无声息地从一道树篱移动到下一道树篱，动身赶往集合地点。他们必须在一个钟头内标出空降地域，美军空降部队计划在凌晨 1 点 15 分发动全面突击。

50 英里外，诺曼底战场东端，6 架载满英军探路者的飞机、6 架拖着滑翔机的皇家空军轰炸机在海岸上方掠过。它们前方的空中炸开了锅，布满猛烈的高射炮火，挂在空中的照明弹随处可见，犹如一盏盏诡异的吊灯。卡昂几英里外的小村庄朗维尔，11 岁的男孩阿兰·杜瓦也看见了照明弹。枪炮声惊醒了他，床架硕大的黄铜把手反射出千变万化的色彩，和勒夫罗夫人一样，他也惊呆了，看得目不转睛。他推推睡在旁边的祖母马蒂尔德·杜瓦夫人，兴奋地喊道："快醒醒，奶奶，快醒醒，我觉得出事了。"

就在这时，阿兰的父亲勒内·杜瓦冲入房间，大声催促道："快把衣服穿上，我觉得是一场大规模空袭。"父子俩凑到窗户旁，看见一架架飞机从田野上空飞来，勒内发觉这些飞机没发出任何声音。他突然反应过来，惊呼道："天哪，不是飞机，是滑翔机！"

6架滑翔机，每架搭载约30名士兵，犹如巨大的蝙蝠，悄无声息地俯冲而下。刚飞过海岸，在距离朗维尔大约5英里的某处，拖曳滑翔机的轰炸机就在5000～6000英尺的高度松开了牵引索。几架滑翔机朝卡昂运河和奥恩河飞去，两条平行的河流在月光下熠熠生辉。在朗维尔与贝努维尔村之间的两条河流上，有两座彼此相连、重兵把守的桥梁。这些桥梁是英国第6空降师机降步兵的目标。这支突击队由牛津郡和白金汉郡轻步兵团、皇家工兵这些自豪的部队选拔志愿者组成，他们受领的任务非常危险：制服守军，夺取桥梁。行动成功的话，就切断了卡昂到海边的主要交通线，阻止德军援兵，尤其是装甲部队的东西向调动，以免对方攻入英国和加拿大军队登陆区翼侧。盟军需要两座桥梁来扩大滩头登陆场，因此，突击队必须在守军引爆炸药前完好无损地夺取桥梁。这就要求英国人实施快速突袭，他们为此想了个大胆而又危险的办法。滑翔机沙沙作响地穿过月夜，即将在桥梁接近地迫降时，这群机降步兵胳膊挽着胳膊，屏住了呼吸。

3架滑翔机飞向卡昂运河上的桥梁，机上的布伦机枪手比尔·格雷二等兵闭上眼睛，做好了迫降的准备。此刻静得有些怪异，地面没有火力袭来，唯一的声音是滑翔机发出的，听上去就像在空中轻声叹息。舱门旁，率领此次突袭的约翰·霍华德少校做好了一着陆就推开舱门的准备。格雷记得，绰号"丹尼"的排长H.D.布拉泽里奇中尉说了句："伙计们，当心！"话音未落，滑翔机砰然落地，机体四分五裂。起落架撞断了，驾驶舱盖的碎片四散飞溅，滑翔机左摇右摆，犹如失控的卡车，滑过地面时火星四溅，发出刺耳的声音。撞毁的滑翔机不祥地转了半圈，终于停了下来，就像格雷回忆的那样："机鼻卡入铁丝网，几乎就贴在桥上。"

有人喊道："伙计们，干吧！"众人争先恐后地钻了出去，有人挤出舱门，也有人从破损的机鼻跳下。几乎是同时，另外两架滑翔机在几码外滑行一番后猛地停下，突击队其他成员拥出机舱。所有人都朝桥上冲去，现场一片混乱。德国人惊呆了，一时间不知所措。一枚枚手榴弹被抛入他们的防空掩体和交通壕。有些德国兵在火炮掩体里呼呼大睡，被震耳欲聋的爆炸声惊醒，却发现自己面对的是斯特恩冲锋枪枪口。还有些德国人茫然无措，端起步枪和机枪，朝那些不知从何处而来的身影胡乱射击。

几个突击组肃清桥梁近端的抵抗时，布拉泽里奇中尉率领约40名部下，冲过去夺取桥梁至关重要的另一端，格雷也在其中。途中，格雷看见一个德国兵右手攥着维利式信号枪，企图发射报警信号弹。这个德国兵很勇敢，但这是他做出的最后一个举动。格雷把布伦式机枪抵住髋部开火射击，他觉得身边的每个人都开枪了。哨兵倒地身亡，但信号弹从桥上腾起，拉着弧线蹿入夜空。

这可能是发给前方几百码，奥恩河桥上德国守军的警告，可惜为时过晚。尽管只有两架突击滑翔机降落在奥恩河的目标旁，但机降步兵还是打垮了桥上的守军，第三架滑翔机弄错了目标，降在7英里外迪沃河的桥梁旁。两座桥梁几乎同时落入英军手里，这场快速突袭把德国人打得晕头转向，还没反应过来就被打垮了。不无讽刺意味的是，就算他们来得及，也没办法炸毁桥梁。英国工兵彻底搜查了两座桥梁，发现德国人确实做了爆破准备，但炸药还没安装到位，这些炸药仍放在附近的小屋里。

每场战斗过后，似乎总会出现一阵奇特的寂静，快速发展的事态让当事者有点晕头转向，每个人都竭力弄清自己是怎么活下来的，也想知道其他战友是否安然无恙。19岁的格雷为自己参加了这场突击欢欣鼓舞，焦急地寻找排长布拉泽里奇中尉，最后一次见到他，排长正率领部下冲过桥梁。伤亡还是有的，28岁的布拉泽里奇中尉就是其中的一个。格雷在运河桥梁旁的小咖啡馆门前找到了排长的遗体，他回忆道："中尉喉部中弹，显然是被一枚白磷烟幕弹击中了，他的伞兵服还在燃烧。"

一等兵爱德华·塔彭登在旁边一座夺取的暗堡里，发出行动成功的信号。他对着步话机式样的电台一次次呼叫暗语："火腿和果酱……火腿和果酱……"D日首场战斗结束了，只持续了15分钟。霍华德少校和150余名部下深入敌后，暂时与己方援兵隔断，做好了坚守两座重要桥梁的准备。

他们至少知道自己在何处，而60名英国伞兵探路者中的大多数则不然，他们0点20分跳离6架轻型轰炸机，同一时刻，霍华德少校的几架滑翔机着陆了。

这群探路者受领了D日最艰巨的任务。他们是英国第6空降师突击行动的先锋，自愿跳入情况不明的地域，用闪光灯、雷达信标和其他引导设备标出奥恩河西面三片空降地域。这些空降地域都在一片占地约20平方英里的长方形地带内，靠近三个小村庄: 离海岸不到3英里的瓦拉维尔，霍华德突击队控制的两座桥梁附近的朗维尔，离卡昂东郊仅5英里的图夫雷维尔。英国伞兵0点50分会在几片地域上方空投，所以探路者只有30分钟布设标识。

即便是白昼在英国本土，30分钟内也很难找到并标出空降地域。更何况是夜间的敌占区，一个几乎没有哪个探路者踏足过的陌生国度，这项任务的难度可想而知。与50英里外的美国战友一样，英军探路者一头扎入麻烦堆。他们过于分散，空投期间的情况更加混乱。

他们遇到的困难始于天气。先是刮起始料未及的狂风，这是美国伞兵探路者没遇到的，薄雾甚至遮蔽了某些地区。载有英军探路者小组的几架飞机遭遇高射炮火构成的弹幕，飞行员本能地做出规避动作，结果不是飞过目标，就是根本没找到目的地。有些飞行员在指定地域上方盘旋了两三圈，这才投下机上的探路者。有架飞机飞得很低，冒着密集的高射炮火顽强地来回逡巡，惊心动魄地过了14分钟才投下探路者。这一切导致的结果是，许多探路者或他们的装备落在了错误的地方。

前往瓦拉维尔的探路者，降落地点很准确，可他们很快发现，大部分装备不是摔坏了，就是落在其他地方。赶往朗维尔的探路者，没有一个落在目标地域附近，而是分散在数英里外。最倒霉的是赶赴图夫雷维尔的小组，按照计划，两个 10 人小组应当用信号灯标明空降地域，每个小组都用闪烁的灯光朝夜空发出代号字母 K。可一个小组落在朗维尔村地域，他们顺利集中，以为自己身处正确的地点，10 分钟后发出了错误的信号。

赶往图夫雷维尔的第二个小组也没到达正确地点，10 名队员只有 4 人平安降落，二等兵詹姆斯·莫里西就是其中的一个。他惊恐地看见一阵狂风突然袭来，把另外 6 名队员卷向东面。莫里西眼睁睁地看着他们飘向洪水泛滥的迪沃河河谷，月光下，远处的河水波光粼粼，德国人放水淹没了那里，以此作为防御手段。莫里西后来再没见到这些战友。

莫里西和另外三名探路者落在距离图夫雷维尔很近的地方。他们会合后，一等兵帕特里克·奥沙利文赶去侦察空降地域。没过几分钟，他们本该标出的那片地域，边缘射出火力并击中了他。无奈之下，莫里西和另外两个探路者只好把标识图夫雷维尔空降地域的信号灯，放在他们降落的玉米地里。

在最初的混乱中，遭遇德国兵的探路者其实寥寥无几。确实有几人在不同地方惊动了德军哨兵，引来火力，不可避免地造成些伤亡。但最让探路者恐慌的，是他们周围不祥的寂静。他们本以为一落地就会遭遇德军激烈抵抗，可情况恰恰相反，大多数探路者身旁的一切都很安静，甚至有点太静了，结果经历了自己吓自己的噩梦。探路者在田野和树篱间相遇，都以为对方是德国人，这种情况发生了好几次。

诺曼底的黑夜里，探路者和各营先遣队的 210 名官兵，在黑黢黢的农舍附近和沉睡的村庄外摸索，竭力弄清自己的方位。一如既往，他们的当前任务是搞清楚自己究竟在何处。准确落在目标地域的人，必须识别出他们当初在英国标在地形图上的地标。彻底迷失方向的人，就得用地图和指南针判明自己的方位。先遣信号部队的安东尼·温德鲁姆上尉用更直接的办法解决了问题。就像黑夜中走错路的司机那样，温德鲁姆爬上一根路标，镇定自若地划亮火柴，发现自己要去的会合地点朗维尔就在几英里外。

但有些迷失方向的探路者再也无法纠正错误了。其中两人从夜空骤然落下，径直掉在德国第711步兵师师部前方的草坪上。盟军飞机呼啸而过时，该师师长约瑟夫·赖歇特中将正在打牌，他和几名军官冲上游廊，刚好看见两个英国伞兵落在草坪上。

很难说赖歇特和两名探路者谁更惊愕。师情报参谋逮住两个伞兵，解除了他们的武装，押着他们来到游廊。赖歇特震惊不已，不由自主地脱口问道："你们从哪里来的？"一名探路者镇定自若，似乎自己只是搞砸了一场鸡尾酒会，他平静地答道："老头，真抱歉，我们不过是意外落在这里而已。"

德国人把他们带去讯问时，盟国解放大军的首批部队——570名英美伞兵，正在为D日战役创造条件。各空降地域，信号灯发出的闪烁光芒射入夜空。

— 2 —

"出什么事了？"维尔纳·普卢斯卡特少校对着电话喊道。他睡眼惺忪，此时只穿着内衣裤。飞机的喧嚣声和炮火的轰鸣声惊醒了他，普卢斯卡特本能地认为这不是场简单的突袭。他在东线待过两年，那里的惨痛经历教会他一定要相信自己的直觉。

团长奥克尔上校似乎对普卢斯卡特打来的电话很恼火，冷淡地说道："亲爱的普卢斯卡特，我们暂时还不知道发生了什么情况，弄清后会通知您的。"说罢咔嗒一声挂了电话。

普卢斯卡特对团长的答复很不满意。先前 20 分钟内，一架架飞机嗡嗡作响地穿过布满照明弹的夜空，不断轰炸东面和西面的海岸。普卢斯卡特负责的沿海地段位于中间，平静得令人不安。他的营部设在距离海岸 4 英里的埃特雷昂，从这里指挥德国第 352 步兵师 4 个炮兵连，共计 20 门火炮，这些火炮覆盖了奥马哈海滩半幅地域。

普卢斯卡特紧张不安，决心越过团长直接联系师部，他立即致电第 352 步兵师情报参谋布洛克少校。布洛克告诉他："普卢斯卡特，情况暂时还不清楚，也许只是另一场空袭而已。"普卢斯卡特放下电话，觉得有点犯傻，暗自思忖自己是不是太莽撞了，毕竟上级没有发出警报。他回想到，最近几周一次次响起警报，又一次次取消，他的部下今晚还接到解除警戒的命令。

普卢斯卡特现在彻底清醒了，他心神不宁，根本没办法入睡，于是在床边坐了一会儿。他那只德国牧羊犬哈拉斯静静地趴在他脚下。城堡里一切平静, 但普卢斯卡特还是能听见远处传来飞机的嗡嗡声。

野战电话突然响了, 普卢斯卡特一把抓起听筒, 奥克尔上校平静的声音传来: "有报告称敌伞兵降落在半岛, 马上向您的部下发出警报, 让他们去海边。这可能就是敌人的入侵。"

几分钟后, 普卢斯卡特、炮兵第2连连长卢兹·维尔克宁上尉、枪炮官弗里茨·特恩中尉动身赶往前进指挥所, 这座观察掩体设在圣奥诺里讷村附近的峭壁上。普卢斯卡特还带上了哈拉斯, 几人一狗把大众桶式车挤得满满当当, 普卢斯卡特后来回忆, 没用几分钟他们就到达了海边, 途中没人说话。他现在最担心的是, 几个炮兵连的弹药只够打一天。几天前, 第84军军长马克斯将军视察这里部署的火炮, 普卢斯卡特趁机汇报了这个问题。马克斯将军向他保证: "倘若敌人真入侵您的防区, 拨给您的弹药绝对会多得用不完。"

大众桶式车穿过海岸防区外围, 来到圣奥诺里讷村。普卢斯卡特牵着哈拉斯, 缓缓登上峭壁后方通往隐蔽指挥所的狭窄小径, 几名部下跟在他身后。几段铁丝网清楚地标明了这条山路小径, 这是通往指挥所的唯一道路, 两侧都是地雷场。快到峭壁顶时, 少校钻入一道窄壕, 走下几级混凝土台阶, 沿弯弯曲曲的隧道向前, 最终进入一座很大的掩体, 掩体内没有隔间, 只有三个士兵在值班。

掩体有两个窄窄的瞭望孔, 其中一个瞭望孔架着高倍率炮队镜, 普卢斯卡特迅速凑到炮队镜后。观察所的位置再好不过了, 就在奥马哈海滩上方100多英尺处, 几乎正对着即将成为诺曼底滩头阵地的中央。天色晴朗的日子, 观察员从这个有利位置能把整个塞纳湾尽收眼底, 左起瑟堡半岛顶端, 右至勒阿弗尔甚至更远处, 所有动静一览无遗。

即便是此刻, 借助月光, 普卢斯卡特也获得了极好的视界。他从左向右慢慢转动炮队镜, 扫视整片海湾。那里有薄雾, 阴云偶尔遮蔽皎洁的月光, 在海面投下一片片阴影, 但见不到任何异常。海湾里没有灯光, 也没有任何动静。透过炮队镜，普卢斯卡特反复搜索海湾，没见到任何舰船。

普卢斯卡特终于离开炮队镜，他给团部打电话时对特恩中尉说道："没什么情况。"但普卢斯卡特还是有点心神不宁，他告诉奥克尔上校："我打算待在这里，也许只是假警报，不过也可能会出事。"

此时，德国第7集团军设在诺曼底各处的各级指挥部，收到一份份措辞含糊、自相矛盾的报告，各处的军官煞费苦心地评估这些报告。但没什么可查的，这里见到几个朦朦胧胧的身影，那里开了几枪，另一处的树上挂着降落伞，这些确实是线索，可又能说明什么呢？盟军空降部队只投下570名官兵，就足以造成最严重的混乱。

一份份报告零零散散，都是只言片语，而且没得出任何结论，就连经验丰富的军人也将信将疑，百思不得其解。到底有多少人着陆，2个还是200个？会不会是坠机前跳伞的轰炸机机组人员？会不会是法国地下组织的一连串袭击？没人能说清，就连亲眼见到英国伞兵的第711步兵师师长赖歇特将军也说不出个所以然。赖歇特认为英国人空降的企图是袭击他的师部，他按照这个结论写了份报告发给军长。第15集团军司令部过了很久才收到消息，不仅正式记入作战日志，还加了句含义不明的注释："没获得相关细节。"

虚惊一场的情况先前发生得太多，所以每个人都对所谓的警报相当谨慎。连长考虑再三才向营长报告，还派出巡逻队反复核实。营长就更谨慎了，反复斟酌后才汇报给团部。D日头几分钟，德军各级指挥部的实际情况究竟如何，相关记述和涉事者太多，谁也说不清。但有一点似乎很明确：基于这些莫衷一是的报告，此时没人愿意发出警报，万一事后证明是虚惊一场就麻烦了。时间就这样一分一秒地流逝了。

瑟堡半岛，两位将军已动身赶往雷恩参加图上演习。第三位将军，第91空降师师长威廉·法莱中将，也选择此刻动身出发。尽管第7集团军司令部下令禁止指挥官拂晓前离开岗位，但法莱觉得不早点出发的话，就赶不上图上演习了。这个决定让他送了命。

勒芒的德国第 7 集团军司令部里，集团军司令弗里德里希·多尔曼大将睡得很沉。可能是因为天气不佳，他取消了今晚原定的战斗警报演习。他有点累，所以早早上床了。能干而又尽责的参谋长马克斯·彭塞尔少将正准备就寝。

圣洛，第 7 集团军辖下的第 84 军军部，一切准备就绪，众人等着给军长埃里希·马克斯将军举办生日聚会，想给他个惊喜，军情报处长弗里德里希·海因少校连酒都买好了。他们打算待圣洛大教堂敲响午夜的钟声（英国双夏令时凌晨 1 点），海因、参谋长弗里德里希·冯·克里格恩中校和另外几名高级军官就走入将军的房间。每个人都想知道疾言厉色、只有一条腿的马克斯将军（他在东线丢了条腿）会作何反应。马克斯是诺曼底地区最出色的将领之一，这是有目共睹的，但他为人严肃，作风简朴，从不流露内心的情感。尽管如此，军部人员还是安排了生日聚会，虽说众人觉得整个想法有点幼稚，可他们还是决心把聚会办好。军部人员刚要走入将军的房间，突然听见附近的高射炮连开火了。他们赶忙跑到外面，刚好看见一架盟军轰炸机拖着火焰坠落，还听见高射炮组的欢呼："打中了！打中了！"马克斯将军此时仍待在屋内。

大教堂的钟声响起，海因带着军部几名参谋，端着夏布利葡萄酒和几个玻璃杯，鱼贯走入将军的房间，略有些不自然地向军长祝贺生日。马克斯将军抬起头，透过眼镜温和地看着他们，现场稍有些停顿。海因回忆道："他起身迎接我们，那条假腿咯咯作响。"马克斯友善地挥挥手，众人这才松了口气。他们把酒打开，在这位 53 岁的将军身旁立正致意。几名参谋局促地举起酒杯，为军长的健康干杯，全然不知 40 英里外，4255 名英国伞兵正降落在法国领土上。

— 3 —

诺曼底洒满月光的田野上，响起英国狩猎号角沙哑、令人难忘的音符。号角声萦绕在空中，孤零零的，听上去很不协调，还一次次响起。几十个朦胧的身影出现了，戴着钢盔，穿着绿色、棕色、黄色混杂的迷彩跳伞服，拎着各种装备艰难地越过田野，沿着沟渠，贴着树篱，赶往号角声响起的方向。另外几只号角也加入了这场合奏。突然，军号吹响了，对英国第6空降师的几百名官兵来说，这就是战斗序曲。

奇特而又刺耳的号角声发自朗维尔地区，是第5伞兵旅辖内两个营的集合信号。他们得赶紧行动起来，一个营赶去支援霍华德少校的部下，兵力虚弱的机降步兵正在坚守两座桥梁，另一个营的任务是夺取并守住朗维尔，该村位于上述重要渡场的东部接近地。伞兵指挥官从来没有以这种方式集合过部下，但今晚速度至关重要，第6空降师在同时间赛跑。清晨6点半到7点半之间，第一拨英美部队就要登上诺曼底的五片海滩。"红魔"只有5个半钟头加强初期立足地，牢牢控制整片登陆地域左翼。

第6空降师受领的任务很复杂，各项任务必须分秒不差地同时进行。相关计划要求英国伞兵控制卡昂东北面高地，守住奥恩河和卡昂运河上的桥梁，炸毁迪沃河上另外5座桥梁，阻止敌军尤其是敌装甲部队攻入英军登陆场翼侧。

但伞兵只配备轻武器，没有足够的火力阻挡敌装甲部队全力以赴的冲击。因此，阻击战成功与否，取决于反坦克炮和特种穿甲弹能否迅速而又顺利地运抵。由于火炮的尺寸和重量都很大，顺利运入诺曼底地区唯一的办法是使用滑翔机队。清晨 3 点 20 分，69 架滑翔机组成的机队会出现在诺曼底上空，携带人员、车辆、重装备、宝贵的火炮实施机降。

机队到来本身就是个复杂的问题。滑翔机的尺寸很大，甚至比 DC-3 运输机还要大，其中 4 架哈米尔卡滑翔机大得甚至能搭载轻型坦克。为了让 69 架滑翔机顺利降落，伞兵首先要确保选中的空降地域不受敌军攻击，然后还得在布满障碍物的草地上开辟一大片着陆场。也就是说，他们必须在深夜不到两个半钟头内，肃清着陆场林立的树干和枕木，这些树干和枕木上还绑了地雷。第二支滑翔机队当日傍晚会降落在这片着陆场。

还有另一项任务要完成，可能是第 6 空降师所有任务里最重要的一项：消灭梅维尔附近一座大型海岸炮台。盟军情报部门认为，这座炮台配有 4 门威力强大的火炮，可能会滋扰盟军集中的登陆舰队，大量杀伤剑滩登陆人员。第 6 空降师接到命令，清晨 5 点前务必摧毁敌人的火炮。

为完成这些任务，第 3、第 5 伞兵旅 4255 名伞兵跳入诺曼底地区。由于导航错误、高射炮火迫使许多飞机偏离航线、空降地域标识不清，再加上阵风影响，这些伞兵散落在一片很大的地域内。有些人运气不错，但数千名伞兵落在距离空降地域 5 ~ 35 英里的各个地方。

两个伞兵旅中，第 5 伞兵旅的情况还不错，大多数官兵落在朗维尔附近的目标地域旁边。即便如此，几名连长也用了近两个钟头才召集起半数兵力。不过，许多士兵在起伏的号角声引导下，已经在赶来的途中。

第 13 营的二等兵雷蒙德·巴滕听见了号角声，虽说他就在空降地域边缘，一时间却无法赶去集合，因为他落在一片遍布枝叶的小树林顶部。巴滕挂在树上，离地面 15 英尺，吊在伞绳下来回摆动。树林里寂静无声，但他听见远处传来机枪持续的连发声、飞机的嗡嗡声、高射炮连的射击声。他拔出匕首准备割断伞绳，突然听见附近响起施迈瑟冲锋枪断断续续的射击声。过了片刻，灌木丛沙沙作响，有个家伙朝他慢慢走来。巴滕跳伞时把斯特恩冲锋枪弄丢了，最要命的是，他也没有手枪。他挂在树上，什么也做不了，更不知道来的是德国人还是英国伞兵。巴滕后来回忆道："不管来的是谁，稍一抬头就能看见我，我只好一动不动地装死。正如我希望的那样，来人可能觉得我死了，随即走开了。"

巴滕赶紧从树上下来，赶往集合号响起的方向。但他的磨难远没有结束。他在树林边缘看见一具年轻伞兵的尸体，他的降落伞没能打开。巴滕随后沿道路而行，有个伙计从他身边跑了过去，歇斯底里地嚷着："他们杀了我哥们！他们杀了我哥们！"巴滕终于追上一群赶往集合地点的伞兵，忽然发现身边一名伞兵惊恐万状，似乎有些不知所措。他大步向前，死死盯着前方，毫不左顾右盼，全然没留意右手紧紧攥着的步枪几乎要被他折断了。

当晚在许多地方，不少像巴滕这样的士兵，都对他们即将投入的这场战争所展现出的残酷现实震惊不已。第8营的上等兵哈罗德·泰特挣扎着想要摆脱伞绳时，看见高射炮火击中一架达科他式运输机。中弹的运输机犹如炽热的彗星，从他上空坠落，在大约1英里外发出剧烈的爆炸声。泰特不知道机上那群伞兵是否已跳出机舱。

加拿大第1伞兵营的二等兵珀西瓦尔·利金斯看见另一架起火的飞机。"火势很大，从机头到机尾都在燃烧，不时有碎片落下"，似乎径直朝他这里飞来。这幅场景迷住了利金斯，他一动不动，目不转瞬地盯着。起火的飞机从他上方掠过，坠毁在他身后的田野里。利金斯和另外几个战友想赶过去，看看能不能搭救机上的幸存者，但"机舱里的弹药殉爆，我们没办法靠近"。

第12营20岁的二等兵科林·鲍威尔落在距离空降地域好几英里的地方，对他而言，这场战争的第一声是夜间的阵阵呻吟。他跪在一名身负重伤的爱尔兰士兵身旁，对方低声恳求他："伙计，给我补上一枪吧，求你了。"鲍威尔实在下不了手，他尽量让这名伤员躺得舒服点，随后匆匆离去，答应一定会让人来救他。

　　这场空降的头几分钟里，许多人凭借自身的智慧死里逃生。加拿大第1伞兵营的理查德·希尔伯恩中尉记得，他跌入一间温室的顶棚，"碎玻璃撒得到处都是，发出很大的动静，没等碎玻璃掉完，他就爬起身跑了出去"。还有个伞兵阴差阳错地落入井里，他拽着伞绳，双手交替地爬出水井，随后赶往集合地点，就好像什么都没发生过。

　　落在各处的伞兵都从异乎寻常的困境中摆脱出来。他们遭遇的大多数情况，即便在昼间也够糟糕的，而夜间在敌占区，恐惧和幻想导致情况更趋复杂。二等兵戈弗雷·麦迪逊的遭遇就是个例子，他坐在田地旁，被铁丝网缠住，一时间动弹不得。铁丝网死死缠住他两条腿，而他背负的装备重达125磅，包括4发10磅重的迫击炮弹，导致他深深地卡在铁丝网里，几乎彻底陷入困境。他先前赶往第5营吹响集合号的方向，不慎失足跌入铁丝网。他后来回忆道："我起初有点发慌，此刻天很黑，我觉得肯定会有人给我来一枪。"有那么一刻，他一动不动，静静地等待着、聆听着。麦迪逊随后确信没人发现自己，于是缓慢而又痛苦地挣扎起来，竭力摆脱困境。他觉得自己用了几个钟头才腾出一条胳膊，解下身后皮带上的钢丝钳。过了几分钟，他终于脱困了，再次赶往号角声响起的方向。

　　几乎是同时，加拿大第1伞兵营的唐纳德·威尔金斯少校悄然溜过一座建筑，他觉得那是个小工厂。他突然看见草坪上有一群人，赶紧趴倒在地。可那些模模糊糊的身影一动不动，威尔金斯死死盯着他们，过了一会儿，他骂骂咧咧地站起身，走过去证实自己的怀疑，果不其然，是花园里的石雕像。

　　该营一名中士也有类似经历，只不过他见到的身影是真人。二等兵亨利·丘吉尔待在旁边一条沟里，看见中士落在齐膝深的水里，竭力摆脱伞绳时，绝望地看见两个家伙走了过来。丘吉尔回忆道："中士等待着，想弄清来的是英国人还是德国人。"两个家伙走近了，说话声明确无误地表明他们是德国人。中士手里的斯特恩冲锋枪响了，"一个连发就把那两个家伙撂倒了"。

　　D 日开局头几分钟里，最险恶的对手不是人，而是大自然。隆美尔的防空降措施确实取得了不错的回报：泛滥的迪沃河河谷，河水和沼泽构成了一处处死亡陷阱。第 3 伞兵旅许多官兵落入这片地带，就像从袋子里随意抖出的五彩纸屑。对这些伞兵来说，悲剧性灾难接二连三地发生了。厚厚的云层导致部分飞行员把迪沃河河口误判为奥恩河河口，结果让伞兵在迷宫般的沼泽和湿地上空跳伞。整整 700 人的一个伞兵营，跳伞后本该集中在方圆 1 平方英里的地带内，可实际情况是，他们散布在 50 多平方英里的乡间，大部分还是沼泽地。这个营是获得充分训练的第 9 伞兵营，受领当晚最艰巨、最紧迫的任务：突袭梅维尔村海岸炮台。营里部分官兵过了好几天才归队，还有不少人再也没回来。

　　葬身迪沃河沼泽地的将士，具体数字不得而知。据生还者说，一道道迷宫般的沟渠在这片沼泽地纵横交错，每道沟渠深 7 英尺、宽 4 英尺，底部是黏糊糊的烂泥。掉进沟里的人，背着枪支、弹药、沉甸甸的装备，孤身一人的话根本没办法爬上来。背包浸水后，重量几乎加了一倍，竭力求生的伞兵不得不丢掉背包。有些人好不容易从沼泽里挣脱出来，又在距离陆地只有几码远的河里淹死了。

　　第 224 伞兵战地救护队的二等兵亨利·亨伯斯通就差点被淹死。他落入齐腰深的沼泽，根本不知道自己置身何处。他本以为会落在瓦拉维尔西面的果园区，实际上落在预定空降地域东侧。他与瓦拉维尔之间不仅有沼泽地，还有迪沃河。低雾笼罩着这片地带，犹如一块脏兮兮的白色毛毯，亨伯斯通听见周围的蛙声此起彼伏。前方随后传来清晰无误的流水声，亨伯斯通跌跌撞撞地穿过河水泛滥的田野，来到迪沃河畔。就在盘算该如何渡河时，他看见两个士兵出现在对岸，那是加拿大第 1 伞兵营的人。亨伯斯通朝他们喊道："我该怎么过去？"一个加拿大人回应道："这里很安全。"说着他就蹚入河里，显然想给亨伯斯通演示一番。亨伯斯通后来回忆道：

"我前一分钟还盯着他，下一分钟他就没了，他没有大喊大叫，什么也没做，就这样淹死了，我和对岸他的同伴根本来不及救他。"

第9营随军牧师约翰·格威内特上尉彻底迷失了方向。他也落在沼泽地里，孤身一人，四下里一片寂静，令他忐忑不安。格威内特必须离开沼泽地，他确信突袭梅维尔会是场恶战，想和自己的部下待在一起。起飞前，他在机场上告诉过他们："恐惧敲门时，信念去应门，瞧，外面什么都没有。"格威内特此时还不知道，他得耗费17个钟头才能离开沼泽地。

第9伞兵营营长特伦斯·奥特韦中校此时怒不可遏。他降落的地方离集合地点有好几英里远，也知道全营官兵分散在各处。他冒着夜色迅速行进时，三五成群的部下从各个地方现身，证实了他最坏的预感。奥特韦不由得想到，这场空降混乱无比，难道他的特种滑翔机队也四分五散了吗？

为顺利完成突袭任务，奥特韦急需滑翔机运载的火炮和其他技术装备，因为梅维尔不是个普普通通的炮台，周围环绕着一连串强大的纵深防御工事，炮台中央巨大的混凝土炮位上装有4门重型火炮。要到达那里，第9伞兵营必须穿过地雷场，越过防坦克壕，还得通过宽达15英尺的铁丝网，再跨过另外几片地雷场，而后克服一道道纵横交错、布满机枪的堑壕。德国人觉得这座防御工事相当强大，还有200名守军，几乎牢不可破。

奥特韦不这么认为，为消灭这座炮台，他精心策划了极为详尽的计划，可以说算无遗策。100架兰开斯特轰炸机先以4000磅炸弹对炮台实施饱和轰炸，滑翔机队随后运来吉普车、反坦克炮、喷火器、爆破筒（填满炸药、长度不一的钢管，用于炸开铁丝网）、探雷器、迫击炮，甚至还有轻巧的铝制云梯。奥特韦的部下从滑翔机获得这些特种装备后，就分成11个小组赶往炮台发动突袭。

这要求时间安排环环相扣。侦察组率先出发，侦察整片地带。"胶带组"排除地雷，在肃清的地雷场标出安全通道。突破组以爆破筒炸开铁丝网。狙击手、迫击炮手、机枪手占据相应的位置，掩护主要突击。

为达成突然性，奥特韦的作战计划还有一招：地面部队冲向炮台之际，载满士兵的三架滑翔机在炮台顶部迫降，从地面和空中对敌防御阵地发起强大的联合突击。

这份计划的部分内容似乎是飞蛾投火，但冒点风险还是值得的，因为梅维尔的几门火炮可能会射杀登上剑滩的数千名英军官兵。就算接下来几个钟头一切按计划进行，待奥特韦和他的部下集中起来赶到炮台，也只剩不到一个钟头的时间来消灭那些火炮。上级明确告诉他，要是第9伞兵营无法按时完成任务，海军炮火就会代劳。也就是说，无论突袭成功与否，奥特韦和他的部下务必在清晨5点半前撤离炮台。届时，倘若奥特韦没发出行动成功的信号，海军舰艇就以舰炮实施炮击。

计划就是这样。可是，在奥特韦焦急地赶往集合地点时，计划的第一部分已经出了岔子。盟军0点30分实施的空袭彻底失败，没有一枚炸弹命中炮台。雪上加霜的是，载有重要装备的滑翔机也没飞抵。

诺曼底滩头阵地中央，俯瞰奥马哈海滩的德军观察掩体内，维尔纳·普卢斯卡特少校仍在察看情况，可除了白色的浪尖，他什么也没看见。普卢斯卡特的不安感并未缓解，相反，他比以往任何时候更加确定，要出事了！他到达观察所没多久，一个个飞行编队轰鸣着飞过右侧很远处的海滩，他觉得无疑有数百架飞机。从听到飞机轰鸣声那一刻起，普卢斯卡特就认为团部随时会打来电话，确认自己的猜想：盟军确实发动进攻了。可电话始终没响，奥克尔打完那通电话后一直没有消息。普卢斯卡特此时又听见另一些动静：大批飞机飞向他的左侧，轰鸣声越来越响。声音这次从他身后传来，一群群战机似乎从西面逼近瑟堡半岛。普卢斯卡特更困惑了，他本能地凑到炮队镜后再次朝外张望。整片海湾空空如也，没看到任何东西。

— 4 —

圣梅尔埃格利斯镇，炸弹的爆炸声似乎近在咫尺。镇长兼镇药剂师亚历山大·雷诺觉得地面在震颤。他认为盟军战机轰炸的是圣马尔库夫和圣马丹德瓦尔勒维尔的炮台，两处距离圣梅尔埃格利斯都只有几英里。他很担心自己的镇子和镇内居民。由于宵禁的缘故，他们无法离开住处，只能躲在花园的沟里或地窖内。雷诺领着妻子西蒙娜和三个孩子来到客厅外的走廊上，这里铺设的木板很厚，防护效果不错。全家人躲在临时搭设的防空洞里，此刻是凌晨 1 点 10 分左右。雷诺之所以记得这个时间（对他来说是 0 点 10 分），是因为有人不停地急切拍打他家临街的房门。

雷诺让家人待在屋里别动，自己穿过黑灯瞎火的药店，他的药店就在圣梅尔埃格利斯广场对面。没等他走到门口，就知道出了什么事。透过店铺的窗户，他看见火光照亮了边缘种满栗子树的广场和雄伟的诺曼式教堂，艾龙先生位于广场对面的别墅起火燃烧，火势很大。

雷诺打开房门，镇消防队队长站在门外，齐肩的黄铜头盔擦得锃亮。消防队队长没多寒暄，指着起火的房屋说道："我猜是飞机投偏的燃烧弹命中了那座屋子，火势迅速蔓延。你能让驻军司令解除宵禁吗？我们得多找点人手来组织水桶接力队。"

镇长赶紧跑到附近的德军指挥部，三言两语向值班中士解释了情况。中士没有请示上级就批准了镇长的请求。与此同时，德国人召集警卫，监视集合起来的救火志愿者。雷诺随后赶到教区活动中心，把情况告知路易·鲁兰神父。神父派司事去教堂敲钟，他带着雷诺和另外几个人挨家挨户敲门，动员居民帮忙救火。教堂的大钟敲响了，钟声在镇子上方回荡。镇内居民出现了，有的穿着睡衣，也有的衣衫不整，100多名男女很快排成两条长龙，开始传递一桶桶水。他们周围站着大约30个德国卫兵，都端着步枪或施迈瑟冲锋枪。

雷诺记得，混乱中鲁兰神父把他拉到一旁。"我得跟你谈谈，有件事很重要。"说着，神父把他领到教区活动中心的厨房。年迈的女教师安热勒·勒夫罗夫人在那里等着他们，看上去惊魂未定。她哆哆嗦嗦地说道："有个男人落在我的豌豆地里。"雷诺手头的麻烦事够多的了，但还是安慰了她一番："别担心，赶紧回家，踏踏实实待在屋里。"说罢他又跑回火场。

雷诺离开期间，这里的喧嚣加剧了，情况愈发混乱。火舌蹿得更高，四散的火花蔓延到几座附属建筑物，那里也燃烧了起来。雷诺觉得眼前的场景宛如噩梦。他一动不动地站在那里，盯着消防队员紧张不安、被火焰映红的面孔，以及挎着步枪和冲锋枪，着装过于正式，显得很笨拙的德军卫兵。广场上方的大钟还在敲击，给火场的喧嚣增添了持续的叮当声。就在这时，广场上的人听见了飞机的嗡嗡声。

声音从西面传来，持续不断的轰鸣声越来越响，随着机群逼近，隆隆的高射炮声响起，半岛上一个个高射炮连瞄准空中的飞行编队相继开火。圣梅尔埃格利斯广场上，所有人抬头眺望，一个个呆若木鸡，全然忘了燃烧的房屋。镇上的高射炮随后也开火了，炮声在他们上空回荡。机群飞了过来，一架架飞机几乎翼尖贴着翼尖，穿过地面蹿起的纵横交错的密集火力网。飞机上的灯亮着。机群飞得很低，广场上的人本能地伏下身子，雷诺记得，那些飞机"在地上投下巨大的阴影，机舱内似乎有红灯闪烁"。

一个个飞行编队从空中掠过，882架飞机载着1.3万名官兵，这是有史以来最庞大的空降行动投入的首批飞机。美国第101空降师的官兵、第82空降师的老兵朝六个空降地域进发，这些空降地域距离圣梅尔埃格利斯只有几英里。一队队伞兵跳离机舱，部分伞兵落向镇外的空降地域。战斗的喧嚣声中, 几十名伞兵听到了不和谐的音调: 教堂夜间响起的钟声。这是部分伞兵最后听到的声音。一股狂风袭来, 不少伞兵飘向烈焰四起的圣梅尔埃格利斯广场和德军卫兵的枪口, 简直是造化弄人。飞机越过圣梅尔埃格利斯时, 第 101 空降师第 506 伞兵团的查尔斯·圣塔尔谢罗中尉站在舱门处。他回忆道: "我们离地面约有 400 英尺, 看见下方火焰四起, 德国佬狼奔豕突。地面上似乎乱成了一锅粥。高射炮和轻武器火力袭来, 把那些倒霉的伙计逮个正着。"

第 82 空降师第 505 伞兵团的二等兵约翰·斯蒂尔, 刚刚跳出机舱就发现, 自己没有落向灯光照亮的空降地域, 而是飘向起火燃烧的镇中心。他随后看见德国兵和当地居民乱哄哄地东奔西跑。斯蒂尔觉得他们中的大多数人仰头看着他。某个东西随后击中了他, 那种感觉"就像被锋利的刀子扎了一下"。一发子弹射中了他的脚。斯蒂尔随后遇到更令他震惊的事情。他在降落伞下来回摆动, 无法避开镇子, 他无助地摇晃着, 任由降落伞带着他径直落向广场边缘的教堂尖塔。

斯蒂尔上方, 一等兵欧内斯特·布兰查德听见教堂的钟声, 看见一团团烈焰在他周围腾起。随后, 他惊恐地见到身旁落下的一名伞兵"突然爆炸, 就在我眼前炸成碎片", 可能是其随身携带的炸药殉爆造成的。

布兰查德拼命操纵伞绳, 企图避开下方广场上的人群, 可为时已晚, 他落在树上。德国人的机枪火力击毙了他身旁的几名伞兵。嘶吼声、呼喊声、尖叫声、呻吟声混杂在一起, 布兰查德永远忘不了这些声音。机枪火力越来越近, 他慌乱地割断了伞绳。刚从树上落下, 他就惊慌失措地奔跑起来, 根本没察觉刚才把自己的拇指尖割掉了。

德国人无疑认为圣梅尔埃格利斯遭遇伞兵突袭, 广场上的居民也觉得自己身处一场大规模战斗的中心。其实落在镇内的美国伞兵很少, 可能只有 30 余人, 而掉在广场及其周围的伞兵不到 20 人。但这些伞兵足以让不到 100 人的德国守军惊慌失措。德国人以为广场是敌人的突袭中心, 赶紧调来援兵。在雷诺看来，有些德国兵突然见到血腥、烈焰四起的现场，似乎失去了控制。

镇长伫立的广场上。大约 15 码外，一名伞兵挂在树上，竭力挣脱伞绳时被德国人发现了。雷诺看见"五六个德国兵朝他射空了冲锋枪弹匣，那个小伙挂在树上，双眼圆睁，似乎在俯视身上的弹孔"。

周围的杀戮把广场上的人惊得目瞪口呆，全然忘记了上空庞大的航空编队，一拨拨机群发出的嗡嗡声持续不断。数千名伞兵跳向镇子西北面第 82 空降师的空降地域，以及第 101 空降师位于东面和稍西面的空降地域，就在圣梅尔埃格利斯与犹他登陆海滩之间。由于落点过于分散，几乎每个团都有些伞兵不时落入圣梅尔埃格利斯镇的杀戮场。一两个伞兵带着弹药、手榴弹、塑性炸药掉进燃烧的房屋，先是传出几声惨叫，随着弹药殉爆，又传来一连串噼啪声和爆炸声。

恐怖和混乱中，虽然前景不明，但有个伞兵仍在顽强求生。二等兵斯蒂尔的降落伞挂在教堂尖塔上，身子悬挂在屋檐下。他听见呼喊声和尖叫声，也看见德国兵与美国伞兵在广场和街道上交火。机枪喷吐着火舌，一串串流弹从他身旁和头上呼啸掠过，把他吓得几乎动弹不得。斯蒂尔想割断伞绳，可不知怎么回事，伞兵刀从他手中滑落，掉在下面的广场上。斯蒂尔随后拿定主意，要想活下去只能装死。屋顶上几码开外，德军机枪手朝他们看见的一切目标射击，但没对他开火。斯蒂尔挂在伞绳下，看上去真的很像一具死尸，战斗最激烈的时候，第 82 空降师的威拉德·扬中尉从这里经过，时至今日仍记得"挂在尖塔下的死者"。总之，斯蒂尔在半空吊了两个多钟头，德国人才过来割断伞绳俘虏了他。斯蒂尔惊恐交加，脚上的弹伤疼痛不已，根本不记得教堂大钟就在他上方几英尺处不停地敲响。

圣梅尔埃格利斯遭遇战是美军空降部队主要突击的前奏。但从他们的作战计划看，这场激烈的初期交战纯属偶然①。虽说该镇是第82空降师的主要目标之一，但夺取圣梅尔埃格利斯镇真正的战斗还没有打响。在此之前，第101、第82空降师还有许多任务要完成，和英国人一样，他们也在争分夺秒。

英国战友守住左翼之际，美国伞兵的任务是坚守登陆地域右翼，但他们肩负的责任更加重要，决定了整个犹他海滩的登陆行动成功与否。

美军成功登陆犹他海滩的主要障碍是杜沃河。隆美尔的工兵充分利用了杜沃河及其主要支流梅尔德雷河，以此作为防登陆措施的组成部分。两条河流穿过拇指形的瑟堡半岛下端，向南面和东南面奔流，流经低洼地，在半岛根部汇入卡朗唐运河，几乎与维尔河平行地流入英吉利海峡。德国人打开卡朗唐镇上方数英里，有百年历史的拉巴尔克特水闸，淹没了大片地域，致使原先就遍布沼泽的半岛几乎与诺曼底其他地方彻底隔绝。因此，德国人只要守住洪泛区寥寥无几的道路、桥梁、堤道，就能压制登陆部队，最终消灭对方。倘若盟军在东部海岸登陆，德军可以从北面和西面发起攻击，一举封闭陷阱，把登陆部队赶下大海。

这至少是个总体战略。可德国人不想让登陆部队前进得太远，他们放水淹没了东部海滩后方超过12平方英里的低洼地，以此加强防御措施。犹他海滩几乎就在这些人造湖泊中央。美国第4步兵师的官兵，以及他们的坦克、火炮、车辆、物资，要想攻入内陆，唯一的办法是沿洪泛区五条堤道前进，而这些堤道在德军火炮控制下。

---

① 我无法确定广场上的伤亡人数，因为在美军发动进攻，最终占领该镇前，零星的战斗在整个镇内持续不停。但最乐观的估计是12人阵亡、负伤、失踪。伤亡者大多隶属第505伞兵团第2营F连，该团的官方记录里有一小段悲惨的注释："卡迪什少尉和以下人员落入镇内，旋即被德军射杀：希勒、布兰肯希普、布赖恩特、范霍尔斯贝克、特拉帕。"二等兵约翰·斯蒂尔看见两个伞兵落入燃烧的房屋，他觉得其中一人是他那个迫击炮班的二等兵怀特，降落时怀特就在他身后。
第505伞兵团团长威廉·E.埃克曼中校也指出："团里一名牧师……落在圣梅尔埃格利斯，被俘后很快被德国人处决了。"

守卫半岛和这些天然防御屏障的是三个德国师：第709步兵师，部署在半岛北部和东海岸；第243步兵师，据守西海岸；近期开抵的第91空降师，位于中部，分散在半岛根部周围。另外，诺曼底地区最精锐、最顽强的德军部队部署在卡朗唐南面，随时可以投入战斗，也就是冯·德·海特男爵指挥的第6伞兵团。一旦盟军发动任何形式的进攻，除了守卫各海岸炮台的海军部队、空军防空分队、瑟堡附近五花八门的守军，德国人可供立即投入的兵力约为4万人。面对这片戒备森严的地域，马克斯韦尔·D. 泰勒少将的第101空降师、马修·B.李奇微少将的第82空降师受领的任务相当艰巨，他们必须开辟并守住一片空降登陆场——一座从犹他海滩地带一路向西延伸，跨过半岛根部的防御"孤岛"。伞兵负责为第4步兵师开辟通道，还得坚守到获得接替。在半岛内部和周围，美国伞兵的兵力劣势超过一比三。

从地图上看，整片空降登陆场就像又短又宽的左脚留下的脚印，小"脚趾"靠着海岸，大"脚趾"在卡朗唐上方的拉巴尔克特水闸，"脚后跟"位于梅尔德雷河、杜沃河沼泽地及其后方。整个脚印长12英里左右，大小"脚趾"间宽7英里，"脚后跟"宽4英里。1.3万名美国伞兵要坚守的地域非常大，而且还得在不到5个钟头内夺取。

泰勒的部下负责夺取圣马丹德瓦尔勒维尔一座配备6门火炮的炮台，这座炮台几乎就在犹他海滩正对面，他们还得控制圣马丹德瓦尔勒维尔与沿海小村普佩维尔之间五条堤道中的四条。与此同时，他们还要夺取或炸毁杜沃河和卡朗唐运河沿线，尤其是拉巴尔克特水闸附近的渡场及桥梁。第101空降师的啸鹰夺取这些目标之际，李奇微的部下必须守住"脚后跟"和"脚掌"左侧。他们的任务是守住杜沃河、梅尔德雷河渡场，攻占圣梅尔埃格利斯，坚守镇北面的阵地，阻止敌军的反冲击攻入登陆场翼侧。

两个空降师的官兵还有另一项至关重要的任务，他们必须肃清滑翔机着陆区内的敌人。与英军滑翔机执行的任务一样，大型滑翔机编队会在拂晓前和黄昏时两次增援美国伞兵。按照计划，100 多架滑翔机组成的首支机队会在清晨 4 点飞抵。

美国伞兵的行动从一开始就遇到了惊人的困难。和英国伞兵一样，两个美国空降师严重分散，只有第 82 空降师第 505 伞兵团准确降落。他们丢失了 60% 的技术装备，包括大部分电台、迫击炮、弹药。最糟糕的是，大批人员也走失了。他们降落的地点，距离可识别的地标好几英里，一时间晕头转向，孤立无援。盟军的飞行航线由西向东，只要 12 分钟就能飞越半岛。跳伞时机过晚的话，伞兵会掉进英吉利海峡，过早的话，会落入西海岸与洪泛区之间的某处。有些伞兵小组的落点偏得厉害，远离东面的空降地域，更靠近半岛西侧。数百名伞兵背着沉重的装备，落入梅尔德雷河和杜沃河险象环生的沼泽地。许多人淹死了，还有些人在不到 2 英尺深的水里溺毙。另一些伞兵的跳机时机过晚，他们跃入黑黢黢的夜空，以为下方是诺曼底，结果消失在英吉利海峡。

第 101 空降师整整一队伞兵，15 ～ 18 人，就是这样丧生的。待在下一架飞机上的路易斯·梅拉诺下士，跳伞后落在沙滩上，前方的标牌写着："当心地雷！"他是机上第二个跳离机舱的人。梅拉诺落在犹他海滩前方几码处，趴在沙丘间，周围是隆美尔布设的防登陆障碍。梅拉诺趴在地上稳定心神，忽然听见远处传来尖叫声。他后来得知，尖叫声来自海峡，他那架飞机上剩下的 11 名伞兵那一刻淹死在了海里。

梅拉诺没理会沙滩上有可能埋设的地雷，迅速离开此地。他翻过铁丝网，朝前方的树篱跑去。那里有个人，但梅拉诺没有停下，他穿过道路，开始攀越石墙。就在这时，他听见身后传来痛苦的惨呼，他扭头瞥了一眼，看见一个背着喷火器的德国兵正朝他刚刚经过的树篱喷射火焰，火焰中，一名伞兵战友的身影清晰可辨。梅拉诺吓得魂飞魄散，他蹲在石墙下，另一侧传来德国人的叫喊声和机枪射击声。梅拉诺置身一片戒备森严的地带，周围都是德国兵。他做好了拼死一战的准备，但有件事先得完成。梅拉诺隶属信号部队，他从兜里掏出两英寸见方的通信日志，里面记有接下来三天的代号和密码。他小心翼翼地撕碎日志，一页页吞下肚里。

空降登陆场另一侧，伞兵在黑黢黢的沼泽地里苦苦挣扎。梅尔德雷河、杜沃河上满是各种颜色的降落伞。沼泽地和河水里，装备包上的小灯诡异地闪烁着。从空中落下的伞兵掉进水里，彼此撞在一起。有些人再也没出来，也有些人从水里冒出，大口呼吸着新鲜空气，奋力割断身上的伞绳和装备，以免再次被拖入水里。

与 50 英里外英国第 6 空降师随军牧师约翰·格威内特一样，第 101 空降师的随军牧师弗朗西斯·桑普森上尉也落在洪泛区。水没过头顶，身上的装备死死拽着他，狂风下，他那具降落伞仍在上方张开着。他竭力割断挂在身上的装备，就连做弥撒用的工具包也丢了。降落伞犹如一张大帆，拖着他顺风漂了 100 余码，最终到达浅水区。桑普森筋疲力尽，躺在水里歇了 20 分钟。最后，他不顾袭来的机枪火力和炮火，动身返回最初落水的地方，固执地潜入水里寻找弥撒工具包，第五次下潜时终于找到了。

桑普森牧师很久后回忆当时的经历，这才想起自己在水里挣扎时匆匆念出的忏悔文，其实是餐前感恩祷词。

海峡与洪泛区之间的无数块小田地和牧场上，美国伞兵在夜色下会集起来，召唤他们的不是猎号，而是能发出咔嗒声的信号器。他们的性命取决于这些只值几分钱的铁皮儿童玩具。按下信号器发出一声咔嗒，对方应以两声咔嗒回应，如果是第 82 空降师人员，还得加上一道口令。两声咔嗒应该得到一声咔嗒回复。听到这些信号，伞兵从藏身的树木、沟渠、房屋转角处现身，会聚到一起。马克斯韦尔·D. 泰勒少将与一个剃了光头、身份不明的士兵在树篱拐角处相逢，热烈地拥抱在一起。有些伞兵立即找到了自己的部队。另一些人夜里见到的都是陌生面孔，但随后就看见熟悉的、令人欣慰的标志：缝在臂章上方小小的美国国旗。

尽管情况很混乱，但美国伞兵很快就适应了。第 82 空降师的官兵久经沙场, 当初在西西里和萨莱诺参加过空降突袭, 对眼下的状况有充分的心理准备。第101空降师是首次投入战斗跳伞, 但他们早已下定决心, 不能让更优秀的战友专美。所有伞兵争分夺秒, 因为他们耽误不起。知道自己置身何处的幸运儿迅速集中, 动身赶往目标。迷路者加入不同连、营、团官兵组成的小股队伍。第101空降师的军官率领第82空降师的士兵, 相反的情况也有。两个师的官兵并肩奋战, 大多是争夺他们此前从未听说过的目标。

数百名伞兵发觉自己置身于一块块小田地, 周围伫立着高大的树篱。这些田地形成寂静的小世界, 与外界隔绝, 令人心生不安。一个个小世界内, 每道阴影、每个沙沙声、每根断裂的树枝都是敌人。绰号"荷兰佬"的二等兵舒尔茨就进入了这样一片幽暗的天地, 一时间找不到出路。他决定试试手里的信号器, 刚按下第一声咔嗒, 就得到始料未及的回应: 机枪火力袭来。他一头趴倒在地, 端起M1步枪瞄准机枪阵地的方向, 随即扣动扳机。没有子弹射出, 原来他忘了装弹。敌人的机枪再次开火, "荷兰佬"跑到最近的树篱处隐蔽起来。

他再次仔细察看这块田地, 随后听见树枝断裂声。"荷兰佬"一阵恐慌, 待他看见连长杰克·托勒戴中尉穿过树篱走过来, 这才冷静下来。托勒戴轻声喊道: "'荷兰佬', 是你吗?"舒尔茨赶紧走了过去。两人离开这片田地, 加入托勒戴召集起的一群士兵。他们当中有第101空降师的人, 也有第82空降师三个团的人员。自跳出机舱以来, 舒尔茨首次定下心神, 他不再孤身一人了。

托勒戴沿树篱边缘向下而行, 他那群士兵在身后散开。过了一会儿, 他们听见, 并随后看见一群人走了过来。托勒戴按下信号器, 好像听到一声回应。他后来回忆道: "两群人靠近时, 从对方钢盔的形状能明显看出, 他们是德国人。"随后发生了战争中奇特而又罕见的事情。两群士兵默默地交错而过, 都吓得魂不守舍, 但没人开枪。双方的距离越来越远, 身影最终消失在黑暗中，就好像从未存在过。

当晚，盟军伞兵与德国兵在诺曼底各个地方意外相遇。这种情况下，能否保住性命全看谁能保持理智，通常取决于谁抢先扣动扳机。圣梅尔埃格利斯3英里外，第82空降师的约翰·瓦拉斯中尉差点被坐在机枪阵地前方的一个德国哨兵绊倒。两人都大吃一惊，死死盯着对方。德国兵率先反应过来，在近距离内朝瓦拉斯开了一枪。中尉的步枪挂在胸前，子弹击中枪栓，擦破他的手，随后弹飞了。两人不约而同地转身逃离。

第101空降师的劳伦斯·莱热尔少校凭说话摆脱了麻烦。在圣梅尔埃格利斯与犹他海滩之间的田地里，莱热尔召集了一小群士兵，带着他们赶往集合地点。突然，有人用德语盘问莱热尔。莱热尔不会说德语，但法语很流利。其他伞兵在他身后一段距离外，德国人还没看见他们，于是莱热尔在黑黢黢的田野里装成年轻的农民，还用法语解释，说他去看女朋友了，现在正要回家，还为自己违反了宵禁令而道歉。说着，他悄悄撕掉手榴弹上贴的胶带，贴胶带的目的是防止保险销意外脱落。他喋喋不休地说着话，猛然扯掉保险销，扔出手榴弹，手榴弹落地后炸开，他随后发现炸死了三个德国兵。莱热尔回忆道："我转身回去找我那支勇敢的小分队，却发现他们四散奔逃了。"

荒唐滑稽的场面也不少。圣梅尔埃格利斯1英里外黑黢黢的果园里，第82空降师的营军医莱尔·帕特南上尉发觉自己孤身一人。他收拾好医疗器械开始寻找出路，却瞅见树篱附近有个身影小心翼翼地凑了过来。帕特南紧张地停下脚步，俯身向前，低声说出第82空降师的口令："闪电！"他等待对方喊出"雷鸣"的回令。现场沉默了片刻。帕特南后来回忆，令他大吃一惊的是，那个家伙喊了声"天哪"，就转身"像个疯子似的逃走了"。帕特南气得忘了害怕。半英里外，他的朋友，第82空降师的随军牧师乔治·伍德上尉也落了单，正拼命按着手里的信号器，可没人回应。就在这时，身后传来的声音把他吓了一跳："牧师，看在上帝的分上，别再发出那个该死的声音了！"牧师伍德挨了骂，老老实实地跟着那名伞兵离开了这片地带。

当天下午，圣梅尔埃格利斯镇内，医生和牧师都在安热勒·勒夫罗夫人就职的学校里开始自己的"战争"，一场穿哪方军装都无关紧要的"战争"：两人忙着照料交战双方的伤员和垂死者。

尽管所有伞兵悉数降落还要一个多钟头，但凌晨 2 点，意志坚定的伞兵已组成一个个小队，逼近各自的目标。一群伞兵实际上已发起攻击，他们的目标是敌人以掩体、机枪、反坦克炮阵地构成的支撑点，就在犹他海滩上方的富卡尔维尔村。这处位置非常重要，因为它控制着犹他海滩后方主干道上的一切运动，敌坦克要想到达滩头阵地，就必须使用这条道路。冲击富卡尔维尔村需要一个满编连的兵力，而克利夫兰·菲茨杰拉德上尉只带着 11 名部下到达目的地。菲茨杰拉德和这群伞兵下定决心，没再等待更多人手到来，立即对敌人的阵地发起了突袭。这是 D 日空降突击期间第 101 空降师首场有组织的战斗，而且记录在案。菲茨杰拉德率领部下一路冲到敌指挥所，这场战斗短暂而又激烈，菲茨杰拉德被德军哨兵击中肺部，但他倒地前也击毙了对方。美国伞兵寡不敌众，最后不得不撤到村郊，等待拂晓和更多援兵到来。他们不知道，9 名伞兵大约 40 分钟前已到达富卡尔维尔村，直接落入德军支撑点。此时他们在卫兵看押下，坐在掩体里听一个德国兵练习口琴，浑然不知村内的战斗。

眼下的混乱状况简直让人发疯，每个人都这么认为，几名将军更是如此。他们身边没有参谋人员，没有通信联络，甚至没有可供指挥的部下。马克斯韦尔·泰勒少将带着几名军官，可身边只有两三个士兵，他对他们说道："从来没见过这么多军官指挥这么少的士兵。"

马修·B. 李奇微少将攥着手枪，孤身一人待在野地里，觉得自己的运气还不错。他后来回忆道："虽然没见到自己人，但也没遇上敌人。"他的副手，全面负责第 82 空降师伞降突击行动的詹姆斯·M. 加文准将，此时还在几英里外的梅尔德雷河沼泽地里。

加文和一群伞兵忙着打捞落入沼泽的装备包，里面有他们急需的电台、火箭筒、迫击炮、弹药。加文知道，他的部下拂晓前必须坚守空降登陆场底部，肯定会遭到敌军猛烈冲击。他和伞兵一同站在齐膝深的冷水里，一些令他不安的念头油然而起。他不知道自己置身何处，也不知道如何处理身边的伤员，这些伤兵好不容易找到他这个小小的群体，此时就躺在沼泽地边上。

大约一个钟头前，加文看见远处的水边闪烁着红绿色灯光，于是派副官雨果·奥尔森中尉过去察看情况。他期盼那是第82空降师辖内两个伞兵营的集合灯光。奥尔森还没回来，加文心急如焚。他手下的约翰·迪瓦恩中尉光着膀子，一次次潜入河中央寻找装备包。加文后来回忆道："每次他冒出水面，看上去都像一尊白色塑像，我不由得想到，要是他被德国人看见的话就死定了。"

突然，一个孤零零的身影挣扎着走出沼泽地，他浑身湿透，身上沾满泥浆和黏液。来的是奥尔森，据他报告，加文他们正对面有一条铁路，就在蜿蜒穿过沼泽地的高高的路堤上。这是当晚的首个好消息。加文知道这片地区只有一条铁路，从瑟堡通往卡朗唐，穿过梅尔德雷河河谷。加文放下心来，他终于知道自己在何处了。

第82空降师的本杰明·范德沃特中校跳伞时扭伤了脚踝，落在圣梅尔埃格利斯郊外的苹果园里。他的任务是守住镇子北面的接近地，也就是犹他登陆场翼侧。脚踝处传来阵阵疼痛，但他装作若无其事的样子。范德沃特已下定决心，无论发生什么状况都得参加战斗。

范德沃特从没交过好运。他对待各项工作总是严肃认真，有时候甚至过于较真了。和许多陆军军官不同，范德沃特从来没有广为流传的昵称，也不像其他军官热衷的那样，与部下培养起亲密、轻松的关系。但诺曼底改变了这种状况，甚至更进一步。正如李奇微将军后来回忆的那样，这场战役让范德沃特成为"我认识的最勇敢、最顽强的战地指挥官之一"。

范德沃特拖着扭伤的脚踝, 与下属并肩奋战了40天, 他觉得自己非常需要部下的赞赏。

范德沃特营里的军医帕特南上尉, 依然对他在树篱旁遇到的那个奇怪的伞兵恼火不已, 随后在果园里遇到中校和另一些伞兵。时至今日, 帕特南仍对他见到范德沃特的情形记忆犹新: "他穿着雨披坐在那里, 打着电筒研究地图。他认出了我, 于是把我叫过去, 低声请我看看他的脚踝, 还让我尽量不要声张。很明显, 他的脚踝骨折了, 可他执意要穿上伞兵靴, 我们只好帮他系紧靴带。"在帕特南的注视下, 范德沃特拎起步枪当作拐杖, 试探着迈了一步。他看看周围的官兵, 随即说道: "好了, 我们出发吧!"说罢他就动身穿过田野。

与东面的英国伞兵一样, 或喜悦、或悲痛、或恐惧、或疼痛的美国伞兵开始执行他们来到诺曼底所要完成的任务。

诺曼底战役就这样开始了。大约1.8万名美国、英国、加拿大将士成为D日首批登陆者, 此时位于诺曼底战场翼侧。他们之间有五片登陆海滩, 远处的海平面上, 5000艘舰船组成的强大登陆舰队正稳步逼近。美国海军"贝菲尔德"号攻击运输舰一马当先, 载着海军U编队指挥官D.P.穆恩海军少将, 此时距离犹他海滩不到12英里, 正准备驻锚。

宏大的登陆计划缓缓展开, 德国人此时仍蒙在鼓里, 这方面的原因很多。天气恶劣, 缺乏侦察 (德国人前几周只朝登船区派出几架侦察机, 这些飞机都被击落了), 固执地认为盟军肯定会在加来海峡发动进攻, 指挥机构混乱而又重叠, 没有重视情报部门破译的地下组织的信息, 这些因素都起到了作用。当晚就连他们的几座雷达站也没发挥作用。这些雷达站不是遭到轰炸就是备受干扰, 沿海岸飞行的盟军飞机投下一束束锡箔条, 导致雷达站的屏幕上布满雪花。只有一座雷达站发回报告, 说"海峡里的交通流量正常"。

自首批伞兵降落，已经过去两个多钟头，诺曼底地区的德军指挥官这才觉察到可能要出大事了。零零碎碎的首批报告开始送抵，德国人就像从麻醉中恢复神志的病人，渐渐苏醒过来。

— *5* —

埃里希·马克斯将军站在长桌前，仔细研究摊放在面前的军用地图。参谋人员伫立在他周围。生日聚会结束后，他们一直待在马克斯将军身边，不断向第 84 军军长简要汇报雷恩图上演习的情况。每隔一会儿，将军就让参谋人员取来一幅地图。在情报处长弗里德里希·海因少校看来，马克斯正在精心准备图上演习，他把这场演习视为真刀真枪的战役，而不仅仅是模拟入侵诺曼底。

众人讨论之际，电话响了。交谈声平静下来，马克斯拎起话筒。海因回忆道："听电话时，将军的身子似乎僵直了。"马克斯随即示意他的参谋长拿起分机听筒。打来电话的是第 716 步兵师师长威廉·里希特中将，他的师负责守卫卡昂上方的海岸。里希特告诉马克斯："伞兵在奥恩河东面降落，空降地域似乎在布雷维尔和朗维尔周围……沿巴旺森林的北部边缘……"

这是德军高级指挥部门收到的第一份关于盟军发动进攻的正式报告。海因回忆道："这个消息像闪电那样击中了我们，当时是凌晨 2 点 11 分（英国双夏令时时间）。"

马克斯将军立即致电第 7 集团军参谋长马克斯·彭塞尔少将。2 点 15分，彭塞尔命令第 7 集团军进入二级战备，这是最高级别的战备状态。此时离他们截获魏尔伦第二句诗已过去四个钟头，第 7 集团军终于收到警报，而盟军已在他们的防区内发起登陆。

彭塞尔没有贸然行事。他叫醒第 7 集团军司令弗里德里希·多尔曼大将：

"将军，我认为这就是入侵，请您马上过来好吗？"

彭塞尔放下电话，突然想起件事。昨天下午收到的一扎情报简报里，有一份是卡萨布兰卡的特工发来的，对方明确指出，盟军6月6日会在诺曼底登陆。

彭塞尔等待多尔曼大将赶来时，第84军军部再次报告："……伞兵降落在（瑟堡半岛的）蒙特堡和圣马尔库夫附近……部分部队已投入战斗。"[①] 彭塞尔立即致电B集团军群司令部，隆美尔元帅的参谋长汉斯·施派德尔中将。此时是凌晨2点35分。

大致在同一时刻，汉斯·冯·扎尔穆特大将待在比利时边界附近的第15集团军司令部里，正设法获得些一手情报。虽说第15集团军主力远离盟军空降地域，但他麾下的一个师，也就是约瑟夫·赖歇特中将的第711步兵师，据守的阵地位于奥恩河东面，就在第7集团军与第15集团军的分界线上。第711步兵师发来几份报告，其中一份说盟军伞兵降落在卡堡的师部附近，第二份报告说师部周围爆发了战斗。

冯·扎尔穆特决定亲自弄清情况，他打电话问赖歇特："您那里究竟出了什么事？"

赖歇特焦虑不安的声音从电话另一端传来："大将先生，您允许的话，我想请您自己听听。"隔了片刻，冯·扎尔穆特清楚地听见砰砰作响的机枪火力。

"谢谢您。"冯·扎尔穆特说罢挂了电话。他随即致电B集团军群司令部，报告说第711步兵师师部"能听见战斗声"。

[①] 德国人对盟军登陆做出应对的时间，以及各指挥机构间传递的信息，这些情况一直存在很大争议。我着手研究相关资料时，原德国陆军总参谋长，现加入驻德美军战史部门的弗朗茨·哈尔德大将告诉我："别相信我方的任何东西，除非它与各指挥部的正式作战日志完全吻合。"我听从了他的建议。涉及德军行动的时间（改为英国双夏令时时间）、报告、电话都摘自那些作战日志。

彭塞尔和冯·扎尔穆特几乎同时打来电话，隆美尔的司令部终于获悉了盟军进攻的首批消息。这就是他们等待已久的进攻吗？ B 集团军群司令部此时没人敢断言。隆美尔的海军顾问弗里德里希·鲁格海军中将清楚地记得，关于空降部队的报告越来越多，但"也有些报告说，空投下来的不过是伪装成伞兵的玩偶"。

这些报告得出的结论不无道理。为进一步迷惑德国人，盟军把数百个栩栩如生、打扮成伞兵的橡胶假人投向诺曼底登陆地域南面。假人身上挂着一串串鞭炮，落地时引燃，制造出轻武器射击的假象。一连三个多钟头，这些假人让马克斯将军误以为，盟军伞兵在他的军部西南方大约 25 英里的莱赛着陆了。

冯·伦德施泰特元帅的西线总司令部设在巴黎，隆美尔元帅的 B 集团军群司令部位于拉罗什吉永，在两个司令部的参谋人员看来，此刻的情况莫名其妙、混乱不堪。一份份报告从各处发来，但这些报告大多不够准确，有时候令人费解，而且总是自相矛盾。

德国空军设在巴黎的司令部宣称，"50～60 架双引擎飞机飞来"，越过瑟堡半岛，伞兵已在"卡昂附近"着陆。海军上将特奥多尔·克兰克的西线海军总司令部证实，英国伞兵的确已着陆，还紧张地指出，盟军伞兵的降落地点靠近他们一座海岸炮台，随后又补充道："敌人投下的部分伞兵是稻草扎的假人。"两份报告都没提到瑟堡半岛的美国伞兵，但此时，犹他海滩上方，设在圣马尔库夫的一座海军炮台已告知瑟堡的司令部，他们俘虏了十来个美国伞兵。发出第一份报告后没过几分钟，德国空军又打来电话，说伞兵降落在巴约附近。实际上根本没人在那里着陆。

两个司令部的参谋人员绞尽脑汁，想弄清地图上骤然冒出的大量小红点究竟是怎么回事。B 集团军群司令部人员打电话给西线总司令部的同僚，仔细研讨了当前状况，但从实际发生的情况看，他们得出的许多结论令人难以置信。例如，西线总司令部代理情报处长德滕巴赫少校打电话给 B 集团军群司令部，要求他们提交报告，B 集团军群司令部人员却告诉他，"参谋长认为情况没什么大不了的"，还说"报告里提到的伞兵，可能只是跳离轰炸机的机组人员"。

第 7 集团军司令部不这么看。彭塞尔凌晨 3 点前确信盟军正朝诺曼底发起主要突击。他的地图表明，盟军伞兵位于第 7 集团军作战地域两侧，也就是瑟堡半岛和奥恩河东面。此时，瑟堡的德国海军基地也发来了惊人的报告，他们使用声音定向装置和部分雷达发现塞纳湾有舰船运动。

彭塞尔不再有任何怀疑，盟军发动反攻了。他立即打电话告诉施派德尔："空降是敌军更大规模作战行动的第一阶段。"他还补充道："海上能听见舰船的引擎声。"但彭塞尔没能说服隆美尔的参谋长。第 7 集团军的电话日志记录下了施派德尔的回复："眼下发生的仅仅是局部事件。"第 7 集团军作战日志还总结了施派德尔当时做出的评估："B 集团军群参谋长认为，目前还不能把这种情况视为大规模作战行动。"

彭塞尔与施派德尔交谈之际，1.8 万名空降突击队员中的最后一批伞兵在瑟堡半岛上空落下。69 架载有人员、火炮、重装备的滑翔机正越过法国海岸，飞往朗维尔附近的英军空降地域。约翰·L.霍尔海军少将指挥的 O 编队，旗舰"安康"号在诺曼底五片登陆海滩 12 英里外驻锚。排列在"安康"号身后的运输舰，载有抢滩奥马哈海滩的第一拨官兵。

但拉罗什吉永的 B 集团军群司令部，仍未找到足够的证据表明盟军已发起声势浩大的进攻，巴黎的西线总司令部支持施派德尔的第一份态势评估。伦德施泰特能干的作战处长博多·齐默尔曼上校，得知施派德尔与彭塞尔的交谈后，特地发来电报赞同施派德尔的观点："西线总司令部作战处认为这不是一场大规模空降行动，海峡海岸舰队司令（克兰克的司令部）说敌人空投了稻草扎的假人，这份报告充分证实了以上判断。"

这些军官糊涂到这种程度，其实也无可厚非。他们远离战斗发生地，全凭下级发来的报告做出判断。可这些报告的质量参差不齐，深具误导性，就连最富经验的军官也无从判断盟军空降突击的规模，换句话说，他们从这些进攻中看不出盟军的总体行动模式。就算这是登陆，对方的目标是诺曼底吗？似乎只有第 7 集团军司令部这样认为。伞兵突袭也许是个诡计，企图分散己方注意力，真正的目标是汉斯·冯·扎尔穆特大将强大的第 15 集团军守卫的加来海峡地区，几乎所有人都认为盟军会对那里发动进攻。第 15 集团军参谋长鲁道夫·霍夫曼中将坚信，盟军肯定会把主要突击置于第 15 集团军作战地域，他甚至打电话给彭塞尔，跟他赌一顿晚饭。彭塞尔说道: "这个赌您输定了！"但此时 B 集团军群司令部和西线总司令部都没有足够的证据，无法得出任何结论。他们向有可能发生战斗的海岸发出警报，还下令采取措施对付伞兵突袭，随后就等待后续消息，除此之外他们也做不了什么。

到目前为止，诺曼底地区各级指挥部都收到了大量消息。几个师面临的首要问题是找到他们的师长，几名将领已赶往雷恩参加图上演习。大多数师长很快就找到了，但没找到第 709 步兵师师长卡尔·冯·施利本中将和第 91 空降师师长威廉·法莱中将，两个师都驻守在瑟堡半岛。冯·施利本此时在雷恩一家旅馆里睡觉，而法莱仍在驱车赶往雷恩的途中。

西线海军总司令克兰克海军上将在波尔多地区视察。参谋长走入旅馆客房叫醒了他，汇报道: "敌伞兵在卡昂附近降落，西线总司令部坚称这是一场牵制性进攻，不是真正的入侵，但我们发现了敌人的舰船，我们认为这就是真正的入侵。"克兰克立即给他手里为数不多的海军部队发出警报，随后匆匆出发，返回巴黎的司令部。

海军少校海因里希·霍夫曼堪称德国海军的传奇人物，他在勒阿弗尔收到了克兰克的命令。霍夫曼是个著名的鱼雷艇艇长，战争爆发后，他率领速度快、威力大的鱼雷艇分舰队在英吉利海峡来回逡巡，攻击发现的一切舰船。霍夫曼参加过迪耶普反登陆战，1942 年间，他还英勇地护送过德国海军主力舰"沙恩霍斯特"号、"格奈森瑙"号、"欧根亲王"号，协助它们从布雷斯特戏剧性地冲向挪威。

司令部发来消息时，霍夫曼正待在第 5 鱼雷艇分舰队 T-28 号指挥艇舱内，准备出海执行布雷任务。听到指令，他立即召集所有艇长。霍夫曼告诉他们"这肯定是入侵"，几名年轻的鱼雷艇艇长对此并不觉得意外，他们早就料到了。分舰队 6 艘鱼雷艇只有 3 艘做好了战斗准备，霍夫曼没有等待另外几艘鱼雷艇装好鱼雷。几分钟后，3 艘鱼雷艇驶离勒阿弗尔。T-28 号舰桥上，霍夫曼一如既往地把白色海军帽推到脑后，这位 34 岁的艇长凝视着黑黢黢的海面。身后排成单路纵队的两艘鱼雷艇劈开波浪，跟随指挥艇的每个机动动作。它们以超过 23 节的速度穿过夜幕，全然不知自己正奔向有史以来集中的最强大的舰队。

它们至少采取了行动。诺曼底地区当晚最不知所措的可能是第 21 装甲师 16242 名经验丰富的官兵，这个顽强的装甲师当初在隆美尔著名的非洲军辖内作战。他们部署在卡昂东南方 25 英里的各个村庄和树林里，几乎就位于战场边缘，是唯一能对英军空降突击立即采取反制措施的装甲师，也是该地区唯一一个有作战经验的兵团。

收到警报后，第 21 装甲师的官兵一直站在坦克和车辆旁，引擎没有熄火，就这样等待出发的命令。师装甲团团长赫尔曼·冯·奥佩尔恩 - 布罗尼科夫斯基不明白师部为何迟迟不下达出发命令。他是凌晨 2 点后不久被第 21 装甲师师长埃德加·福伊希廷格尔少将叫醒的。福伊希廷格尔气喘吁吁地说道："奥佩尔恩，简直不敢相信！他们登陆了。"他给布罗尼科夫斯基简要介绍了情况，还告诉他师部一接到命令，"就得立即肃清卡昂到海岸的整片地域"。可后续命令一直没有下达，布罗尼科夫斯基继续等待，情况越来越恼火，他也越来越不耐烦。

几英里外，德国空军中校普里勒收到了最令人费解的报告。里尔附近第 26 战斗机联队空荡荡的机场上，普里勒和僚机飞行员沃达尔奇克下士凌晨 1 点前后才跟跟跄跄地倒在床上。两人灌了几瓶上等白兰地，好歹压下对空军总司令部的不满。醉醺醺的普里勒呼呼大睡之际，听见电话响个不停，铃声似乎是从很远处传来的。他慢慢醒了过来，伸出左手摸索床头柜上的电话。

电话是第2战斗机军军部打来的。作战处长说道："普里勒，看来敌人正在发动某种类型的入侵，我建议您，赶紧让您的联队进入战备状态。"

尽管睡意未消，但普里勒的火气还是爆发开来。他麾下124架战斗机昨天下午调离里尔地区，他一直担心的事情现在终于发生了。普里勒事后回忆起这番交谈，觉得自己当时说的话不便见诸文字。总之，他告诉对方，军部和整个德国空军总司令部犯了大错，这位王牌飞行员随后吼道："我能让谁进入战备状态？我进入战备状态了，沃达尔奇克也进入战备状态了，可你这个蠢货知道吗？我只有两架该死的战斗机！"说罢，他砰然挂上话筒。

过了几分钟，电话又响了。普里勒拎起听筒吼道："又怎么了？"还是先前打来电话的那名军官，他说道："亲爱的普里勒，非常抱歉，都是误会。我们收到的报告可能是错的。一切正常，敌人没有入侵。"普里勒气得说不出话来，更要命的是，他再也睡不着了。

尽管德国高级指挥机构不明就里、优柔寡断、犹豫不决，但与盟军直接接触的德军官兵迅速做出了应对。成千上万的将士已投入行动，与B集团军群司令部和西线总司令部那些将领不同，他们毫不怀疑盟军发动了进攻。自首批英美伞兵从天而降后，许多德国官兵一直在孤身从事近距离战斗。另外数千名德军将士也进入了戒备状态，在强大的海岸防御工事后等待着，无论盟军从何处现身，他们都做好了击退对方的准备。这些官兵忧心忡忡，但都下定决心要奋战到底。

第7集团军司令部，一名头脑清醒的高级指挥官召集参谋人员开会。灯火通明的地图室里，彭塞尔将军站在众人面前。一如既往，他的嗓音沉着镇定，但话语中流露出深深的不安："诸位，我确信敌人拂晓前就会在我们这里发动入侵。我们的前景取决于我们今天如何作战。我要求诸位排除万难，全力以赴。"

那个可能会赞同彭塞尔观点的人，当初以不可思议的能力看清了最混乱的局面，打赢过一场场战役的人，此时却在 500 英里外的德国酣睡。B 集团军群司令部认为，眼下的情况还没严重到必须通知隆美尔元帅的地步。

— 6 —

　　盟军首批援兵已经赶来加强空降部队。69 架滑翔机降落在英国第 6 空降师地域内，其中 49 架准确地落在朗维尔附近的简易跑道上。另外几支规模较小的滑翔机队早些时候就已降落，主要为据守两座桥梁的霍华德少校的部队提供支援，只有一支机队为第 6 空降师运送重装备。眼下，来的是主力滑翔机群。工兵干得很出色，长长的滑翔机机场上，他们虽然来不及彻底清理所有障碍物，但炸掉了很大一批，足以让滑翔机群着陆。机群飞抵后，着陆区呈现出怪诞的景象，在月光下看上去就像一片达利风格的墓地。到处都是损毁的滑翔机，断裂的机翼、压扁的机舱、高高翘起的机尾随处可见。坠机现场无比惨烈，似乎没人能活下来，但伤亡人数并不多，滑翔机降落时负伤的人，远比不上高射炮火造成的伤亡。

　　滑翔机群送来了第 6 空降师师长理查德·盖尔少将和师部人员，还运来了更多的官兵、重装备、至关重要的反坦克炮。一群群官兵拥出滑翔机，本以为会见到敌军火力打击下的着陆区，可出乎他们意料，四下里静得犹如田园，甚至有些怪异。驾驶霍萨滑翔机的约翰·赫特利中士原以为会受到密集弹雨的"热烈迎接"，故而提醒他的副驾驶："一着陆你就赶紧离开驾驶舱，找个地方躲起来。"可赫特利发现，唯一的战斗迹象在远处，他看见曳光弹五颜六色的闪光，听见附近的朗维尔村传来机枪射击声。周围的着陆场热闹非凡，众人忙着从损毁的滑翔机里抢救各种装备，还把反坦克炮挂在吉普车后面。滑翔机机降结束了，现场甚至有种欢快的气氛。赫特利和他运送的士兵，坐在滑翔机损毁的机舱里喝了杯茶，这才动身赶往朗维尔。

诺曼底战场另一侧的瑟堡半岛，美军首批滑翔机刚刚飞抵。第 101 空降师副师长唐·普拉特准将坐在第一架滑翔机的副驾驶座上，先前在英国国内，有个军官把军帽扔到他坐的床上，把他吓得够呛。据传，首次乘坐滑翔机投入战斗的普拉特"兴奋得像个小学生"。排列在他身后的是组成四个编队的 52 架滑翔机，每个编队都由 1 架达科他式运输机牵引。机群载有吉普车、反坦克炮、一整支空降医疗队，甚至还有一辆小型推土机。普拉特乘坐的那架滑翔机，高高的机鼻上喷涂了巨大的数字"1"，驾驶舱两侧的帆布上，一侧画了只硕大的啸鹰——第 101 空降师的师徽，另一侧喷涂了美国国旗。手术技术员埃米尔·纳塔利也在同一个飞行编队里，他俯视着腾空而起的炮火和下方燃烧的车辆，看见"一堵火墙蹿上来迎接我们"。牵引机此时仍未脱钩，一架架滑翔机摇摇晃晃地掠过"密集得足以充当降落跑道的高射炮火"。

与先前运送伞兵的飞机不同，这群滑翔机是从英吉利海峡飞来的，从东面逼近瑟堡半岛。刚刚飞过海岸，他们就看见了耶斯维尔着陆区的灯光，此处距离圣梅尔埃格利斯 4 英里。300 码长的尼龙牵引索一根根松开，滑翔机沙沙作响地下降。纳塔利乘坐的滑翔机冲出着陆区，一头撞入布满"隆美尔芦笋"的地带。德国人把一排排粗大的木桩插入地里，充当防滑翔机障碍物。纳塔利坐在滑翔机机舱内的吉普车上，透过小小的挡风玻璃朝外张望，惊恐地看见机翼撞断了，一排排木桩嗖嗖作响地闪向后方。随后传来刺耳的声音，滑翔机断成两截，断裂处刚好就在纳塔利那辆吉普车后面。他后来回忆道："这倒方便出去了。"

1 号滑翔机的残骸停在不远处。它顺着倾斜的牧场下滑，速度高达 100 英里 / 小时，根本刹不住，结果一头扎入树篱。纳塔利找到了飞行员，他从驾驶舱被甩了出去，倒在树篱间，双腿骨折。普拉特将军夹在变形的驾驶舱内，当场殒命，是交战双方 D 日丧生的首位将级军官。

第 101 空降师着陆期间的伤亡不大，普拉特是其中的一个。运送该师的滑翔机，几乎都降落在耶斯维尔着陆场或附近。虽说大部分滑翔机损毁，但运送的装备基本上完好无损。这是个了不起的成就，因为大多数飞行员只练习过 3～4 次着陆，而且都在白天[①]。

第 82 空降师可不像第 101 空降师那么幸运。经验不足的飞行员给第 82 空降师 50 架滑翔机造成了近乎灾难的损失。降落在圣梅尔埃格利斯西北面着陆区的滑翔机不到半数，其他滑翔机不是冲入树篱和建筑物，就是一头扎进河里，要么就是陷入梅尔德雷河沼泽地。地面部队急需的装备和车辆散落在各处，人员伤亡很大。降落的头几分钟就有 18 名飞行员丧生。一架满载人员的滑翔机从第 505 伞兵团团副官罗伯特·派珀上尉头顶掠过，他惊恐地看着这架滑翔机"擦过一座房屋的烟囱掉进后院，在地上侧翻后一头撞上厚厚的石墙，残骸里甚至没传出呻吟声"。

第 82 空降师的任务很艰巨，时间很紧迫，滑翔机群着陆地点过于分散对他们而言简直就是灾难。顺利运抵的火炮和物资本来就不多，打捞、收拢这些东西还要耽误好几个钟头。在此期间，师里的官兵只能以随身携带的武器战斗。但在伞兵看来，这是标准的战斗程序：以手头现有装备顽强奋战，直到获得接替。

第 82 空降师据守空降登陆场后部的官兵部署就位，任务是守住杜沃河和梅尔德雷河上的桥梁。德国人对他们发起了首次试探性进攻。这些伞兵没有车辆，没有反坦克炮，火箭筒、机枪、迫击炮也寥寥无几。最要命的是，他们缺乏通信联络，不了解周围发生的情况，既不知道哪些目标已

---

① 滑翔机飞行员十分短缺。加文将军回忆道："我们一度认为飞行员不足。空降期间，每架滑翔机的副驾驶座上坐的都是空降兵。说起来可能令人难以置信，可这些士兵确实从未受过驾驶滑翔机或操作滑翔机着陆的训练。6月6日那天，有些飞行员负了伤，坐在一旁的空降兵不得不操纵满载的滑翔机穿过遍布高射炮火的天空。幸亏我们使用的滑翔机不难操作，降落也算容易。但在战斗中首次驾驶滑翔机的确是个严峻的考验，让人不得不相信神灵的存在。"

夺取，也不知道哪些阵地仍在坚守。第 101 空降师的情况大同小异，只是运气更好些，顺利拿到了大部分装备。两个师的官兵孤零零地分散在各处，但几个小股伞兵群已经朝主要目标发起了攻击，德军支撑点逐一陷落。

圣梅尔埃格利斯镇内，惊恐的居民从百叶窗后朝外窥探。第 82 空降师第 505 团的伞兵小心翼翼地穿过空荡荡的街道。教堂的钟声此时沉寂了。尖塔上，二等兵约翰·斯蒂尔留下的降落伞软塌塌地垂下，艾龙先生的别墅不时腾起余火，短暂勾勒出广场上树木的轮廓。偶尔有狙击手射出的子弹愤怒地划破夜幕，但这是唯一的声音，四下里静得让人发慌。

爱德华·克劳斯中校率领此次进攻，本以为苦战一番才能拿下圣梅尔埃格利斯，可德国守军似乎已撤离，只留下几个狙击手。克劳斯的部下迅速抓住机会，占据各座建筑物，设置路障和机枪阵地，还割断了电话电报线。几个班缓缓搜索全镇，一个个身影从一道树篱潜到下一道树篱，从一处门廊摸到下一处门廊，所有人都朝镇中心的圣梅尔埃格利斯广场会聚。

一等兵威廉·塔克从教堂后面绕到广场，在树后架起机枪。他朝月光下的广场望去，看见一具降落伞，旁边躺着个毙命的德国兵。广场另一端还有几具尸体，有的蜷着身子，也有的摊开手脚。塔克坐在昏暗的月光下，想弄清究竟是怎么回事，他忽然觉得有人站在他身后。塔克端起笨重的机枪，猛地转过身子，一双缓缓摆动的军靴出现在他眼前。塔克匆忙退后几步，这才看见一名阵亡的伞兵吊在树上，似乎正俯视着他。

其他伞兵此时也到达广场，看见了挂在树上的几具尸体。格斯·桑德斯中尉记得："我们就这样站在那里，看着战友的遗体，心中愤怒不已。"克劳斯中校也来到广场，看见阵亡的伞兵，只说了两个字："天哪！"

克劳斯从兜里掏出一面美国国旗，旗帜有点破旧，是第 505 伞兵团当初在那不勒斯升起的那面。克劳斯先前对部下保证过："D 日拂晓前，这面旗帜会在圣梅尔埃格利斯上空飘扬。"他走到镇公所，用门前的旗杆升起这面国旗。他们没举行仪式。几名伞兵阵亡的广场上，战斗结束了。星条旗在美军解放的首个法国镇子上空飘扬。

德国第 7 集团军设在勒芒的司令部，收到马克斯第 84 军发来的电报：
"与圣梅尔埃格利斯的通信中断……"此时是清晨 4 点 30 分。

圣马尔库夫群岛不过是两个光秃秃的岩石堆，在犹他海滩外 3 英里的
海上。盟军庞大而又复杂的登陆计划忽略了两个小岛，直到 D 日三周前才
注意到。盟军最高统帅部随后认为，德国人可能在岛上构筑了重型炮台。
没人敢承担无视两座小岛的风险。美国第 4、第 24 骑兵中队匆匆挑选了
132 名官兵加以训练，打算派他们在登陆行动开始前突击两座小岛。这群
官兵清晨 4 点 30 分前后登上圣马尔库夫群岛，没发现火炮，也没遭遇敌军，
迎候他们的是突如其来的死亡。爱德华·C. 邓恩中校的部下离开海滩时，
突然陷入一片错综复杂、可怕至极的地雷场。S 型地雷像草籽那样四散飞
溅：踏上这款地雷，它会腾入半空，喷出子弹般的钢珠，射倒进攻方。几
分钟内，爆炸的闪光和伤员的惨叫声撕裂夜空。三名中尉当即负伤，两个
士兵阵亡。负伤的艾尔弗雷德·鲁宾中尉永远不会忘记"喷射的钢珠把人
员射倒在地的场面"。日终前，这股突击力量伤亡 19 人。邓恩中校站在死
者和垂死者中间，发出行动成功的信号："任务完成。"他们是盟军从海
上进攻希特勒控制的欧洲大陆的首支部队。但从整场战役看，这场行动对
D 日的成败无关紧要，是一场毫无价值、代价高昂的胜利。

英军作战地域内，剑滩东面 3 英里的海岸上，特伦斯·奥特韦中校和
他的部下冒着猛烈的机枪火力，趴在铁丝网和地雷场边缘，这些铁丝网和
地雷场掩护着庞大的梅维尔炮台。奥特韦的处境相当危险。接受训练的那
几个月里，他从未指望对海岸炮台实施的地空突击，每一步都能不折不扣
地按照精心策划的计划进行，但也没想过行动会彻底失败，而且不知怎么
回事，突击行动会搞成这样。

　　盟军的轰炸全然无效。特种滑翔机队和他们携带的火炮、喷火器、迫击炮、探雷器、消防梯也不见踪影。奥特韦的营应该有 700 人，可他只找到 150 名部下。他们只有步枪、斯特恩冲锋枪、手榴弹、几根爆破筒、1 挺重机枪，却要夺取 200 名德国官兵据守的炮台。尽管困难重重，但奥特韦的部下充分发挥创造性，竭力克服每个问题。

　　他们用钢丝钳在外围铁丝网剪开几个缺口，放下仅有的几根爆破筒，做好了炸开铁丝网其余部分的准备。一群伞兵在地雷场清理出一条通道。这项任务非常危险，月光下，他们手足并用地爬过炮台接近地，摸索着绊发线，用刺刀探测面前的地面。奥特韦的 150 名部下，此时隐蔽在沟渠内、弹坑里、树篱旁，等待进攻的命令。第 6 空降师师长盖尔将军指示过奥特韦："你得保持心态，决不能因为正面突击有可能失败而缩手缩脚……"奥特韦瞅瞅身边的伙计，知道随后的进攻会遭受惨重伤亡。可他必须消灭炮台的火炮，否则这些火炮会让跨越剑滩的英军部队付出高昂的代价。他觉得眼下的局面太不公平了，但没办法，他必须进攻。奥特韦知道这一点，甚至知道精心策划的突击计划，最后一部分也注定要失败。按照计划，地面突击发起时，三架滑翔机会迫降在炮台顶部，但前提是他们收到预先设定的信号，也就是以迫击炮发射的照明弹。奥特韦没有照明弹，也没有迫击炮，只有几发信号弹和一把维利式信号枪，而信号弹唯一的用途是发出突击成功的信号。他获得援助的最后一个机会也没了。

　　滑翔机准时飞抵。牵引机用着陆灯发出信号，随后脱开牵引索。只有两架滑翔机到来，每架搭载 20 名士兵。第三架滑翔机在英吉利海峡上空脱缆，已平安滑回英国。滑翔机飞近炮台时，地面上的伞兵听见轻柔的沙沙声。奥特韦一筹莫展地看着，暴露在月光下的滑翔机逐渐降低高度，来回盘旋，飞行员竭力搜索地面信号，可他偏偏无法发射信号。滑翔机的盘旋高度越来越低，德国人开火了。先前一直压制地面伞兵的机枪火力，此时转向空中的滑翔机。一串串 20 毫米曳光弹射穿了滑翔机毫无防护的帆布机身, 但两架滑翔机没有飞离, 仍在空中盘旋, 顽强地搜寻地面信号。奥特韦急得要哭了, 可他无能为力。

滑翔机终于放弃了。一架掉转方向, 在 4 英里外着陆; 另一架低低地飞过地面上焦急等待的伞兵, 二等兵艾伦·莫厄尔和帕特·霍金斯甚至觉得它会撞上炮台。但这架滑翔机在最后一刻拉起, 冲入不远处的树林。几个伞兵本能地从藏身处站起来, 想去救助机上的幸存者。但几名焦虑万分的军官制止了他们, 低声命令道: "别动! 待在原地!"不能再等了, 奥特韦下令进攻。二等兵莫厄尔听见他喊道: "冲啊! 我们得拿下这个该死的炮台!"

他们冲了上去。

伴随刺眼的闪光和剧烈的轰鸣, 爆破筒在铁丝网上炸开几个大缺口。迈克·道林中尉喊道: "冲上去! 冲上去!"猎号又一次在夜间响起。奥特韦的伞兵呐喊着, 射击着, 冲入爆破引发的硝烟, 穿过铁丝网。前方的炮台隐约可见, 但中间隔着地雷场和敌人据守的堑壕。突然, 几发红色信号弹在前进中的伞兵上空炸开, 猛烈的机枪、施迈瑟冲锋枪、步枪火力随即朝他们袭来。伞兵冒着密集的弹雨, 或伏下身子, 或匍匐在地, 奔跑, 卧倒, 爬起身继续向前冲。他们扑入一个个弹坑, 随后跳出去再次冲向前方。一颗颗地雷炸开。惨叫声传来, 二等兵莫厄尔听见有人喊道: "停下! 停下! 到处是地雷!"莫厄尔看见右侧有个身负重伤的下士坐在地上, 挥手示意战友离开, 还喊道: "别过来! 别过来!"

艾伦·杰斐逊中尉冲在前方, 不停地吹响猎号, 号声压倒了射击声、地雷的爆炸声、官兵的呐喊声。二等兵锡德·卡彭突然听见一声地雷的爆炸, 随后看见杰斐逊倒下了。他朝中尉跑去, 但杰斐逊向他喊道: "往前冲! 往前冲!"说罢, 杰斐逊倒在地上, 把猎号凑到唇边, 再次吹响号声。伞兵扑入堑壕, 与敌人展开白刃战, 呐喊声、惨叫声、手榴弹的闪光此起彼伏。二等兵卡彭冲入一道堑壕, 突然看见两个德国兵出现在面前, 其中一个赶紧把带有红十字标志的医药箱高高举过头顶，示意自己投降，嘴里还喊着："俄罗斯人，俄罗斯人。"他们是苏联的"志愿者"。卡彭一时间不知道该如何是好。他随后看见战友押着投降的德国兵沿堑壕走来，于是把俘虏交给他们，继续朝炮台冲去。

奥特韦中校和道林中尉带着40多个伞兵已经在那里投入激烈的战斗。他们肃清了堑壕和机枪掩体，从筑有土堤的混凝土防御工事两侧绕过，射空了斯特恩冲锋枪的弹匣，还把手榴弹投入防御工事射孔。这场战斗血腥而又激烈。二等兵莫厄尔、霍金斯和一名布伦机枪手，冒着密集的迫击炮和机枪火力冲到炮台侧面，看见一扇门开着，于是冲了进去。一个阵亡的德军炮手倒在通道里，周围没见到其他人。莫厄尔让两名战友守在门口，自己沿通道往里走。他来到一个大房间，看见炮位上摆着一门重型野战炮，旁边堆放着大批炮弹。莫厄尔匆匆返回门口，兴奋地向两名战友讲述了自己的想法，他打算"用手榴弹引爆炮弹堆，彻底炸毁火炮"。可惜他们没能把计划付诸实施。就在他们仨站在那里商量时，爆炸声突然响起。布伦机枪手当即身亡，霍金斯腹部负伤，莫厄尔觉得后背"被一千根炽热的针戳穿了"。他的腿不由自主地抽搐起来，就像他见过的死者发出的那种抽搐。莫厄尔觉得自己快要死了，可他不想就这样丧生，于是大声呼救，叫着妈妈。

炮台其他地方，德国人纷纷投降。二等兵卡彭追上道林的部下，刚好看见"德国人推推搡搡地挤出炮台出口，几乎是在请降"。道林的部下往每根炮管里塞入两枚炮弹同时发射，炸毁了两门火炮的炮管，还暂时破坏了另外两门火炮。道林随后找到奥特韦。他站在中校面前，右手捂着左胸说道："长官，我们奉命拿下了炮台，火炮已被摧毁。"战斗结束了，总共只用了15分钟。奥特韦用信号枪射出黄色信号弹，这是突击胜利的信号。皇家空军一架观测机看见了信号弹，立即用电台通知海上的"阿瑞图萨"号轻巡洋舰。消息到得非常及时，因为再过15分钟，皇家海军这艘轻巡洋舰就要炮击梅维尔炮台了。与此同时，奥特韦的信号官用信鸽发出确认信息，整个战斗期间，他一直带着这只信鸽，鸽子腿上的塑料胶囊里放了张写有"锤子"代号的纸条。过了一会儿，奥特韦发现道林中尉已然牺牲，他在生命的最后一刻向营长做了汇报。

奥特韦率领伤亡惨重的伞兵营离开血腥的梅维尔炮台。没人要求他炸毁火炮后还得守住炮台，更何况 D 日当天，他的部下还有其他任务要执行。他们只抓获了 22 名俘虏。驻守炮台的 200 名德国官兵，阵亡或奄奄一息者不下 178 人，奥特韦的部下损失近半：70 名伞兵阵亡或负伤。颇具讽刺意味的是，梅维尔炮台 4 门火炮的口径并不大，只有情报里说的一半。没过 48 小时，德国人又杀回炮台，用剩下的 2 门火炮轰击登陆海滩。但眼下至关重要的几个钟头，梅维尔炮台沉默了，根本没人据守。

奥特韦伞兵营不得不把大部分重伤员留下，因为他的部下既没有足够的医疗用品，也没有运输工具疏散他们。莫厄尔身中 57 块弹片，战友用木板抬上他，霍金斯伤势太重无法移动。他们俩都活了下来。莫厄尔记得，众人撤离炮台时霍金斯喊道："伙计，看在上帝的分上，别抛下我！"他的声音越来越微弱，莫厄尔渐渐失去知觉，随后发生了什么事，他就一无所知了。

此时临近拂晓，1.8 万名伞兵为之奋战的黎明即将到来。不到 5 个钟头的战斗中，他们取得的成就远远超出艾森豪威尔将军和他那些指挥官的期望。空降部队迷惑了敌人，切断了对方的通信，此时在诺曼底登陆地域两端据守翼侧，在很大程度上挡住了敌军援兵的运动。

英军作战地域内，霍华德少校的滑翔机机降部队牢牢守住了卡昂运河和奥恩河上的桥梁，拂晓前还要炸毁迪沃河畔的五个渡场。奥特韦中校和他严重减员的伞兵营打垮了梅维尔炮台，这些伞兵眼下守在俯瞰卡昂的几座高地上。因此，英国空降兵完成了他们的主要任务，只要守住各条交通要道，就能阻滞甚至彻底挡住德军的反突击。

　　诺曼底五片登陆海滩另一端，尽管地形更复杂，任务更繁重，但美国空降兵干得同样出色。克劳斯中校的部下控制了至关重要的交通中心圣梅尔埃格利斯。镇北面，范德沃特中校的伞兵营截断了从瑟堡向下通往半岛的主公路，随时准备击退敌人从那里发起的进攻。加文准将和他的部下在梅尔德雷河、杜沃河至关重要的渡场周围掘壕据守，还控制着犹他登陆滩头后方。马克斯韦尔·泰勒将军的第 101 空降师仍分散在各处，拂晓时，师里 6600 名官兵只集中起 1100 人。这股实力虚弱的力量赶到圣马丹德瓦尔勒维尔炮台，却发现那里的火炮早就拆除了。师里另一些伞兵看见了重要的拉巴尔克特水闸，那是放水淹没半岛颈部地区的关键所在。虽说没到达与犹他海滩相连的任何一条堤道，但一群群伞兵朝那里冲去，已经控制住海滩后方洪泛区的西部边缘。

　　盟军空降部队从空中攻入欧洲大陆，为海上而来的登陆力量确保了初期立足地。他们现在等待海运部队到来，准备合兵一处，攻入希特勒占领的欧洲。美国特混舰队此时就在犹他、奥马哈海滩 12 英里外的海上。对美军官兵来说，再过 1 小时 45 分钟，H 时（6 点 30 分）就要到来。

清晨 4 点 45 分, 乔治·昂纳上尉的 X23 号袖珍潜艇, 在诺曼底海岸 1 英里外波涛起伏的海上浮出水面。20 英里外, 姊妹艇 X20 号也浮了上来。两艘 57 英尺长的潜艇已就位, 各自标出英国和加拿大军队登陆地带(剑滩、朱诺、金滩)一侧。此时, 两艘潜艇的艇员还得竖起桅杆, 挂好闪光灯, 架设其他视觉、无线电信号设备, 等待首批英国舰船朝发出信号的方向驶来。

X23 号潜艇上, 昂纳推开舱盖, 费力地攀上狭窄的过道。海浪涌过小小的甲板, 他不得不抓紧栏杆, 以免被浪头卷入海里。疲惫的艇员跟在他身后。他们紧紧攥着扶手, 任凭海水冲刷双腿, 贪婪地呼吸着夜间凉爽的空气。从 6 月 4 日拂晓前到现在, 他们一直潜伏在剑滩外海, 每天在水下待的时间超过 21 个钟头。总之, 自 6 月 2 日离开朴次茅斯港以来, 他们已经在水下泡了 64 个钟头。

即便此时, 他们经受的磨难也远未结束。在英军几片登陆海滩, H 时从清晨 7 点到 7 点 30 分不等。所以, 在第一拨突击艇到来前的两个多钟头里, 两艘袖珍潜艇还得坚守岗位。届时, X23、X20 号会暴露在海面上, 沦为德军海岸炮台小而固定的目标。天色很快就要放亮了。

— *8* —

所有人都在等待黎明到来，但没有谁比德国人更焦虑，因为潮水般涌入隆美尔和伦德施泰特司令部的大批报告，开始出现新的、不祥的音调。克兰克海军上将沿整条入侵海岸设立的各海军兵站监听到舰船的声音，不是像以前那样一两艘，而是大量舰船。一个多钟头内，相关报告不断增加。清晨 5 点前不久，第 7 集团军坚持己见的参谋长彭塞尔将军终于打电话给隆美尔的参谋长施派德尔中将，直言不讳地告诉他："大批舰船集中在维尔河河口与奥恩河河口之间，由此可以得出结论，敌人在诺曼底地区的登陆和大规模进攻迫在眉睫。"

巴黎郊外的西线总司令部，格尔德·冯·伦德施泰特元帅也得出类似结论。但在他看来，盟军即将对诺曼底发动的进攻，似乎依然是一场"辅助突击"，而不是真正的登陆。尽管如此，伦德施泰特还是迅速做出应对。他命令两个实力强大的装甲师——装甲教导师和党卫队第 12 装甲师集中后开赴海岸，此时它们都部署在巴黎附近担任预备队。严格说来，两个装甲师直属国防军最高统帅部，未经元首明确批准，谁都无权把它们投入交战。但伦德施泰特冒了把险，他觉得希特勒不会反对，更不会撤销自己下达的命令。伦德施泰特现在坚信，所有证据表明盟军会对诺曼底发起辅助突击，于是他正式请求国防军最高统帅部批准自己调用预备队。他在电传电报里解释道："西线总司令部充分认识到，倘若这确实是敌人的大规模行动，那么我们必须立即采取措施才能赢得胜利。这要求我们当日投入一切可用的战略预备队……也就是装甲教导师和党卫队第 12 装甲师。只要两个师迅速集中, 尽快出发, 就能在昼间投入海岸上的交战。基于这种情况, 西线总司令部请求国防军最高统帅部投入预备队……"这份电报纯属例行公事, 完全是为了存档。

巴伐利亚南部, 贝希特斯加登的气候相当宜人, 元首大本营里, 国防军指挥参谋部参谋长阿尔弗雷德·约德尔大将的办公室收到了这份电报。约德尔此时在睡觉, 他的幕僚认为局势还没发展到非得叫醒他的地步, 迟点再把电报呈送他也不晚。

不到3英里外的希特勒山间别墅里, 元首和他的情妇埃娃·布劳恩也在睡觉。一如既往, 希特勒清晨4点才就寝, 私人医生莫雷尔给他服了安眠药, 不吃安眠药的话, 他根本睡不着。清晨5点左右, 约德尔办公室打来电话, 叫醒了希特勒的海军副官卡尔-耶斯科·冯·普特卡默海军少将。普特卡默现在不记得打来电话的究竟是谁了, 只记得对方通知他, 盟军"在法国实施了某种登陆"。确切情况暂时不明, 对方告诉普特卡默, "首批消息极为含糊"。普特卡默是不是该把这个情况告知元首? 两人商量了一番, 随后决定暂时不要叫醒希特勒。普特卡默回忆道: "反正现在也没太多可报告的情况, 我们俩都很担心, 要是我现在叫醒元首的话, 他可能会陷入无尽的紧张情绪, 不免做出种种最不可思议的决定。"普特卡默拿定主意, 觉得早上再告知希特勒也不迟。他关了灯又睡着了。

法国境内, 西线总司令部和B集团军群的一众将领等待着。他们给各自的部队发出警报, 还召集了装甲预备队, 接下来就看盟军做何举动了。没人能估计即将到来的这场进攻规模有多大, 没人知道, 甚至无从猜测盟军舰队的规模。虽说各种证据都指向诺曼底, 但没人敢断言那里就是盟军的主要突击方向。德军将领做了他们能做的一切, 接下来就得依靠据守海岸的国防军官兵了, 他们突然变得重要起来。第三帝国的官兵从一座座海岸防御工事望向大海, 不知道这是演习警报还是真正的交战。

维尔纳·普卢斯卡特少校待在俯瞰奥马哈海滩的掩体里, 从凌晨1点起，就没收到上级的任何指示。他又冷又累，恼火不已，觉得自己孤零零的，不明白团部和师部为何杳无音信。当然，他这里的电话彻夜未响是个好兆头，说明没出什么大事。可那些伞兵和大规模飞行编队又是怎么回事？普卢斯卡特无法摆脱这些烦人的不安。他把炮队镜再次转向左侧，对准黑黢黢的瑟堡半岛，又一次缓缓搜寻地平线上的动静。低垂的薄雾映入眼帘，没什么情况，波光粼粼的月光也没什么变化，波涛起伏、泛着白色浪花的海面依然如故。没有任何状况，一切似乎都很平静。

　　普卢斯卡特身后，他那头名叫"哈拉斯"的牧羊犬蜷缩在掩体里睡着了。卢兹·维尔克宁上尉和弗里茨·特恩中尉站在一旁低声交谈。普卢斯卡特凑了过去，对他们说道："外面还是没什么动静，我看就这样吧。"但他还是走回瞭望孔，站在那里看着第一缕曙光照亮天际，决定再例行观察一遍。

　　普卢斯卡特百无聊赖地把炮队镜再次转向左侧，目光缓缓扫过海平面。炮队镜转到海湾正中央时停了下来，普卢斯卡特紧张地睁大了双眼。

　　透过渐渐消散的薄雾，他看见海面上犹如变戏法似的，布满了大小不一、各种类型的舰船，这些舰船肆无忌惮地来回机动，就好像在那里已经待了好几个钟头似的，看上去起码有几千艘。这是一支不知从何处冒出来的幽灵舰队。普卢斯卡特这辈子从未受过如此强烈的震撼，他看得目瞪口呆，一时间说不出话来。他是个优秀的军人，但这一刻，他的世界坍塌了。日后回忆起这一刻，他平静而又肯定地指出："这是德国的末日。"

　　普卢斯卡特转过身，怀着奇特的超然心态对维尔克宁和特恩说道："他们入侵了，你们看看吧。"说罢，他拎起电话打给第352步兵师师部的布洛克少校。

　　普卢斯卡特说道："布洛克，敌人入侵了，海上肯定有一万艘舰船。"他知道脱口而出的这句话令人难以置信。

　　布洛克不耐烦地说道："普卢斯卡特，冷静点！美国人和英国佬加在一起也没那么多船只。没人有那么多舰船。"

布洛克的质疑让普卢斯卡特清醒过来，他大声喊道："您不相信的话，来这里亲眼看看吧。不可思议！简直让人无法相信！"

布洛克沉默了片刻，随即问道："那些舰船开往哪里？"

普卢斯卡特握着话筒，透过瞭望孔朝海上看了看，答道："就朝我这儿。"

第三部

白昼

— 1 —

　　这样的黎明前所未见。昏暗的晨曦下，庞大的盟军舰队雄伟壮观，排列在诺曼底五片登陆海滩外的海面上，令人望而生畏。海上舰船林立，从瑟堡半岛犹他海滩边缘起，直到奥恩河河口附近的剑滩，整个海面上，数不清的战旗猎猎飘扬。天空映衬下，一艘艘庞大的战列舰、气势汹汹的巡洋舰、灵活的驱逐舰清晰可辨。低矮的指挥舰排在它们身后，舰上天线林立。再往后是载满部队的运输舰、登陆舰组成的一支支船队，它们低低地伏在海里，动作迟缓。一群群登陆艇上下起伏，聚在为首的运输舰周围，等待冲向海滩的信号，艇上挤满了头几拨登陆官兵。

　　铺天盖地的舰船忙碌着，发出种种声响，一时间喧闹不已。一艘艘巡逻艇在成群结队的突击艇之间来回逡巡，引擎发出阵阵轰鸣。绞盘呼呼作响，吊杆向舷外转动，送出一部部水陆两栖车辆。吊艇柱上的铁链嘎嘎作响，把一艘艘突击艇放入水里。登陆艇砰然撞上运输舰高大的钢制舷侧，艇上脸色苍白的士兵被震得浑身发颤。海岸警卫队员指挥起伏不定的突击艇排成一个个编队，他们举着扩音器大声喊道："排好队形！排好队形！"运输舰上的官兵挤在护栏旁，等着轮到他们爬下湿滑的梯子或攀网，进入海浪冲刷下颠簸不定的登陆艇。在此期间，舰船上的广播不停地播报各种通知和忠告：

　　"为部队登陆而战，为保卫舰船而战，只要一息尚存，就得为自己的性命而战！"

　　"第4步兵师，冲上去，送他们下地狱！"

"别忘了，大红一师是开路先锋！"

"美国游骑兵，各就各位！"

"牢记敦刻尔克！牢记考文垂！愿上帝保佑你们！"

我们宁愿死在心爱的法兰西海滩，也绝不退缩！"

"伙计们，时候到了，拿上武器装备，你们得到的是单程票，这里就是终点站。29 师，我们上！"

随后是大多数人记忆犹新的两项通知："登陆艇出发"，"我们的天父，愿人都尊你的名为圣……"。

拥挤的护栏旁，许多官兵离开队伍，向登上登陆艇的伙伴道别。陆海军将士在舰船上共同度过漫长的时间，结下了深厚的友谊，此时互祝好运。数百名官兵花了点时间交换家庭住址，"以防万一"。第 29 步兵师的技术军士罗伊·史蒂文斯挤过人满为患的甲板，四处寻找他的孪生兄弟。他后来回忆道："我终于找到了他，他笑着朝我伸出手。我说：'算了，还是按说好的那样，到法国的十字路口再握手吧。'我们就此道别，我再也没见过他。"

皇家海军"利奥波德王子"号步兵登陆舰上，第 5、第 2 游骑兵营的随军牧师约瑟夫·莱西中尉在等候的官兵间走来走去，一等兵马克斯·科尔曼听见他说道："从现在起我为你们祈祷，你们今天要做的事，本身就是一种祈祷。"

各艘舰船上，军官以丰富多彩或令人难忘的话语结束了鼓舞士气的讲话，他们觉得这些话挺适合眼下的情况，但偶尔也造成了意想不到的结果。约翰·奥尼尔中校指挥的特种战斗工兵担任第一拨突击力量，负责肃清奥马哈、犹他海滩上的地雷障碍物，他觉得自己关于登陆行动的那番话效果不错，于是大声说道："无论有什么困难，都得肃清那些该死的障碍物！"旁边一个家伙回应道："我觉得那些婊子养的也会感到害怕。"第 29 步兵师的谢尔曼·伯勒斯上尉告诉查尔斯·考森上尉，他打算在赶往海滩的途中背诵《丹·麦格鲁枪击案》。率领工兵旅前往犹他海滩的埃尔齐·穆尔中校没有发表讲话。他本打算背诵莎士比亚《亨利五世》里描绘战斗场面的句子，这个故事讲述的也是进攻法国，很适合眼下的情况，可他只记得开头一句，"再朝那缺口冲一次，好朋友们，再冲一次……"，所以放弃了背诵的念头。英国第3步兵师绰号"鞭炮"的C.K.金少校，负责率领第一拨突击力量冲上剑滩，他也打算朗诵同一出戏剧中的段落，还不辞辛劳地把自己要朗读的句子写了下来，最后几句是："凡是今日不死，能安然生还的人，以后听人说起这个日子就会觉得骄傲……"

速度加快了。美军负责登陆的海滩外，满载士兵的登陆艇越来越多地加入颠簸的突击艇，绕着母舰不停地兜圈。艇上的官兵浑身湿透，被晕船折腾得苦不堪言，他们即将踏上奥马哈、犹他海滩，率先攻入诺曼底。运输舰集中地域，卸载工作全面展开，这场作业危险而又复杂。士兵携带的装备实在太多，几乎无法移动。每人都配发了橡胶管式救生圈，除了武器、野战背包、挖掘工具、防毒面具、急救包、水壶、匕首、口粮，他们还携带了额外数量的手榴弹、炸药、子弹（通常多达250发）。另外，许多士兵携带着执行特定任务需要的特殊装备。有些人估计，他们步履蹒跚地跨过甲板，准备登上小艇时，负重至少达到了300磅。这些装备都是必要的，但在第4步兵师的盖尔登·约翰逊少校看来，他那些部下的动作"慢得像乌龟"。第29步兵师的比尔·威廉斯中尉认为他的部下负荷过重，"根本没办法全力投入战斗"。一等兵鲁道夫·莫兹戈从运输舰舷侧向下张望，看见突击艇撞击着运输舰舰身，在波涛中上下起伏，不由得一阵反胃，他觉得要是自己和随身携带的装备能顺利登上突击艇，"这场战斗就打赢了一半"。

许多官兵沿攀网爬向下方，竭力让自己和装备保持平衡，但不少人不慎失足，没等战斗打响就受了伤。迫击炮部队的哈罗德·詹曾下士背着两卷电缆和几部野战电话爬下攀网，力图算出下方突击艇的起伏节奏。他在自以为正确的时机跳了下去，不料判断失误，下坠 12 英尺，一头跌入突击艇底部，被他自己的卡宾枪撞晕了。还有人受的伤更重。罗密欧·庞贝中士听见下方有人大声叫唤，他低头望去，看见一个家伙痛苦地挂在攀网上，脚夹在突击艇与运输舰舰身之间。庞贝从攀网一头跌入突击艇，撞断了门牙。

从甲板直接爬入突击艇，再由吊艇柱把小艇放入水里的官兵，情况也好不到哪里去。吊艇柱放下第 29 步兵师营长托马斯·达拉斯少校和营部人员乘坐的小艇时突然卡住，他们在运输舰护栏与海面之间吊了 20 分钟左右，而头上 4 英尺的地方就是厕所排污口。他事后回忆道："那些厕所一直有人使用，整整 20 分钟，排泄物都落在我们身上。"

此时的海浪很大，导致吊艇链下的许多突击艇像巨大的溜溜球那样蹦个不停。一艘满载游骑兵的突击艇刚刚吊到皇家海军"查尔斯王子"号步兵登陆舰舷侧的半途，一个巨浪袭来，差点把突击艇的人掀回甲板。浪头退却，吊艇链下的小艇又向下坠落，艇上的人晕头转向，像一大群玩偶那样上下颠簸。

登上一艘艘小艇时，老兵告诉新兵接下来会发生什么事。皇家海军"帝国铁砧"号步兵登陆舰上，第 1 步兵师的迈克尔·库尔茨下士把班里的人召集到身边，提醒他们："待会你们把脑袋伏在舷缘下，敌人一看见我们就会射来猛烈的火力。要是你躲过去了，那没问题；要是你没躲过去，这倒是个送命的好地方。我们出发吧！"库尔茨和部下爬入吊艇柱下的小艇，听见下方传来叫喊声。另一艘小艇翻了个底朝天，艇上的人悉数落海。库尔茨搭乘的突击艇顺利被放入海里。他们随后看见落水者在运输舰舷侧附近奋力游动。库尔茨的小艇驶离时，漂在水里的一名士兵喊道："再见，你们这帮笨蛋！"库尔茨看看艇上的部下，发觉他们脸色苍白，一个个面无表情。

此时是清晨 5 点 30 分，第一拨登陆部队已经在赶往海滩的途中。为实施这场庞大的海上突击，自由世界付出了艰辛的努力，但投入进攻的首批兵力只有 3000 人左右。他们是第 1 步兵师、第 29 步兵师、第 4 步兵师的战斗队和配属部队，包括陆海军水下爆破队、营级坦克战斗群、游骑兵。每个战斗队都有特定的登陆地段。例如克拉伦斯·R. 许布纳少将的第 1 步兵师派第 16 步兵团冲击奥马哈半幅海滩，另一半海滩交给查尔斯·H. 格哈特少将第 29 步兵师辖内的第 116 步兵团[①]。整片登陆地带分成若干地段，每个地段都有代号。第 1 步兵师的将士登陆红 E、绿 F、红 F，第 29 步兵师登陆 C 地段、绿 D、白 D、红 D、绿 E。

　　奥马哈和犹他海滩的登陆时间表，几乎是以分钟为单位安排的。第 29 步兵师负责的奥马哈半幅海滩，H 时前 5 分钟，也就是清晨 6 点 25 分，32 辆两栖坦克按计划驶上白 D 和绿 D，在岸边占据发射阵地，掩护第一阶段突击。6 点 30 分的 H 时，8 艘坦克登陆艇运来更多坦克，从海上直接把它们送到绿 E 和红 D。一分钟后的 6 点 31 分，突击部队在各地段涉水抢滩。两分钟后的 6 点 33 分，水下爆破工兵就位，负责在地雷场和障碍物区开辟 16 条 50 码长的通道，任务很艰巨，他们只有 27 分钟来完成这项棘手的工作。从 7 点整起，担任主力的五拨突击力量开始登陆，每隔 6 分钟就投入一拨。

　　这就是两片海滩的基本登陆方案。为迅速加强岸上的实力，盟军精心安排了时间。火炮等重装备预计会在一个半钟头内送上奥马哈海滩，就连吊车、半履带车、坦克回收车也计划在上午 10 点 30 分前运抵。这份时间表详尽而又复杂，似乎不太可能顺利实现，规划者很可能也考虑到了这一点。

　　第一拨突击部队此时仍在 9 英里外，还看不见诺曼底雾蒙蒙的海岸。几艘战舰已经与德国海军的海岸炮台交火，但在突击艇上的官兵看来，那些战斗很遥远，而且与己无关，因为没人朝他们开火。晕船仍是他们最大的敌人，几乎无人幸免。每艘突击艇载有 30 名官兵和沉重的装备，导致

---

① 虽说第1、第29步兵师战斗队共同发起突击，但严格来说，初期阶段的登陆行动由第1步兵师指挥。

突击艇吃水很深，海浪从艇身一侧冲上来，又从另一侧退下。伴随每个浪头，突击艇颠簸不停。第 1 特种工兵旅的尤金·卡菲上校记得，他那艘艇上的部分人员"干脆躺平，任由海水在身上来回冲刷，完全不在乎自己是死是活"。但在那些没被晕船折腾得筋疲力尽的官兵看来，庞大的登陆舰队在他们周围隐约可见，这番情景棒极了。杰拉尔德·伯特下士那艘突击艇载满爆破工兵，有个伙计心怀不甘地说道，他真后悔没带上照相机。

30 英里外，海因里希·霍夫曼海军少校待在第 5 鱼雷艇分舰队为首的鱼雷艇上，看见一团怪异、不真实的浓雾遮蔽了前方海面。霍夫曼仔细观察之际，一架飞机从白茫茫的雾中飞出，证实了他的怀疑，肯定是人为释放的烟幕。在另外两艘鱼雷艇的跟随下，霍夫曼指挥他的鱼雷艇驶入雾中察看情况，结果见到了这辈子最令他震撼的场面。烟幕另一侧，他震惊地发现自己面对一排战舰，整个英国舰队几乎都在这里。放眼望去，到处都是战列舰、巡洋舰、驱逐舰，高大的舰身巍然耸立。霍夫曼后来感慨道："我觉得自己就像坐在一条小舟上。"战舰射来的炮弹旋即落下，迫使霍夫曼的几艘鱼雷艇左躲右闪，不断改变航向。霍夫曼是个勇气十足的军人，尽管面对惊人的数量劣势，可他毫不犹豫地下达了攻击令。几秒钟后，18 枚鱼雷劈开海水袭向盟军舰队，这是德国海军 D 日唯一的攻击行动。

挪威"斯文纳"号驱逐舰舰桥上，挪威皇家海军上尉德斯蒙德·劳埃德看见鱼雷袭来。"厌战"号、"拉米利斯"号、"拉格斯"号舰桥上的军官也看见了。"拉格斯"号立即把引擎转为全速倒车。两枚鱼雷在"厌战"号与"拉米利斯"号之间穿过，但"斯文纳"号没能避开。舰长喊道："左满舵！右进三！左退三！"他想掉转驱逐舰，让鱼雷从舰身侧面蹿过，可此举纯属徒劳。透过望远镜，劳埃德上尉看见鱼雷即将直接命中舰桥下方的舰体，此时他只有一个念头："爆炸会把我掀得多高呢？""斯文纳"号转向左舷，速度慢得急人，有那么一刻，劳埃德觉得他们也许能避开鱼雷。但规避失败了，一枚鱼雷砰然命中锅炉房，"斯文纳"号似乎被什么东西从水里托了上来，发出剧烈的震颤，随即断为两截。皇家海军"邓巴"号扫雷舰就在附近，司炉长罗伯特·道伊震惊地看见"斯文纳"号驱逐舰"舰艏和舰艉高高竖起，形成个完美的 V 字"，就这样沉入海里。舰上 30 名水兵伤亡。劳埃德上尉毫发无损，在水里游了近 20 分钟，还帮助一名断腿的水兵浮在海面上，直到"斯威夫特"号驱逐舰赶来把他们救走。

霍夫曼平安返回烟幕另一侧，在他看来，眼下最重要的是发出警报。他把消息告知勒阿弗尔，全然不知艇上的电台在刚刚发生的短暂战斗中损坏了。

"奥古斯塔"号旗舰停在美军登陆海滩外的海面上，奥马尔·N. 布拉德利中将站在舰桥上，用棉花塞住耳朵，随后端起望远镜，朝迅速驶向海滩的一艘艘登陆艇望去。他的部下，也就是美国第 1 集团军的将士，此时稳步向前。但布拉德利担心不已。直到几个钟头前，他一直以为据守沿海地区的只有德国第 716 步兵师，他们的防区大致从奥马哈海滩一路向东延伸到英军登陆地带，这个静态师战斗力低下，而且过度拉伸。可就在他离开英国前，盟军情报部门发来消息，说另一个德国师已开入登陆地带。情报到得太晚，布拉德利来不及通知已听取任务简报，进入"封闭"状态的部队。第 1、第 29 步兵师的将士此时正赶往奥马哈海滩，全然不知据守防御工事的是顽强、久经沙场的德国第 352 步兵师 [①]。

海军即将实施炮火准备，布拉德利暗自祈祷炮击能缓解陆军官兵肩负

[①] 盟军情报部门认为，第352步兵师为参加"防御演习"，近期才占据滩头阵地。实际上，该师辖内部队两个多月来一直部署在沿海地区和俯瞰奥马哈海滩的地方，部分部队抵的时间甚至更早。例如普卢斯卡特和他那些火炮，3月份就已部署到位。但到6月4日，盟军情报部门仍以为第352步兵师驻守在20多英里外的圣洛周围。

的重任。几英里外的法国"蒙特卡姆"号轻巡洋舰上，海军准将若雅尔对他的部下发表了讲话。他满怀深情地说道："被迫朝我们的祖国开炮是一件很恶劣，也很残酷的事情，但今天我要求你们这样做。"奥马哈海滩4英里外的海面上，美国海军"卡尔米克"号驱逐舰舰长罗伯特·O.比尔中校按下内部通话系统的按钮，对全舰官兵说道："听好了，这可能是你们这群小伙平生参加的最大一场聚会，所以都到舞池里跳舞吧！"

此时是清晨5点50分，英国战舰已朝它们负责的登陆地带轰击了20多分钟。美国战舰现在也发起了炮火准备，整片登陆地带爆发了雷鸣般的烈焰风暴。一艘艘大型战舰不停地轰击预定目标，剧烈的轰鸣沿诺曼底海岸回荡。炮口炽热的闪光照亮了灰蒙蒙的天空，大团黑色硝烟沿着海滩腾入空中。

剑滩、朱诺、金滩外的海面上，"厌战"号、"拉米利斯"号战列舰以15英寸口径的舰炮投入战斗，朝勒阿弗尔和奥恩河河口周围强大的德军炮台倾泻下数吨钢铁。一艘艘保持机动的巡洋舰和驱逐舰也朝岸上的碉堡、混凝土掩体、防御工事射出一串串炮弹。当初在普拉特河河口海战中扬名立万的皇家海军"阿贾克斯"号轻巡洋舰，从6英里外的海上开火，以令人难以置信的精准炮火摧毁了一座配有4门6英尺口径火炮的炮台。奥马哈海滩外的海面上，"得克萨斯"号和"阿肯色"号大型战列舰共有10门14英寸、12门12英寸、12门5英寸口径舰炮，它们朝奥克角上方的海岸炮台发射了600发炮弹，全力为几个游骑兵营开辟通道，这些游骑兵此时正赶往高达100英尺的峭壁。犹他海滩外的海面上，"内华达"号战列舰和"塔斯卡卢萨"号、"昆西"号、"黑王子"号巡洋舰以一轮轮齐射打击海岸炮台，舰炮的后坐力致使战舰似乎向后倾斜。大型战舰在5～6英里外的近海开炮射击时，体型较小的驱逐舰逼近到距离海滩1～2英里处，排成纵列，以饱和火力轰击海岸防御工事网的各个目标。

海军舰炮的齐射可怕至极，但凡看见、听到这一幕的人，莫不留下深刻的印象。皇家海军中尉理查德·赖兰对"战列舰威风凛凛的身姿"倍感自豪，还怀疑"会不会是最后一次见到这种场面"。美国海军"内华达"号战列舰上，舰队强大的火力把文书下士查尔斯·兰利惊得目瞪口呆。他不知道"哪支军队能承受这样的炮击"，还认为"舰队用不了两三个钟头就可以撤离"。一艘艘飞驰的突击艇上，浑身湿透、处境悲惨、晕船严重的官兵忙着用钢盔往外舀水，铺天盖地的炮弹从上方呼啸而过，他们抬头张望，不由得欢呼起来。

就在这时，舰队上方传来一阵阵新的声响，起初很慢，就像某种硕大的蜜蜂发出的嗡嗡声，但声音越来越大，逐渐发展成剧烈的轰鸣声，轰炸机和战斗机出现了。它们从庞大的舰队上方径直飞过，机翼挨着机翼，编队连着编队，数量多达9000架。一群群喷火式、雷电式、野马式战斗机从官兵头上呼啸而过。这些战机显然没有理会舰队射出的弹雨，它们对登陆海滩和海角实施低空扫射，随后急剧拉升，兜个圈子再次袭来。战斗机上方，第9航空队的B-26中型轰炸机纵横交错地排列在各个高度，再往上，视线外厚厚的云层里，皇家空军和第8航空队的兰开斯特式、空中堡垒式、解放者式重型轰炸机嗡嗡作响。整片天空似乎无法容纳这么多飞机。盟军将士抬头眺望，看得双眼湿润，突如其来的情感冲击令人难以承受，一张张面孔因激动而变得扭曲。他们觉得接下来的行动肯定会很顺利，空中掩护无疑能压制敌人，摧毁对方的火炮，在各处海滩炸出一个个散兵坑。但由于无法透过云层看清目标，又不愿冒上误炸己方部队的风险，打击奥马哈地带的392架轰炸机把1.3万枚炸弹投向距离目标3英里的内陆，而不是奥马哈海滩致命的德军火炮①。

---

① 德国人在此设置了8座混凝土掩体（配备75毫米或更大口径的火炮）、35个碉堡（配有各种口径的火炮或自动武器）、4个炮兵连、18门反坦克炮、6个迫击炮掩体、35个火箭发射场（每个发射场配备4具380毫米火箭炮发射管）、不下85个机枪阵地。

最后一轮炮火齐射的炸点非常近，维尔纳·普卢斯卡特少校觉得掩体要被震塌了。另一发炮弹击中了掩体底部的峭壁表面，剧烈的震颤让普卢斯卡特转了个圈，猛地被甩向后面，重重地摔倒在地。尘埃、泥土、混凝土碎片在他周围倾泻而下。厚厚的白色尘埃导致他什么也看不见，但他听见部下的叫喊声。炮弹一次次命中峭壁，冲击波把普卢斯卡特震得晕头转向，几乎说不出话来。

电话响了，是第352步兵师师部打来的。电话那头的人问道："情况怎样？"

普卢斯卡特好不容易才开口答道："我们遭到炮击，猛烈的炮击！"

他现在听到炸弹在掩体后方某处爆炸的巨响。又一轮齐射的炮弹落在峭壁顶上，大量泥土和石块飞入掩体瞭望孔。电话又响了，普卢斯卡特这次没找到电话机，只好任由它响个不停。他随即发觉自己从头到脚蒙了层薄薄的白色尘埃，军装也被撕破了。

盟军的炮火暂时转移了一会儿，透过厚厚的尘埃，普卢斯卡特看见维尔克宁和特恩趴在水泥地上。他朝维尔克宁吼道："趁现在还来得及，您最好赶紧返回自己的岗位。"维尔克宁幽怨地看着普卢斯卡特，他的观察所设在下一座掩体，离这里有一段距离呢。普卢斯卡特利用这段间隙打电话给麾下几个炮兵连。令他惊讶的是，20门口径不一、崭新的克虏伯火炮无一中弹。几个炮兵连就部署在距离海岸半英里左右的地方，他不知道他们是怎么逃过一劫的，各炮组甚至无一伤亡。普卢斯卡特不由得怀疑，盟军是不是把海岸边缘的观察所当作炮位了，他这座掩体遭受的破坏似乎证实了这种怀疑。

盟军的舰炮刚刚恢复炮击，电话又响了。先前打来电话的那个家伙要求他通报"遭受炮击的确切地点"。

普卢斯卡特吼道："看在上帝的分上，炮弹落在各个地方，您想让我怎么做，出去用尺子丈量每个弹坑吗？"他砰然挂断电话，朝周围看了看，掩体内似乎没人负伤。维尔克宁已离开，赶往自己的掩体，特恩待在瞭望孔前。普卢斯卡特随后发现哈拉斯跑掉了，可他现在没时间担心那只牧羊犬。他再次拎起电话，走到第二个瞭望孔向外张望。海里的突击艇似乎比他先前观察时见到的更多了，而且不断驶近，很快就要进入射程。

他接通团部的奥克尔上校，报告道："我那些火炮完好无损。"

奥克尔上校说道："很好，您现在最好立即返回营部。"

普卢斯卡特随即打电话给营里几名枪炮官，叮嘱他们："我马上就回去，切记，敌人到达岸边前不得开火。"

运送美国第 1 步兵师官兵的登陆艇，此时离奥马哈海滩已不远。俯瞰着红 E、绿 F、红 F 地段的峭壁后方，普卢斯卡特 4 个炮兵连的炮组人员正等待突击艇再靠近些。

这里是伦敦。

我向你们通报盟军总司令的紧急指令。你们当中许多人的性命，取决于你们执行指令的速度和彻底性。这道指令特别针对居住在距离海岸 35 千米内的所有民众。

奥马哈海滩西端的滨海维耶维尔村内，米歇尔·阿尔德莱站在母亲那栋房屋的窗户前，看着盟军登陆舰队的机动。一门门舰炮仍在射击，阿尔德莱感受到鞋底传来的震颤。他的母亲、兄弟、侄女、女佣都待在客厅里。现在看来毫无疑问了，他们一致认为盟军即将登陆滨海维耶维尔。阿尔德莱对自己那座海滨别墅倒很豁达，觉得猛烈的炮火肯定把它炸塌了。收音机里，BBC 播报的消息已经重复了一个多钟头，此时仍在继续。

立即离开你们居住的村镇，途中告知尚未听到警告的邻居……远离你们经常行走的道路……步行出发，不要携带难以携带的行李……尽快进入空阔地带……不要聚在一起，以免被误以为是集中的部队……

阿尔德莱想知道那个骑马的德国兵，会不会像往常那样给炮组人员送去早晨的咖啡。他看看手表，要是那个德国兵来的话，时间差不多要到了。阿尔德莱随后看见对方出现了，仍骑着那匹屁股很大的马，一如既往，马鞍两侧挂着几个装满咖啡、晃晃荡荡的水壶。德国兵平静地策马而行，转了个弯，终于看见海湾里的舰队，他在马背上一动不动地坐了一两秒钟，随即跳下马，慌乱中绊了一跤，他爬起身匆忙寻找藏身处。那匹马继续向前，沿道路而下，朝村内慢慢走去。此时是清晨 6 点 15 分。

颠簸起伏的突击艇组成的漫长编队，此时距离奥马哈和犹他海滩不到1英里。对首批登陆的3000名美军官兵来说，H时只剩15分钟了。

一艘艘起伏不定的突击艇发出震耳欲聋的轰鸣，拖着长长的白色尾流冲向海岸。海浪溅到了颠簸的小艇上。为盖过柴油引擎的声响，艇上的人不得不扯着嗓门大声吼叫。他们上方，舰炮射出的炮弹发出阵阵雷鸣，犹如一把巨大的钢伞。盟军空中力量实施了地毯式轰炸，隆隆的爆炸声从岸上传来。奇怪的是，大西洋壁垒的火炮始终保持沉默。突击艇上的官兵盯着前方的海岸线，不明白敌人为何不开火。不少人觉得此次登陆也许能一蹴而就。

登陆艇硕大的方形斜板冲开层层海浪，冰冷的绿色海水泛着泡沫溅到每个人身上。这些突击艇上没有英雄，只有浑身发冷、心神不宁、苦不堪言的人，他们挤在一起，沉重的装备压得他们喘不过气来，晕船者甚至没地方呕吐，只好吐在旁人身上。《新闻周刊》的随军记者肯尼斯·克劳福德跟随第一拨突击力量赶往犹他海滩，看见第4步兵师一名年轻士兵吐得满身秽物，他缓缓地摇着头，以满怀痛苦和厌恶的口气说道："那个名叫希金斯的家伙，发明这种该死的登陆艇根本没什么可骄傲的。"

有些官兵没时间多想眼下的悲惨处境，正为自己的性命而战，忙着把艇里的积水舀出去。许多突击艇刚刚离开母舰就开始进水。艇上的官兵起初没注意漫到腿部的海水，觉得这不过是另一种不得不忍受的苦难而已。游骑兵营的乔治·克希纳中尉看着艇里的积水慢慢升高，暗自琢磨会不会有什么严重后果，有人告诉过他，突击登陆艇是不会沉没的。但克希纳的部下很快听到步话机里传来呼救声："这里是 860 号突击登陆艇！……860 号突击登陆艇！……我们在下沉！……我们在下沉！"随即传来最后的惊呼："天哪，我们沉了！"克希纳和他的部下立即往外舀水。

克希纳的突击艇后方，同为游骑兵的里吉斯·麦克洛斯基中士也遇到了麻烦。他和部下已经舀了一个多钟头的水，他们的突击艇携带着进攻奥克角的弹药和所有游骑兵的野战背包。突击艇严重进水，麦克洛斯基觉得它肯定会沉没，唯一的办法是减轻突击艇的负荷。麦克洛斯基命令部下扔掉所有不必要的装备。口粮、多余的衣物、背包堆放在一旁，麦克洛斯基把这些东西丢入海里。其中一个背包里放着二等兵查克·韦拉赌骰子赢的 1200 美元，另一个背包里装有二级军士长查尔斯·弗雷德里克的假牙。

奥马哈和犹他地带的海面上都有登陆艇沉没，奥马哈附近沉了 10 艘，犹他附近沉了 7 艘。身后驶来的救生艇救起部分落水官兵，另一些人在海里泡了几个钟头才获救。有些官兵的呼救声没人听见，结果被身上携带的装备和弹药拖入水下，没开一枪就溺毙在距离海滩不远的海里。

战争一瞬间变为对个人的攻击。赶往犹他海滩的官兵，看见率领突击部队的一艘指挥艇冲在前面，艇艏突然竖起，随即爆炸。过了几秒钟，一个个人头从水里冒了出来，竭力求生的幸存者紧紧抓住指挥艇的残骸。紧接着又响起另一声爆炸，一艘登陆驳船的船员，想让运往犹他海滩的 32 辆两栖坦克中的 4 辆驶入水里，放下的斜板刚好砸中水下一枚水雷。登陆驳船的船艏突然翘起。附近一艘坦克登陆艇上的奥里斯·约翰逊中士惊恐地看见，一辆坦克"飞入 100 多英尺高的空中，慢慢翻着跟头，掉进海里消失了"。约翰逊事后得知，触雷事件导致许多人丧生，他的朋友，坦克兵唐·尼尔也在其中。

赶往犹他海滩的几十名官兵看见了尸体，听到了落水者的呼救声。海岸警卫队的弗朗西斯·X. 赖利中尉就是其中的一个，他对当时的场景记忆犹新。这名 24 岁的军官指挥着一艘步兵登陆艇，听见"伤员、惊恐的士兵和水手痛苦地呼救，一再恳求我们搭救他们"。可赖利接到的命令是"无论伤亡情况如何，必须准时把部队送上滩头"。他强忍着内心的不安，对呼救声充耳不闻，命令步兵登陆艇从落水者身旁驶过。除此之外，他什么也做不了。一拨拨突击部队飞驰而过，载有詹姆斯·巴特中校和第 4 步兵师第 8 团官兵的突击艇从浮尸间穿过，巴特听见一名脸色苍白的部下说道："这帮混蛋倒挺幸运，再也不会晕船了。"

目睹了浮在水里的尸体，再加上乘坐运输舰长途航行的疲劳，突击艇上的官兵无精打采，但犹他海岸平坦的沙滩和一个个沙丘出现在眼前，骤然唤醒了他们。刚满 20 岁的李·卡森下士"破口大骂希特勒和墨索里尼把我们的日子搞得一团糟"，激烈的言辞让其他战友震惊不已，因为卡森此前从不骂人。许多突击艇上，神情紧张的士兵一次次检查手里的武器。每个人都把自己的弹药视为珍宝，尤金·卡菲上校没能从艇上其他人手里要到哪怕一个弹夹。卡菲本该上午 9 点才登陆，可他偷偷溜上第 8 步兵团的突击艇，想追上他久经沙场的第 1 特种工兵旅。卡菲没携带装备和弹药，虽然艇上的官兵有不少弹药，可为了活命，没人愿意把子弹给别人。卡菲好不容易才从 8 个士兵手里各要到一发子弹，好歹填满了步枪弹夹。

奥马哈海滩外的海面上发生了一场灾难。本打算支援突击部队的两栖坦克，近半数沉入海里。按照计划，64 辆两栖坦克应当在离岸 2～3 英里处下水，从那里泅渡到海滩上，其中 32 辆被指定用于第 1 步兵师突击地带，也就是红 E、绿 F、红 F。搭载坦克的登陆驳船到达指定位置，放下斜板，29 辆两栖坦克驶入汹涌的波涛。这些两栖战车看上去怪模怪样，全靠硕大的气球状帆布围裙提供浮力，它们劈开海浪朝岸边驶去。灾难随后降临在第 741 坦克营的官兵头上。海浪冲击下，坦克的帆布围裙破裂，支架折断，发动机进水，27 辆坦克一辆接一辆地沉入海里。车组人员爬出舱盖，忙着给救生衣充气，随后跳入海里。有些车组顺利放出救生筏，但也有些人跟随"铁棺材"一同沉入海底。

　　另外 2 辆坦克也遭到海浪冲击，差点沉入海里，此时继续朝岸上驶去。还有 3 辆两栖坦克的组员很幸运，因为他们那艘登陆驳船的斜板卡住了。这 3 辆坦克后来才被送上滩头。第 29 步兵师负责进攻奥马哈半幅海滩，为他们提供支援的另外 32 辆坦克安然无恙。运载坦克的登陆驳船上，几名军官被眼前发生的灾难吓坏了，明智地决定把坦克直接送上海滩。由于提供支援的坦克基本损失殆尽，第 1 步兵师在接下来几分钟里伤亡了数百人。

　　距离滩头 2 英里的海上，突击部队见到了漂在水里的死者和幸存者。一具具尸体在海面上起伏，随着潮水漂向岸边，仿佛决心加入美国同胞的突击行列。幸存者在海浪里忽上忽下，他们大声呼救，但驶过的突击艇没有停下来救人。里吉斯·麦克洛斯基中士运送弹药的突击艇再次向前驶去，他看见水里呼救的人，"他们大声求救，恳求我们停下来，可我们不能停，发生任何事，遇到任何人，我们都不能停下"。突击艇飞驰而过，麦克洛斯基咬紧牙关，移开目光，过了几秒钟，他把头伸到舷侧吐了出来。罗伯特·坎宁安上尉和他的部下也看见了在水里挣扎的幸存者，海军艇员本能地把突击艇转向落水者。就在这时，一艘快艇制止了他们，快艇上的喇叭传出冷酷的话语："你们不是救生船！赶紧抢滩！"附近另一艘突击艇上，工兵营的诺埃尔·杜布中士念着痛悔短祷。

　　突击艇构成细细的波浪线，逐渐逼近奥马哈海滩，此时，舰炮齐射的轰鸣声越来越响，犹如致命的军乐。一艘艘登陆舰停在距离海岸 1000 码左右的海上，数千枚火箭弹拖着尾焰加入这场炮击，从登陆部队头上呼啸掠过。在这些官兵看来，如此强大的火力足以摧毁德军防御，有谁能活下来才是咄咄怪事。硝烟笼罩了海滩，草地起火燃烧，一缕缕烟雾从峭壁上懒洋洋地飘落。德国人的火炮依然沉默。一艘艘突击艇继续向前，艇上的官兵看见海浪来回冲刷的海滩上，布满了由钢铁和混凝土障碍物构成的致命丛林。随处可见的障碍物四周挂着铁丝网，顶部安装了地雷，凶残而又邪恶，和他们预料的一模一样。障碍物后方的海滩上空空如也，既没有防御工事也见不到人烟。突击艇继续向前，越来越近……500码……450码。敌人还是没开火。一艘艘突击艇穿过4～5英尺高的海浪向前疾驶，猛烈的舰炮火力开始前移，转向更远处的内陆目标。第一批突击艇距离海岸仅剩400码时，德国人的火炮，那些没人相信能在如此猛烈的炮击和轰炸下还能幸存的火炮，突然开火了。

杂乱的喧嚣中，有个声音比其他一切声响更靠近、更致命，是机枪子弹击中突击艇鼻状艇艏，在钢板上发出的叮当声。火炮轰鸣，迫击炮弹雨点般落下。奥马哈海滩4英里长的海岸线上，德国人的火炮猛烈轰击美军突击艇。

此刻是H时。

他们登上了奥马哈海滩。没人羡慕这些顽强向前、平平无奇的官兵。这一刻没有猎猎飘扬的战旗，也没有吹响的军号或号角，但辉煌的历史与他们同在。他们所属的那些团，在福吉谷、斯托尼克里克、安蒂特姆河畔、葛底斯堡宿过营，在阿戈讷打过仗。他们先前登上过北非、西西里、萨莱诺海滩，现在又要征服另一片日后他们称之为"血腥奥马哈"的海滩。

最猛烈的火力来自新月形海滩两端的悬崖和高耸的峭壁，西起第29步兵师绿D地段，东至第1步兵师绿F地段。德国人在此处集中了最强大的防御力量，据守从海滩通往滨海维耶维尔和科莱维尔的两个主要出口。突击艇刚刚逼近，就在海滩各处遭遇猛烈的火力，登陆绿D和绿F地段的官兵毫无成功的机会。悬崖上的德军射手，几乎直接俯瞰着驶近海滩这些地段的突击艇，一艘艘灌满海水、颠簸起伏的突击艇笨拙而又缓慢，在水里几乎静止不动，简直就是活靶。艇长攥着舵柄，竭力操纵笨拙的突击艇穿过缚有地雷的密集障碍物，现在还得冲过悬崖上袭来的夹射火力。

有些突击艇没能穿过迷宫般的障碍物和悬崖射来的密集火力，被迫退后，沿海滩漫无目的地游荡，想找个防御不太严密的地点登陆。另一些突击艇顽强地驶向指定地段，结果遭到猛烈炮击，迫使艇上的官兵从两侧跳入深深的水里，随即遭到机枪火力射杀。有几艘突击艇逼近海滩时被炮弹炸成碎片。爱德华·吉尔林少尉乘坐的突击艇，载有第 29 步兵师 30 名官兵，伴随一道刺眼的闪光，在距离绿 D 地段滨海维耶维尔出口 300 码的地方被炮弹炸碎。剧烈的冲击波把吉尔林和他的部下抛入海里。距离突击艇沉没处几码外，19 岁的吉尔林少尉浮出水面，他吓得够呛，差点没淹死。其他生还者也从水里冒了出来，但武器、钢盔、装备都丢了。艇长不见了，吉尔林一名部下背着沉重的电台在旁边的水里挣扎，尖叫着："看在上帝的分上，我要淹死了！"他沉入海里，众人根本来不及游过去救他。吉尔林和他那个分排的幸存者遭受的磨难才刚刚开始，他们在海里游了 3 个钟头才登上海滩。吉尔林随后得知，他是全连唯一幸免于难的军官，其他军官不是丧生就是负了重伤。

到达奥马哈海滩的一艘艘突击艇放下斜板，此举似乎是个信号，招来了更为密集的机枪火力。最猛烈的火力又一次落在绿 D 和绿 F 地段。第 29 步兵师的突击艇在沙洲搁浅，斜板放下，艇上官兵冲入 3 ～ 6 英尺深的水里。他们只有一个念头：涉过海水，跨过 200 码遍布障碍物的沙滩，登上逐渐升高的碎石滩，然后隐蔽到不知能否提供遮蔽的防波堤下。但沉重的装备压得他们喘不过气来，没办法在深深的海水里快速前进，再加上无遮无掩，不少人被纵横交错的机枪和轻武器火力射中。

晕船者在运输舰和突击艇上待的时间太长，一个个早已筋疲力尽，此刻又在没顶的海水里苦苦求生。二等兵戴维·席尔瓦看见前方冲下斜板的战友被袭来的火力刈倒。轮到他下艇时，席尔瓦跳入齐胸深的海水，身上的装备令他寸步难行，只能眼睁睁地看着子弹雨点般落在他周围的海面上。没过几秒钟，机枪火力射穿了他的背包、军装、水壶，席尔瓦觉得自己活像"飞碟打靶中的鸽子"。他认为德军机枪手看见了他，一个劲儿地朝自己开火，可他无法还击，他的步枪塞满了沙子。席尔瓦涉水前行，决心到达前方沙滩。登上海滩后，他赶紧冲向防波堤下的隐蔽处，完全没意识到自己挨了两枪，一枪击中后背，另一枪击中右腿。

不少人倒在海边，有的当即身亡，有的可怜兮兮地呼叫医护兵，上涨的潮水渐渐淹没了他们。谢尔曼·伯勒斯上尉也阵亡了，他的朋友查尔斯·考森上尉看见海水来回冲刷着伯勒斯的尸体，不知道他是否在艇上给部下背诵了《丹·麦格鲁枪击案》。卡罗尔·史密斯上尉从旁边走过，不由得想到，伯勒斯"再也不用忍受时常发作的偏头痛了"。伯勒斯头部中弹身亡。

绿D这场杀戮极为残酷，一整个连几分钟内就丧失了战斗力。从突击艇到海滩边缘这段血腥的行程，活下来的人不到三分之一。率领他们的军官，不是阵亡就是身负重伤，要么就是失踪了，这些士兵没有武器，惊慌失措，整个昼间都蜷缩在悬崖下方。另一个连在同一地段遭受的伤亡更高。第2游骑兵营C连奉命消灭滨海维耶维尔西面，敌人设在拉佩尔塞急流角的支撑点。游骑兵搭乘两艘突击艇，跟随第一拨突击部队冲向绿D，遭到敌火力重创。袭来的炮火当场击沉了为首的突击艇，12名游骑兵身亡。第二艘突击艇的斜板刚刚放下，机枪火力就朝忙着下艇的游骑兵袭来，打死打伤15人。幸存者朝悬崖冲去，途中接二连三地倒下。一等兵纳尔逊·诺伊斯背着沉甸甸的巴祖卡火箭筒，跟跟跄跄地奔跑了100码，随即伏倒在地。过了片刻，他起身再次向前冲去。待他到达碎石滩，才发觉机枪子弹击中了他的腿。诺伊斯趴在地上，忽然看见开火射击的两个德国兵从悬崖上俯瞰他的动静，他用双肘撑起身子，端起冲锋枪把两个德国兵射落悬崖。待C连连长拉尔夫·E.戈兰森上尉冲到悬崖底部，才发现70名游骑兵只剩35人，到夜幕降临，35名游骑兵只剩12人。

置身奥马哈海滩的美军官兵可谓祸不单行。有些士兵发现弄错了地方，与预定登陆地段相差近2英里。第29步兵师几个突击艇分排发现他们与第1步兵师的人混杂在一起。例如，本该登陆绿E地段，攻往莱穆兰出口的部队，却发现自己置身地狱般的绿F海滩东端。几乎所有登陆艇都稍稍向东偏离了预定登陆点。一艘指挥艇漂离规定位置，一股强劲的洋流沿海岸向东奔涌，草地起火腾起的烟雾遮蔽了地标，都是造成登陆地点发生偏差的原因。几个连队接受过夺取既定目标的训练，却没能接近这些目标。三五成群的士兵遭到德军火力压制，在无从辨识的地带孤立无援，他们往往既没有通信设备，也没有军官率领。

陆海军特种爆破工兵的任务是在海滩障碍物区炸开几条通道，可他们不仅散落在各处，还比规定时间晚了几分钟。懊恼的工兵立即在各自登陆的地点展开作业，可惜成效不尽如人意。后续几拨突击部队再过几分钟就要冲上海滩，这段时间里，爆破工兵只肃清了5条半通道，而不是计划规定的16条。各爆破组不顾一切地奋力作业，却总是受到妨碍，步兵在他们当中涉水而过，士兵躲在他们马上要炸掉的障碍物后面，被海浪裹挟的登陆艇几乎要压到他们头上。第299工兵营的巴顿·A.戴维斯中士，看见一艘突击艇朝他驶来。这艘满载第1步兵师官兵的突击艇径直冲向障碍物。伴随剧烈的爆炸，突击艇四分五裂。一瞬间，戴维斯看见艇上的人被抛入半空，尸体和残肢断臂落在燃烧的突击艇残骸周围。"我看见一个个黑色身影力图游过海面扩散开来的汽油，就在我们不知所措之际，一具脑袋被炸飞的尸体在空中飞了整整50英尺，落在我们身边，发出令人作呕的砰然巨响。"戴维斯不明白有谁能在如此剧烈的爆炸中活下来，可确实有两人捡了条命。他们被人从水里救出，严重烧伤但还活着。

戴维斯隶属陆海军特种工兵特遣队，这些英勇的官兵遭受的苦难，并不亚于他目睹的不幸。一艘艘载有炸药的登陆艇遭到炮击，残骸停在海滩边燃烧。搭乘小型橡皮艇的工兵携带着塑性炸药和雷管，一旦敌人的火力引爆炸药，就会把他们在水里炸成碎片。德国人看见工兵在障碍物之间忙碌，似乎把他们列为重点关注对象。一个个爆破组忙着拴绑炸药时，德军狙击手仔细瞄准了障碍物上的地雷。德国人有时候也耐心等待，直到美国工兵在一排排钢架和四面体障碍物上做好爆破准备。没等他们疏散，德国人就以迫击炮火引爆障碍物。日终前，工兵的伤亡率几乎达到了 50%。戴维斯也负了伤，夜幕降临时，他拖着负伤的腿登上医疗船返回英国。

此时是早上 7 点，第二拨部队到达混乱不堪的奥马哈海滩，冒着敌人密集的火力涉水上岸。损毁、燃烧的登陆艇越来越多，形成一片越来越大的墓地。每拨突击艇都朝上涨的潮水洒下汩汩热血，整片新月形海滩上，阵亡美军将士的尸体在海水里轻柔地相互推搡。

漂浮的船只残骸和物品堆积在岸边。重装备、补给物资、一箱箱弹药、损坏的电台、野战电话、防毒面具、堑壕挖掘工具、饭盒、钢盔、救生衣随处可见。大量的电线、绳索、口粮箱、探雷器散落在沙滩上，还有大批武器，从断裂的步枪到损坏的巴祖卡火箭筒都有。登陆艇扭曲的残骸倾斜着伸出水面，姿势相当怪异。燃烧的坦克腾起巨大的螺旋状黑烟，推土机翻倒在障碍物之间。红 E 地段外的海面上，遗弃的军用物资随波逐流，甚至还有把吉他。

一群群伤员星罗棋布地躺在沙滩上。路过的士兵注意到，那些尚能坐立的伤员现在似乎对二次负伤满不在乎了。他们一声不吭，毫不理会周围发生的事情和声响。第 6 特种工兵旅的医护兵艾尔弗雷德·艾根伯格上士，时至今日仍记得"重伤员彬彬有礼的做派"。他刚刚踏上海滩就看见大批伤员，一时间不知道"该从何处下手，先救治哪个伤员"。艾根伯格在红 D 遇到个年轻士兵，他坐在沙滩上，一条腿"从膝盖到盆骨开了个大口子，伤口整齐得就像外科医生用手术刀划开的"。伤口很深，艾根伯格甚至能清楚地看见动脉的搏动。这名伤兵看上去震惊不已，可还是冷静地告诉艾根伯格："我服了磺胺药片，还往伤口里撒了磺胺粉，我会没事的，对吧？"19岁的医护兵艾根伯格不知道该说些什么，他给伤兵注射了一针吗啡，对他说道："放心吧，你会没事的。"他随后把伤兵腿上整齐切开的伤口合拢，做了他觉得自己唯一能做的事情，用别针小心翼翼地封闭了伤口。

第三拨突击力量拥上混乱不堪、遍布死者的海滩，随即陷入停顿。几分钟后到达的第四拨突击部队也止步不前。这些士兵并排趴在沙滩、石块、页岩上，也有的蹲在障碍物后面或隐蔽在尸体间。他们本以为海空力量已经消灭了敌支撑点，现在却被敌火力压制。错误的登陆地段把他们弄得晕头转向。原以为空军轰炸会制造出弹坑，结果却不见踪影，这让他们不知所措，再加上周围的破坏和死伤，更是令他们震惊不已。他们伏在一处处海滩，似乎陷入了奇特的麻痹状态，一时间不知该如何是好。基于眼前发生的一切，有些人觉得当日的行动失败了。第741坦克营的技术军士威廉·麦克林托克遇到个坐在水边的伙计，他似乎没意识到落在整片地带的机枪火力，只是坐在那里"朝海里丢石块，还低声抽泣，似乎伤心欲绝"。

惊慌失措的局面没有持续太久。各处都有官兵清醒过来，知道待在海滩上只有死路一条，他们起身向前冲去。

10英里外的犹他海滩，第4步兵师的官兵朝岸上拥去，迅速冲向内陆。第三拨突击艇靠岸，几乎没遭遇任何抵抗。除了几发炮弹落在海滩上，外加零零星星的机枪和步枪火力，紧张、激动的美军官兵没遇到预期的激烈交战。许多官兵认为此次登陆就像例行演习。跟随第二拨突击部队投入行动的一等兵唐纳德·N.琼斯，觉得这就像"另一场登陆演习"。另一些官兵认为这场突击虎头蛇尾，还不如当初在英国斯拉普顿沙滩那几个月的训练来得艰苦。一等兵雷·曼略感失望，因为登陆行动"一点也不壮观"。就连障碍物也不像他们担心的那么密集，海滩上只有几个圆锥形、三角形混凝土障碍物，还凌乱地堆放着"钢铁刺猬"。这些障碍物绑缚的地雷寥寥无几，而且都暴露在外，工兵很容易找到。一个个爆破组已投入作业。他们在滩头防御炸开一个50码宽的缺口，还炸开防波堤，没用一个钟头就肃清了整片海滩。

犹他海滩的登陆行动大获成功，一个重要原因是两栖坦克顺利投入，这些坦克沿1英里长的海滩排开，帆布防水围裙软塌塌地垂下。两栖坦克跟随第一拨突击部队从海里驶上滩头，为冲过海滩的部队大力提供支援。突击开始前的舰炮轰击似乎粉碎了海滩后方的德军支撑点，两栖坦克的出现更是让德国人丧失了士气。尽管如此，此次突击并非全无痛苦和伤亡。一等兵鲁道夫·莫兹戈刚刚上岸就见到了阵亡者。炮弹直接命中一辆坦克，莫兹戈看见"一名车组人员半挂在舱口"。第1特种工兵旅的赫伯特·泰勒少尉看见"20英尺外炸开的炮弹削掉了某个士兵的脑袋"，这一幕把他吓得不知所措。一等兵爱德华·乌尔夫从一个阵亡的美国兵身旁走过，"他背靠柱子坐在海滩上，看上去好像睡着了"。他的模样自然而又安详，乌尔夫"甚至有种推醒他的冲动"。

西奥多·罗斯福准将在沙滩上来回逡巡，偶尔按按患有关节炎的肩膀。57岁的罗斯福是唯一跟随第一拨突击部队登陆的将领，他好不容易才争取到这项任务。罗斯福首次提出请求时遭到驳回，但他立即呈交了第二份申请。他给第4步兵师师长雷蒙德·O.巴顿少将写了张便条，提出的理由是"那些小伙看见我跟他们在一起会安心的"。巴顿勉强同意了，但这项决定令他心神不安。他后来回忆道："我在英国与特德（罗斯福准将）道别时，从没想过还能活着见到他。"意志坚定的罗斯福准将活力四射。第8步兵团的哈里·布朗中士看见他"一手挂着拐杖，一手拿着地图来回走动，仿佛在查看某处房地产"。迫击炮弹不时在海滩上炸开，沙子四散飞溅。罗斯福似乎有点恼火，很不耐烦地抖落身上的沙子。

第三拨突击艇开始抢滩。艇上的官兵涉水上岸之际，突然响起德军88毫米炮的轰鸣，一发发炮弹在刚刚到达的士兵间炸开，当场炸倒十来个人。片刻后，硝烟中出现个孤零零的身影，他的脸熏黑了，钢盔和装备不见踪影。他被这场炮击吓坏了，目光呆滞地走上滩头。罗斯福准将大声呼叫医护兵，跑过去搂住这名士兵轻声说道："小伙子，我们会把你送回艇上的。"

此时只有罗斯福和他的几名军官知道，犹他海滩的登陆地点弄错了。这是个幸运的失误，该师原定的突击地带，德军几座重型炮台依然完好无损，本来会给美军造成严重伤亡。登陆地点出错是几个原因造成的：海军舰炮轰击后，腾起的烟雾遮蔽了地标，结果造成混乱；一股强劲的洋流沿海岸奔涌，把引导第一拨突击部队唯一的指挥艇推向南面，导致部队在预定海滩南面 1 英里多的地方登陆。结果，第一拨突击部队没有登上 3 号、4 号出口对面的海滩，这两条重要的堤道通往第 101 空降师赶来的方向。相反，整个登陆滩头与预定目标偏差了近 2000 码，此刻横跨 2 号出口。颇具讽刺意味的是，罗伯特·G.科尔中校率领第 101、第 82 空降师 75 名士兵组成的混编部队，此时刚刚到达 3 号出口西端。他们是首支到达堤道的伞兵力量。科尔和他的部下隐蔽在沼泽里耐心等待，以为第 4 步兵师的官兵随时会到来。

靠近 2 号出口接近地的海滩上，罗斯福准将正要做出重要决定。从这一刻起，每隔几分钟就有一拨人员和车辆登陆，共计 3 万名官兵和 3500 部车辆。罗斯福必须下定决心，是率领顺利登陆的一批批部队进入这片相对平静，但只有一条堤道的新地带，还是让所有突击部队带上装备转移到原定地带，也就是有两条堤道的犹他海滩。要是无法打开并守住唯一的出口，困在海滩上的人员和车辆就会陷入噩梦般的混乱。罗斯福准将召集几名营长商讨了一番，最终做出决定：第 4 步兵师不必转向原定海滩夺取预定目标，而是沿唯一的堤道攻往内陆，粉碎途中遭遇的德军阵地。美军的登陆无疑把德国人打得措手不及，现在一切取决于抢在对方恢复前尽快向前推进。德军的抵抗很轻微，第 4 步兵师将士迅速离开海滩。罗斯福转身对第 1 特种工兵旅的尤金·卡菲上校说道："我去前面指挥部队，你给海军捎个话，让他们把部队送过来，我们就从这里发起战斗。"

犹他海滩外的海面上，美国海军"科里"号驱逐舰的舰炮打得滚烫。由于射速太快，水兵不得不站在炮塔上，拎着水管给炮管浇水降温。乔治·霍夫曼海军少校把他的驱逐舰驶入发射位置驻锚，几乎从那一刻起，"科里"

号的舰炮就以每分钟 8 发 5 英寸炮弹的射速炮击内陆。110 发准确瞄准的炮弹命中目标，致使德军一座炮台再也无法给任何人制造麻烦。德国人一直在还击，炮火相当猛烈。"科里"号是德国炮兵观察员发现的唯一一艘驱逐舰。烟幕施放机奉命掩护"近岸支援"炮击群，但"科里"号派出的飞机被敌人击落。最要命的是，德军一座炮台似乎把怒火集中到暴露在外的"科里"号驱逐舰头上，这座俯瞰海岸的炮台设在犹他海滩上方的悬崖上，从炮口的闪光看，就在圣马尔库夫村附近。霍夫曼决定稍事退后，以免为时过晚。报务员本尼·格利森下士后来回忆道："我们掉转方向，就像见到海军陆战队员的老处女那样，只给对方留下个舰艉的身影。"

但"科里"号此时在浅水区，附近有几片锋利的暗礁。没弄清情况，舰长不敢贸然冲向安全水域。一连几分钟，他不得不与德军炮手玩一场扣人心弦的猫鼠游戏。霍夫曼竭力预测敌炮火齐射的落点，指挥"科里"号展开一连串颠簸的机动，忽而前进，忽而倒车，忽而转向左舷，忽而转向右舷，忽而停车，然后再次前进。在此期间，"科里"号的舰炮一直在与敌炮台交火。附近的美国海军"菲奇"号驱逐舰发现"科里"号陷入窘境，也开始轰击圣马尔库夫炮台，但德国人精准的炮火毫未减弱。冒着周围不断落下的炮弹，霍夫曼指挥"科里"号一点点驶离险境。他欣慰地看见战舰终于避开暗礁，这才下达命令："右满舵！全速前进！"

"科里"号加快速度，霍夫曼朝身后望去，德国人的炮火齐射击中驱逐舰的尾流，激起一团团浪花。霍夫曼长长地松了口气，终于脱险了。可就在这一刻，他的好运耗尽了。"科里"号驱逐舰以超过 28 节的航速破浪前行之际，一头撞上潜在水下的水雷。

剧烈的爆炸似乎把驱逐舰舷侧掀出水面，霍夫曼震惊不已，一时间茫然无措。他觉得似乎是"地震把军舰掀了起来"。报务室里的本尼·格利森一直透过舷窗朝外张望，突然觉得自己"跌入一台混凝土搅拌机"。剧烈的冲击导致他双脚离地，整个人被抛向舱室顶，随后摔倒在地，膝盖粉碎性骨折。

水雷几乎把"科里"号拦腰炸断，主甲板出现一条宽度超过 1 英尺的裂缝，舰艏和舰艉不可思议地向上翘起，唯一把驱逐舰连接在一起的是甲板上层建筑。海水灌满了锅炉舱和轮机舱，二号锅炉舱几乎没有生还者，那里的锅炉爆炸，舱里的人几乎都当场被烫死了。舰舵卡死，"科里"号丧失了动力，但不知怎么回事，这艘濒临沉没的驱逐舰冒着蒸汽和火焰，继续在海里疯狂冲刺。霍夫曼突然发觉，舰上几门火炮仍在开火，那些炮手在没有动力的情况下，靠手动装填继续开炮。

"科里"号驱逐舰沦为一堆扭曲的钢铁，在海里继续行驶了 1000 多码才停下。德军几座炮台随后瞄准目标，霍夫曼下达了弃舰的命令，接下来几分钟，至少 9 发炮弹命中这艘严重损毁的战舰。一发炮弹炸毁了 40 毫米舰炮，另一发炮弹击中舰艉发烟器，腾起的烟雾把艰难登上救生艇、救生筏的舰员熏得喘不过气来。

此时，海水漫过主甲板 2 英尺，霍夫曼最后一次环顾四周，随后跳入海里，朝救生筏游去。他身后的"科里"号，舰身已下沉，只有舰桅和部分上层建筑仍露出水面，这是美国海军 D 日唯一的重大损失。霍夫曼的 294 名舰员，13 人阵亡或失踪，33 人负伤，甚至超过犹他海滩登陆部队到目前为止遭受的伤亡。

霍夫曼认为自己是最后一个离开"科里"号的人，其实并非如此。时至今日也没人说得清最后弃舰的人究竟是谁，但救生艇和救生筏驶离时，另外几艘军舰上的人看见一名舰员攀上"科里"号舰艉。他摘下被击落的舰旗，游了一段距离，爬上军舰残骸，来到主桅下。美国海军"巴特勒"号驱逐舰上，舵手迪克·斯克林肖惊愕而又钦佩地盯着那名水兵，炮弹此时仍在周围落下，他沉着地系好舰旗，把它升上桅杆，这才游离。斯克林肖看见那面舰旗在"科里"号残骸上方耷拉了一会儿，随后舒展开来，在微风中猎猎飘扬。

火箭拖着绳索飞向奥克角 100 英尺高的悬崖。在犹他海滩与奥马哈海滩之间，从海上而来的美军展开了第三场攻击。冒着猛烈的轻武器火力，詹姆斯·E. 鲁德尔中校的三个游骑兵连发起突击，力图打哑德军庞大的海岸炮台，据情报部门说，这些炮台对奥克角两侧的美军登陆海滩构成威胁。9 艘突击艇把第 2 游骑兵营 225 名官兵送到悬崖下方一道狭长的海滩。高耸的悬崖好歹能为他们提供些掩护，避开机枪火力和德国人从上方抛下的手榴弹，但仅限于此。附近的海面上，皇家海军"塔勒邦特"号驱逐舰和美国海军"萨特利"号驱逐舰不停地炮击悬崖顶部。

鲁德尔的游骑兵本该在 H 时到达悬崖底部，但为首的突击艇偏离方向，把这支小小的突击艇队领向东面 3 英里的拉佩尔塞急流流角。鲁德尔发现航向有误，赶紧把突击艇队带回正确的航线，但宝贵的时间被耽误了。这番延误让他与 500 人的支援力量失之交臂：第 2 游骑兵营余部和马克斯·施奈德中校的第 5 游骑兵营。按照计划，待部下攀上悬崖，鲁德尔就发射信号弹，通知乘坐突击艇待在几英里外海面上的其他游骑兵跟上。倘若 7 点还没收到信号，施奈德中校就知道突击奥克角的行动失败了，他会率领部下赶往 4 英里外的奥马哈海滩。他的游骑兵营准备在那里跟随第 29 步兵师登陆，而后向西赶往奥克角，从后方攻克敌炮台。此时是 7 点 10 分，没看见信号的施奈德已率领部队赶往奥马哈。鲁德尔和 225 名游骑兵只能孤军奋战了。

现场混乱而又激动人心，火箭一次次呼啸腾空，把附有抓钩的绳索和绳梯射向悬崖。炮弹和 40 毫米机关炮火力袭向悬崖顶部，震落的大土块砸在游骑兵身上。这群官兵拖着云梯、绳索、手持式火箭抛绳器冲过狭窄、布满弹坑的海滩。德国兵突然出现在悬崖顶部各处，朝下方投掷长柄手榴弹，或用施迈瑟冲锋枪扫射。游骑兵左躲右闪，从一个藏身处跑到下一个藏身处，他们卸下突击艇上的装备，朝悬崖顶开火还击，这一切都在同时进行。奥克角附近，两辆两栖运输车也朝悬崖驶来，车上载有从伦敦消防局借来的长长的折叠式云梯。游骑兵站在云梯顶部，用勃朗宁自动步枪和冲锋枪扫射岬角。

这场突击相当猛烈。有些游骑兵没等绳索固定就斜挎武器，用匕首凿出一个个可供手抓的凹槽，像苍蝇那样攀爬九层楼高的悬崖。一些抓钩固定住后，游骑兵朝垂下的一根根绳索冲去。德国人割断绳索，跌落悬崖的游骑兵发出惨叫。一等兵哈里·罗伯特的绳索两次被割断，第三次攀登时终于到达悬崖下方炮弹炸出的凹坑。绰号"弯杆"的比尔·佩蒂中士打算沿一条没有绳结的绳索稳步向上攀爬，尽管他是个出色的徒手攀岩者，但沾满泥浆的绳索又湿又滑，他没办法爬上去。佩蒂随后试了试绳梯，往上爬了30英尺，德国人割断绳梯，他滑落下来，只好重新想办法。赫尔曼·斯坦中士登上另一架梯子，无意间触动了救生衣，救生衣迅速充气，差点把他推下崖壁。他与救生衣"搏斗了一辈子那么久"，可云梯上，他上面和下方都有人，一时间进退不得。不知怎么办到的，斯坦继续朝上爬去。

此时，游骑兵顺着悬崖顶部垂下的数十根扭曲蜿蜒的绳索向上攀登。第三次攀爬悬崖的佩蒂中士，突然被周围纷飞的土块溅了一身。原来是德国兵从悬崖边探出身子，用机枪扫射向上攀爬的游骑兵。德国人打得很顽强，全然不顾消防梯上游骑兵射来的弹雨，也没理会近海几艘驱逐舰袭来的舰炮火力。佩蒂看见一旁的攀爬者身子发僵，随后跌落悬崖，斯坦也见到了这一幕，21岁的一等兵卡尔·邦巴尔迪耶同样看得清清楚楚。他们惊恐地看着那名战友顺着绳索跌了下去，身躯被岩脊和突出地面的石块弹了出去，佩蒂觉得"他过了好长时间才掉到海滩上"。攀在绳梯上的佩蒂吓得够呛，甚至无法伸手攀住下一节梯级。他后来记得自己当时嘟囔了一句："这也太难爬了！"但德国人的机枪火力促使他再次动起来。他们扫射悬崖，子弹危险地击中佩蒂旁边的崖壁，他"立马清醒了"，不顾一切地向上爬完最后几码。

登上悬崖的游骑兵立即卧倒或跳入弹坑。里吉斯·麦克洛斯基中士指挥他那艘半沉的弹药艇驶上海滩，在他看来，奥克角高地呈现出令人难以置信的怪异场景。地面坑坑洼洼，看上去活像"月球上的陨石坑"，无疑是 H 时到来前，海空力量投掷炮弹和炸弹的杰作。登上悬崖的游骑兵躲入弹坑隐蔽，此处陷入了一阵诡异的沉寂。火力停息了一会儿，这里看不到一个德国兵，随处可见的弹坑一直延伸到内陆，这是一片可怕的、充满暴力的中间地带。

鲁德尔中校已经在悬崖边缘的凹陷处设立了首个指挥所。他的信号官詹姆斯·艾克纳中尉从这里发出"赞美主"的信息，意思是"所有人已登上悬崖"。但这种说法并不尽然。悬崖底部，原先在私人诊所担任儿科医生的游骑兵军医，正在海滩上照料大约 25 名死伤者。时间一分一秒地过去，这股英勇的游骑兵不断减员，到这天结束时，225 名官兵只剩 90 人还能继续战斗。更糟糕的是，这场英勇的突击纯属徒劳，此处根本没有需要他们打哑的火炮。法国地下组织地段领导人让·马里翁先前发给伦敦的情报真实无误。奥克角顶部遭到炮火猛烈打击的掩体空空如也，德国人根本没在这里部署火炮[①]。

悬崖顶上，佩蒂中士和他的勃朗宁自动步枪四人小组坐在弹坑里休息。爬完悬崖，他们一个个累得够呛。薄雾飘过被炮弹翻搅一遍、坑坑洼洼的地面，空气里充斥着浓浓的火药味。佩蒂心不在焉地环顾四周，看见弹坑边缘有两只吃虫的麻雀，不禁对身旁的战友说道："看，它们在吃早餐呢。"

此时，在这个伟大而又令人敬畏的早晨，盟军从海上发起突击的最后阶段拉开了帷幕。M.C. 邓普西中将率领英国第 2 集团军，带着严肃而又

---

① 大约两个钟头后，游骑兵一支巡逻队在一英里外的内陆发现一处伪装过的阵地。这里部署了 5 门火炮，无人据守。每门火炮旁都堆满了炮弹，已做好开火的准备，但游骑兵没找到德国人在此据守的迹象。估计德国人本打算把这些火炮部署到奥克角炮台。

活泼、盛大而又隆重的派头，摆出英国人素来在重大时刻到来之际刻意表现出的无动于衷的姿态，即将踏上诺曼底登陆海岸东半部。他们为这一天整整等待了四年。他们要冲击的不仅仅是海滩，还有那些苦涩的回忆，关于慕尼黑和敦刻尔克，关于一次次可恨而又耻辱的后撤，关于无数次毁灭性空袭，关于他们孤身抵抗的暗淡岁月。与他们并肩奋战的加拿大人，一心想为迪耶普的惨败复仇雪恨。投入进攻的还有法国军人，重返祖国的这个清晨，他们一个个干劲十足，急不可耐。

空气中弥漫着一股奇特的喜气。部队开赴各处海滩时，剑滩近海一艘救生艇上的大喇叭传出了《啤酒桶波尔卡》的歌声。金滩近海一艘载有火箭炮的驳船播放的是《我们不知道要去哪里》。赶往朱诺海滩的加拿大官兵，听见海面上响起刺耳的军号，有些人甚至引吭高歌，海军陆战队员丹尼斯·洛弗尔记得，"那些小伙站起身，把陆海军常见的歌曲唱了个遍"。洛瓦特勋爵第1特种勤务旅的突击队员不肯戴钢盔，而是戴着绿色贝雷帽，他们军容整齐，威风凛凛，在风笛高昂的曲调中投入战斗。他们的登陆艇与海军少将维安的旗舰"锡拉"号并行时，突击队员纷纷竖起大拇指向维安少将致敬。18岁的二等水兵罗纳德·诺斯伍德从舰上俯瞰这些突击队员，觉得他们"是我见过的最优秀的军人"。

许多官兵甚至以超然的态度看待障碍物和敌人此刻射向登陆艇的火力。一艘坦克登陆艇上，报务员约翰·韦伯看见皇家海军陆战队一名上尉仔细研究了遍布海岸线的、迷宫般的地雷障碍物，随后漫不经心地对艇长说道："老伙计，要我说，你真该把我这些小伙送上海滩，那里有个强劲的对手。"另一艘登陆艇上，第50步兵师一名少校若有所思地盯着一颗颗圆盘地雷，德国人装在障碍物顶部的地雷清晰可见，他对艇长说道："看在上帝的分上，千万别撞上那些该死的'椰子'，否则我们都得免费下地狱了。"搭载皇家海军陆战队第48突击队的一艘突击艇，在朱诺海滩近海遭遇重机枪火力，艇上官兵纷纷躲在甲板上层建筑后面。队里的副官丹尼尔·弗伦德上尉没有隐蔽，而是把轻便手杖夹在腋下，镇定自若地在前甲板来回走动。他后来解释道："我觉得就该这样做。"（他这样做时，一颗子弹射穿了他的地图包）冲往剑滩的登陆艇上，绰号"鞭炮"的C.K.金少校兑现了他的诺言，大声朗读着《亨利五世》。伴随柴油引擎的轰鸣、嘶嘶作响的蒸汽、枪炮的喧嚣，金举着扩音器读道："此刻在英格兰睡觉的绅士，会认为今天没来此地乃是倒霉的事……"

有些人已经迫不及待地要投入战斗。两名爱尔兰中士，一个是绰号"帕迪"的詹姆斯·珀西瓦尔·德·莱西，几个钟头前他还提议为"让我们免于卷入战争"的德·瓦莱拉干杯，另一个是他的老朋友帕迪·麦奎德，两人站在坦克登陆舰的斜板上，在皇家海军上佳的朗姆酒鼓舞下，一本正经地扫视着舰上的部下。麦奎德死死盯着周围的英国兵说道："德·莱西，你不觉得某些小伙似乎有点害怕吗？"靠近海滩时，德·莱西朝部下喊道："时候到了！我们出发！跑步前进！"坦克登陆舰停下，舰上的官兵冲了出去，麦奎德朝炮火硝烟萦绕的海岸线喊道："你们这帮王八蛋，出来跟我们干一仗！"话音未落就消失在水里，过了片刻又冒出头来，气急败坏地吼道："真见鬼，我还没踏上海滩就想淹死我！"

剑滩近海处，英国第3步兵师的二等兵休伯特·维克多·巴克斯特启动了他那辆布伦机枪运载车，他从装甲车顶部朝外张望，随即一头驶入水里。他的死敌，绰号"全垒打"的贝尔中士，坐在他上方暴露在外的高座椅上，他们俩明争暗斗了好几个月。贝尔喊道："巴克斯特，你把座椅收起来就能看清行驶方向了！"巴克斯特回敬道："用不着，我能看见！"机枪运载车驶上滩头，中士激动不已，一时间故态重萌，就像当初造成两人不和那样，一次次用拳头敲打巴克斯特的钢盔，吼叫着："继续前进！继续前进！"

英军突击队登上剑滩，洛瓦特勋爵的风笛手威廉·米林从登陆艇跳入齐胸深的海水。他看见前方海滩上浓烟滚滚，还听见迫击炮弹的爆炸声。

米林奋力朝岸边走去，洛瓦特勋爵朝他喊道："伙计，给我们吹一首《高地少年》！"米林站在深及腰部的水里，把风笛吹口凑到嘴边，踏着飞溅的浪花，卖力地吹奏起呜咽的曲调。米林到达岸边就停止了前进，他没理会纷飞的炮火，而是沿着海滩来回走动，为岸上的突击队员吹奏。从他身边路过的官兵络绎不绝，风笛声夹杂着子弹的嗖嗖声和炮弹的尖啸声，米林此时吹奏的是《通往群岛之路》。一名突击队员喊道："伙计，好样的！"另一个突击队员嚷着："你个傻小子，快趴下！"

剑滩、朱诺、金滩，整个登陆地带长约20英里，从奥恩河河口附近的乌伊斯特勒昂到西面的勒阿梅尔村，英国军队争相上岸。一艘艘登陆艇挤满各处海滩，一群群士兵蜂拥而下，几乎在各处都遇到了大浪和水下障碍物，这些东西造成的麻烦远远大于敌军炮火。

蛙人率先跳入海里，120名水下爆破专家受领的任务是在障碍物之间炸出几个30码宽的缺口。他们只有20分钟来完成这项任务，头几拨突击部队随后就要登上滩头。这些障碍物很难处理，德国人在某几处布设的障碍物，比诺曼底登陆地域其他地段密集得多。皇家海军陆战队的彼得·亨利·琼斯中士游入由钢架、比利时铁门、拒马、混凝土角锥构成的迷宫。在他必须炸开的30码缺口部，琼斯看见12个大型障碍物，有几个长达14英尺。皇家海军上尉琼斯·B.泰勒也是蛙人，看见周围大量排列的水下障碍物，不禁朝队长喊道："这项该死的任务没法完成。"话虽这么说，可他还是投入了工作。泰勒和其他蛙人冒着炮火，有条不紊地展开作业。由于障碍物太大，没办法集中爆破，他们只好一个接一个地炸掉。这群蛙人忙碌之际，两栖坦克驶入他们当中，第一拨登陆部队紧随其后。蛙人浮出水面，看见登陆艇被海浪掀到一旁，撞上障碍物。地雷爆炸，钢钉和拒马的尖刺撕裂了艇身，一艘艘登陆艇在各处海滩苦苦挣扎。有些登陆艇甚至差点堆叠起来，导致沿岸水域沦为垃圾场。报务员韦伯记得，他当时觉得"这场抢滩简直就是悲剧"。韦伯乘坐的登陆艇靠近海岸，他看见"搁浅燃烧的坦克登陆艇，岸边扭曲的金属残骸，燃烧的坦克和推土机"。一艘坦克登陆艇从他们身旁而过，朝外海驶去，韦伯惊恐地看见"烈焰吞没了它的井型甲板"。

蛙人琼斯和皇家工兵的战友此时在金滩忙着清理障碍物，他看见一艘步兵登陆艇驶来，站在甲板上的士兵正准备下艇。一股大浪突然袭来，步兵登陆艇猛地转向一侧，在海里不停地起伏，随即撞上几个绑着地雷的钢制三角锥。伴随剧烈的爆炸，琼斯看见登陆艇炸得粉碎，这一幕让他想起"慢动作动画片，站在甲板上的人突然飞入空中，就像被水柱喷出去似的……水柱顶端，尸体和尸块像水珠那样洒落"。

障碍物给一艘艘登陆艇造成了大麻烦。运送皇家海军陆战队第47突击队赶往金滩的16艘登陆艇，损失了4艘，11艘受损搁浅，只有1艘返回母舰。第47突击队的唐纳德·加德纳中士和他的部下，在距离海岸约50码的地方落入海里，丢失了所有装备，不得不冒着机枪火力朝岸上游去。他们在水里挣扎时，加德纳听见有个伙计说道："也许是我们贸然闯入了，这里似乎是个私人海滩。"赶往朱诺海滩的皇家海军陆战队第48突击队，不仅遇到了障碍物，还遭到了迫击炮火的猛烈打击。迈克尔·奥尔德沃思中尉和40名部下蹲伏在步兵登陆艇前舱，一发发炮弹在他们周围炸开。奥尔德沃思探头看看四周的情况，随即看见艉舱几个人沿着甲板跑了过来。奥尔德沃思的部下喊道："我们还要多久才能出去？"奥尔德沃思答道："伙计，再等等，还没轮到我们。"隔了片刻，又有人问道："好吧，老伙计，你觉得还要等多久？该死的底舱里满是海水。"

各种小艇迅速赶来，把下沉的步兵登陆艇上的人员救走。奥尔德沃思记得，赶来救援的小艇太多，"简直像是在邦德街叫出租车"。有些人被平安送到海滩，另一些人被送上加拿大驱逐舰，但50名突击队员发觉自己上了一艘坦克登陆艇，这艘登陆艇卸下运载的坦克，奉命直接返回英国。这群突击队员火了，可无论他们说什么做什么，都无法让艇长改变航向。

大腿负伤的德·斯塔克普尔少校也争了几句，他一听到登陆艇的目的地就怒吼起来："乱搞！你们都疯了！"说罢跳下登陆艇，朝岸边游去。

事实证明，对大部分官兵而言，此次突击最难克服的就是敌人布设的障碍物。一旦突破障碍物构成的防御，他们就发现敌人沿三片海滩实施的抵抗强弱不等，有些地段很激烈，有些地段很轻微，还有些地段甚至没有抵抗。金滩西半部，汉普郡团第1营官兵在涉过3～6英尺深的海水上岸时遭到重创。他们并排向前，在波涛汹涌的海里苦苦挣扎，勒阿梅尔村猛烈的迫击炮火和纵横交错的机枪火力朝他们射来，德军顽强的第352步兵师据守着该支撑点。英军官兵一个个倒下，二等兵查尔斯·威尔逊听见有人惊愕地喊道："伙计，我中弹了！"威尔逊扭头看见，一名战友脸上带着难以置信的怪异表情，一声不吭地倒在海里。威尔逊继续涉水前进，他先前有过在海里遭机枪火力打击的经历，不过那是在敦刻尔克，而且是朝另一个方向前进。二等兵乔治·斯特内尔也看见周围的战友纷纷倒下。他遇到一辆布伦机枪运载车，停在大约3英尺深的水里，发动机仍在转动，司机"呆若木鸡地站在车轮旁，吓得不敢把车辆驶上滩头"。斯特内尔一把推开他，冒着密集的机枪火力，把这辆布伦机枪运载车驶上滩头。就在他为自己完成的壮举兴高采烈时，突然栽倒在地，一发子弹带着极大的冲击力命中他上衣口袋里的一罐香烟。过了片刻，他发觉鲜血从后背和肋部的伤口汩汩流出，这发子弹干净利落地穿透了他的身体。

汉普郡人耗费近8个钟头才打垮勒阿梅尔村的防御，D日日终前，全营伤亡近200人。奇怪的是，在两侧登陆的部队，除了障碍物，几乎没遇到什么麻烦。伤亡当然也有，但比预想的少得多。汉普郡人左侧，多塞特团第1营仅用40分钟就离开了海滩。旁边的绿霍华德团怀着必胜的信心迅速登陆，没过一个钟头就开往内陆，还夺得了他们的首个目标。连军士长斯坦利·霍利斯到目前为止已击毙90个德国兵，涉水上岸后，他单枪匹马夺得了一座碉堡。霍利斯沉着镇定，用手榴弹和斯特恩冲锋枪击毙2

个德国兵，俘虏 20 人，当天他还会再干掉 10 个敌人。

勒阿梅尔右侧的海滩非常平静，有些官兵甚至为此大失所望。医护兵杰弗里·利奇看着人员和车辆蜂拥上岸，随后发觉"医护兵无所事事，只好帮着搬卸弹药"。在皇家海军陆战队员丹尼斯·洛弗尔看来，这场登陆就像"国内举行的演习"。他所在的皇家海军陆战队第 47 突击队迅速离开海滩，避开与敌人的接触，转身向西，以强行军跋涉 7 英里，赶去与贝桑港附近的美军会合。他们估计中午前后就能遇到从奥马哈海滩而来的首批美军官兵。

可惜这场会师没能实现，因为作风顽强的德国第 352 步兵师彻底压制了奥马哈海滩上的美军。与那里的情况不同，英国人和加拿大人遇到的是厌战、实力低下的德国第 716 步兵师，完全不堪一击，更何况这个师还有好多苏联、波兰"志愿者"。另外，英国人不仅充分发挥了两栖坦克的效力，还小题大做地投入了大批装甲战车。一些战车，例如连枷坦克，用一根根铁链抽打前方地面，引爆敌人埋设的地雷；一些战车载有小型桥梁或一卷卷硕大的钢垫，摊开钢垫就能在松软的地面铺设一条临时道路；另一些战车甚至载有巨大的圆木捆，以此充当翻越墙壁的垫脚石，或铺在防坦克壕上。这些新玩意儿，以及海上力量对英军登陆海滩超长时间的炮击，都为地面突击部队提供了额外保护。

尽管如此，英国人和加拿大人还是在某些地方遭遇了顽强抵抗。朱诺海滩半幅地带，加拿大第 3 步兵师的官兵突破碉堡和堑壕构成的防线，穿过一座座筑垒房屋，在库尔瑟勒镇内一条条街道上厮杀，最终达成突破，朝内陆挺进。不过，彻底肃清敌人的抵抗还得耗费两个钟头。在许多地方，这项任务以处决的方式迅速完成。一艘坦克登陆艇把人员和坦克送到库尔瑟勒海滩，二等水兵爱德华·阿什沃思从艇上下来，看见几个加拿大士兵把 6 名德国俘虏押到不远处的沙丘后面。阿什沃思觉得这是个好机会，可以弄顶德国钢盔做纪念品。他沿着海滩跑到沙丘后，发现那些德国兵"横七竖八地躺在地上"。阿什沃思还是想弄顶钢盔，于是俯身查看其中一人，却发现"他的喉咙被割断了，几个俘虏都被割了喉"，阿什沃思"情绪低落地转身离开，没碰那些钢盔"。

绰号"帕迪"的德·莱西中士也在库尔瑟勒地带，他俘虏了12个德国兵，这些德国人几乎迫不及待地高举双手从战壕里走了出来。德·莱西站在那里盯着他们看了一会儿，想起自己在北非阵亡的兄弟，随后对身旁的士兵说道："看看这帮超人，好好看看。把他们带走吧，别让我再瞅见他们。"说罢他就走开了，想喝杯茶压压怒火。德·莱西用固体酒精烧水时，一名"乳臭未干"的年轻军官走了过来，严厉地说道："中士，你看看你，现在可不是沏茶的时候。"德·莱西抬头瞅了一眼，以21年军龄赋予他的耐心答道："长官，我们现在可不是在玩扮演军人的游戏，这是场真正的战争，你干吗不待5分钟再过来喝杯好茶呢？"年轻的军官照办了。

库尔瑟勒地段的战斗仍在进行之际，人员、火炮、坦克、车辆、物资源源不断地被运上滩头。挺进内陆的行动不仅顺利，而且颇见成效。海滩勤务负责人科林·莫德上尉不许任何人在朱诺海滩闲逛。大多数人，例如海军中尉约翰·贝农，看见这位个头很高、蓄着胡子的军官就心生惧意，他举止威严，嗓音洪亮，以相同的话语招呼刚刚踏上海滩的官兵："我是接待委员会主席，也是这里的负责人，赶紧动起来！"没人想同朱诺海滩这位"看守员"争论，贝农记得，莫德上尉拎着根短棍，另一只手用皮带紧紧牵着一头长相凶猛的阿尔萨斯犬，不用多说什么，就能达成他希望的结果。国际新闻社记者约瑟夫·威利科姆事后回忆起他与海滩勤务负责人徒劳的争吵。威利科姆跟随第一拨加拿大官兵登陆，他事先获得过保证，届时可以用海滩勤务负责人的双向对讲机给指挥舰发一条25个单词的消息，指挥舰再把这条新闻传回美国。显然没人想用这件琐事打扰莫德。他冷冷地盯着威利科姆，吼道："亲爱的伙计，这里还在打仗呢！"威利科姆不得不承认他说得有道理[1]。几码外，海滩杂乱的草丛里，躺着15名加拿大官兵残缺不全的尸体，他们冲上滩头时不慎踏上了地雷。

加拿大官兵在朱诺海滩遭受的伤亡很大，这里是英联邦军队三片登陆海滩中最血腥的一处。汹涌的海浪给登陆造成了延误。朱诺海滩东半部锋利的暗礁，德国人布设的障碍物，给突击艇造成了严重破坏。更要命的是，海空力量的炮击和轰炸没能摧毁海岸防御，甚至完全没有击中它们，某些地段，部队在没有坦克掩护的情况下强行登陆。贝尔尼埃镇和滨海圣奥班镇对面，加拿大第8步兵旅和皇家海军陆战队第48突击队官兵遭遇了猛烈的火力。为冲上滩头，某个连损失近半数兵力。滨海圣奥班射出的炮火相当密集，在海滩上造成了极为可怕的场面。为防止弹片飞入，一辆坦克关闭舱盖，在海滩上疯狂行驶，企图避开炮火，结果从死者和垂死者身上碾过。突击队的丹尼尔·弗伦德上尉从沙丘间扭头望去，看到这一幕，他不顾身边炸开的炮弹，沿着海滩跑了回去，声嘶力竭地喊道："那是我的人！"愤怒的弗伦德用轻便手杖敲击坦克舱盖，可坦克继续行驶。弗伦德只好掏出手雷，拔掉保险栓，炸断了坦克一条履带。惊慌的坦克兵推开舱盖，这才明白发生了什么事。

尽管战斗很激烈，而且持续不停，但加拿大官兵和英军突击队没用30分钟就穿过贝尔尼埃和滨海圣奥班的海滩，朝内陆挺进。后续几拨部队几乎没遇到什么麻烦，不到一个钟头，海滩上就平静了下来。阻塞气球部队的二等兵约翰·墨菲发现，"最坏的敌人是沙虱，潮水袭来时，这东西简直把我们逼疯了"。海滩后方的巷战历时近两个钟头，但朱诺海滩这片地

---

[1] 登上朱诺海滩的记者没有通信设备，直到合众社的罗纳德·克拉克带着两篮信鸽上岸才改善了情况。几名记者匆匆写下自己简短的经历，塞入塑料胶囊，绑在信鸽腿上，然后把它们放出。遗憾的是，这些信鸽负载过重，大多返回地面，也有几只在空中盘旋了片刻，随后飞向德军防线。路透社的查尔斯·林奇站在海滩上，挥着拳头朝信鸽吼道："叛徒！该死的叛徒！"威利科姆说，4只信鸽"很忠诚"，没用几个钟头就飞回了伦敦的信息部。

段与西半部一样，现在牢牢控制在盟军手里。

第 48 突击队杀开血路，穿过滨海圣奥班，随后转身向东，沿海岸一路挺进。他们要执行一项特别艰巨的任务。朱诺海滩与剑滩相距 7 英里，为封闭缺口，把两片海滩连接起来，第 48 突击队以强行军赶往剑滩。另一支突击队，也就是第 41 突击队，奉命在剑滩边缘的滨海利翁登陆，而后右转，向西开进。估计用不了几个钟头，两支突击队就能在赶往两座滩头阵地的中途会合。计划是这样，可两支突击队几乎同时遇到麻烦。在朱诺海滩东面 1 英里左右的朗格吕讷，第 48 突击队官兵遇到该镇一片筑垒地域，一时间无法突破。这里的每座房屋都是支撑点，地雷、铁丝网、水泥墙（有些高 6 英尺，厚 5 英尺）封闭了一条条街道。猛烈的火力从这些阵地射向突击队员，第 48 突击队既没有坦克也没有火炮，被迫停止前进。

6 英里外的剑滩，第 41 突击队艰难登陆后转身向西，穿过滨海利翁。当地的法国人告诉他们，德国守军已撤离。消息似乎正确无误，可突击队到达镇子边缘才发现情报有误。德国人从镇内射出的炮火击毁了为突击队提供支援的 3 辆坦克。狙击手和机枪从一座座别墅射出火力，这些别墅看上去没什么危害，其实已被德国人打造成碉堡，一发发迫击炮弹雨点般落在突击队员之间。与第 48 突击队一样，第 41 突击队也陷入了停顿。

此时，尽管盟军最高统帅部还没人知道，但滩头阵地出现了一个 6 英里宽的缺口，这个缺口可谓性命攸关，要是隆美尔的装甲力量迅速采取行动，一举穿过缺口的话，就能到达海岸，而后沿海岸朝左右两侧卷击，彻底打垮登陆的英军。

真正给剑滩造成大麻烦的地点不多，滨海利翁是其中的一个。盟军认为，英联邦军队负责的三片登陆海滩，剑滩的防御最严密。听取简报的部队得知，在那里登陆可能会付出高昂的代价。有人冷酷地告诉南兰开夏郡团第 1 营的二等兵约翰·盖尔："我们这些参加第一轮突击的人可能会伤亡殆尽。"突击队员认为前景很不乐观。上级给他们灌输的想法是："无论发生什么情况，我们都得登上海滩，因为这次绝不后撤……没有退路。"詹姆斯·科利下士和二等兵斯坦利·斯图尔特记得，第4突击队做好了"在海滩上全军覆没"的准备，因为他们得知伤亡率可能会"高达84%"。有人提醒驾驶两栖坦克在步兵前方登陆的坦克兵："就算你们到达海滩，估计还是要伤亡60%。"二等兵克里斯托弗·史密斯是两栖坦克驾驶员，他觉得自己活下来的机会很渺茫。传言四起，预计的伤亡率甚至攀升到90%，不由得史密斯不信，因为他所在的部队离开英国时，有人看见戈斯波特海滩正在搭设帆布帷幕，"据说是为了清理送回来的遗体"。

有那么一阵子，最坏的预料似乎会成真。某些地段，第一拨突击部队遭遇了机枪和迫击炮火的猛烈打击。剑滩位于乌伊斯特勒昂的那半部分，从水边到海滩，东约克郡团第2营的官兵随处可见，一个个非死即伤。虽说永远不会有人知道，从突击艇冲上滩头，这场残酷的冲刺究竟死了多少人，但D日200名东约克郡人的伤亡，大部分似乎是在登陆头几分钟发生的。后续官兵震惊地看见这些身着卡其色军装、姿势扭曲的尸体，似乎证实了最令人恐惧的担忧。有人看见"尸体堆得像木材"，还数出"阵亡者超过150人"。第4突击队的二等兵约翰·梅森半个钟头后登上海滩，惊愕地发觉自己"穿过阵亡步兵的尸堆，他们像九柱滚球的瓶子那样被击倒"。洛瓦特勋爵突击队的弗雷德·米尔斯下士"惊恐地看见一群群东约克郡人倒在地上……要是他们散开的话，也许就不会发生这种事"。他朝海滩冲去，决心让"杰西·欧文斯[1]看上去像乌龟"，他记得自己当时玩世不恭地想："他们下次就不会这么蠢了。"

---

[1] 译注：杰西·欧文斯是著名的黑人短跑运动员，在1936年的柏林奥运会夺取过四枚金牌。

　　海滩上的战斗很残酷，但持续的时间不长[①]。除了最初的损失，英军对剑滩的突击进展神速，几乎没遇到持久抵抗。第一拨突击部队的登陆行动大获成功，几分钟后踏上海滩的许多官兵惊异地发现，只遇到狙击手的零星火力。他们看见烟雾遮蔽了海滩，医护兵忙着救治伤员，连枷坦克引爆一颗颗地雷，燃烧的坦克和车辆散落在海岸线上，偶尔落下的炮弹激起沙子，但各处都没见到他们本以为会遭遇的屠戮。这些紧张的官兵已做好投入激战的准备，海滩上的情形不免让他们大为扫兴。

　　剑滩许多地方甚至洋溢着银行假日[②]的气氛。滨海地带不时有一群群兴高采烈的法国人朝登陆官兵挥手致意，还嚷着："英国人万岁！"皇家海军陆战队的信号兵莱斯利·福特看见一个法国人"几乎就站在海滩上，似乎在对一群镇民现场报道战况"。福特觉得他们都疯了，因为海滩和滩头到处是地雷，偶尔还落下炮火。可这种场面随处可见，法国人争先恐后地拥抱、亲吻登陆官兵，似乎全然不知身边的危险。哈里·诺菲尔德下士和罗纳德·艾伦二等兵惊异地看见，"一个身着华丽服饰、戴着锃亮铜盔的人朝海滩走来"。来的是奥恩河畔科莱维尔村村长，这个小村庄距离海岸1英里左右，他决定亲自过来，正式迎接登陆部队。

　　法国人热情迎接登陆官兵，有些德国人似乎也不甘落后。工兵亨利·詹宁斯刚刚下艇，"就遇到一群急于投降的德国兵，大多是苏联和波兰'志愿者'。"但皇家炮兵部队的杰拉尔德·诺顿上尉遇到了最令人吃惊的事情，"四个德国人拎着收拾好的手提箱迎了上来，似乎在等待第一艘可用的运

---

① 关于剑滩之战的准确情况，始终存在不同的看法。东约克郡团第2营的官方史说此次登陆"就像一场训练表演，只是更容易些"，该营官兵对此无法苟同。第4突击队的官兵声称，H时过后30分钟他们登陆时，发现东约克郡人仍在水边。据负责突击剑滩的第8步兵旅旅长E.E.E.卡斯说，第4突击队登陆时，东约克郡人已离开海滩。第4突击队登陆时估计损失了30人。卡斯还指出，在海滩西半部，"我们8点30分前就已打垮敌人的抵抗，只剩下零星的狙击手。"在此处登陆的南兰开夏郡团第1营伤亡很小，迅速攻往内陆。尾随其后的萨福克郡团第1营只有4人伤亡。

② 译注：英国的银行假日就是公共假日，因为银行不营业，故此得名。

输船把他们送出法国"。

英国和加拿大军队迅速摆脱金滩、朱诺、剑滩的混乱局面，朝内陆而去。这场进军井然有序，效率很高，充分展现出威武之师的气概。部队冲入一个个城镇和村庄，英雄主义和非凡勇气的榜样数见不鲜。有些人还记得皇家海军陆战队突击队的一名少校，双臂都炸断了，仍在敦促部下前进，还朝他们喊道："伙计，赶在德国佬明白过来前，赶紧朝内陆挺进。"另一些人记得，伤员等待医护兵赶来时展现出的开朗和信心。有人朝路过的官兵挥手致意，还有人喊道："伙计，柏林见！"二等兵罗纳德·艾伦永远不会忘记一名腹部负重伤的士兵，他靠着墙，平静地读着一本书。

速度现在至关重要。英军从金滩出发，赶往距离内陆 7 英里左右的大教堂镇巴约。加拿大人从朱诺海滩动身，赶往大约 10 英里外的巴约—卡昂公路和卡尔皮屈埃机场。离开剑滩的英军直奔卡昂，夺取这座城镇不在话下，他们对此信心十足。伦敦《每日邮报》记者诺埃尔·蒙克斯后来回忆道，就连记者也接到通知，说"下午 4 点会在卡昂城内某处"召开简报会。洛瓦特勋爵的突击队毫不耽搁地离开剑滩，赶去救援盖尔将军第 6 空降师陷入重围的部队，那些空降兵在 4 英里外坚守奥恩河和卡昂运河上的桥梁。绰号"希米"的洛瓦特勋爵向盖尔保证过，他"会在中午准时到达那里"。为首的一辆坦克身后，洛瓦特勋爵的风笛手威廉·米林吹奏着《越过边境的蓝绒帽》，走在队伍最前方。

对 X20、X23 号袖珍潜艇上的 10 名艇员来说，D 日结束了。剑滩外海，乔治·昂纳上尉的 X23 号潜艇穿过一艘艘源源不断地驶向海岸的登陆艇。汹涌的海浪几乎彻底淹没了它平坦的上层结构，X23 号唯一可见的是几面迎风飘摆的识别旗帜。坦克登陆艇艇长查尔斯·威尔逊看见"两面明显没有支撑的大旗"在海里朝他稳步而来，他"惊得差点掉进海里"。X23 号驶过时，威尔逊不由得想知道："袖珍潜艇跟登陆行动究竟有什么关系呢？"X23 号劈开波浪，驶往运输区寻找它的拖船，那艘拖网渔船的名字很恰当——"前进"号。"弃兵行动"已结束，昂纳上尉和他的 4 名部下要回家了。

他们为登陆部队标出了攻入法国的海滩。每个人都很乐观。盟军突破了大西洋壁垒，眼下最大的问题是德国人从震惊中恢复过来的速度有多快！

　　清晨的贝希特斯加登宁静安详。天气很闷热，低低的云朵萦绕在山脉周围。上萨尔茨堡，希特勒堡垒似的山间别墅一片寂静，元首仍在安睡。几英里外的指挥部又迎来了一个平平常常的早晨。国防军最高统帅部指挥参谋部参谋长阿尔弗雷德·约德尔大将6点就起床了。一如既往，他吃了简单的早餐（一杯咖啡，一个煮得很嫩的小鸡蛋，一片薄薄的吐司），此刻坐在他那间隔音的小办公室里，悠闲地翻阅夜间报告。

　　意大利发来的消息依然不妙。罗马24小时前陷落，阿尔贝特·凯塞林元帅的军队，后撤期间遭到盟军猛烈追击。约德尔觉得，也许没等凯塞林率领军队与盟军脱离接触，撤到北面的新阵地，盟军就会达成突破。意大利战场土崩瓦解的前景令约德尔深感不安，于是吩咐副手瓦尔·瓦尔利蒙特将军前往凯塞林的司令部了解详情。瓦尔利蒙特打算日终前动身。

　　东线没有什么新消息。尽管那里的战事不归约德尔管，但他地位超群，完全可以就东线战事向元首"提出建议"。苏军随时可能发动夏季攻势，2000英里的战线上，150万德国官兵组成的200个师做好了战斗准备，正等待对方发动进攻。但今天早上，整个东线都很平静。约德尔的副官还呈送了伦德施泰特司令部发来的几份报告，谈到盟军在诺曼底的进攻。约德尔认为诺曼底的情况并不严重，至少目前是这样，此时他最担心意大利。

　　几英里外的施特鲁布兵营里，约德尔的副手瓦尔利蒙特将军，自清晨4点起就一直在密切关注诺曼底发生的事情。他收到西线总司令部的电传电报，对方请求投入由装甲教导师、党卫队第12装甲师组成的装甲预备队，他还打电话同冯·伦德施泰特的参谋长京特·布鲁门特里特将军商讨了一番。瓦尔利蒙特现在接通了约德尔的电话。

瓦尔利蒙特汇报道："布鲁门特里特打来电话，请求动用装甲预备队，西线总司令部想让装甲力量立即开赴入侵地域。"

据瓦尔利蒙特回忆，约德尔思忖着这个问题，电话里沉默了好一阵子。约德尔随后问道："您确定这就是入侵吗？"没等瓦尔利蒙特回答，约德尔又说道："就我收到的报告看，这可能是一场转移注意力的进攻……是敌人欺骗计划的组成部分。西线总司令部目前掌握的预备力量足够了……他们应当设法以手头现有兵力击退敌人的进攻……我觉得现在还不是投入国防军最高统帅部预备队的时候……我们得等待情况进一步澄清。"

瓦尔利蒙特觉得盟军登陆诺曼底，情况比约德尔想的严重得多，但他知道争论这个问题徒劳无益，于是问道："长官，鉴于诺曼底的情况，我还要按计划去意大利吗？"约德尔答道："去吧，去吧，我看不出有什么理由不去。"说罢他挂了电话。

瓦尔利蒙特放下听筒，转身把约德尔的决定告知国防军指挥参谋部作战处处长冯·布特拉尔－布兰登费尔斯少将。瓦尔利蒙特说道："我赞同布鲁门特里特的看法，万一敌人发动入侵，我们该如何应对？约德尔的决定与我的理解截然相反。"

希特勒就投入装甲力量的问题下达过指令，瓦尔利蒙特对约德尔的字面解释"深感震惊"。没错，这股装甲力量是国防军最高统帅部预备队，直接听命于希特勒。但和冯·伦德施泰特一样，瓦尔利蒙特始终认为："倘若盟军发动进攻，无论是不是企图分散我方注意力，我们都得立即投入装甲力量，几个装甲师实际上应当自行出动。"瓦尔利蒙特觉得这似乎是唯一合乎逻辑的做法：身处前线的将领，为击退入侵之敌，应该有权以他认为合适的方式使用一切可动用的作战力量，特别是此人恰恰是德国最后的

"黑武士"——德高望重的战略家冯·伦德施泰特。约德尔本该投入装甲预备队，可他不敢冒险，正如瓦尔利蒙特日后回忆的那样，"约德尔认为希特勒在场的话，也会做出同样的决定"。瓦尔利蒙特觉得约德尔的态度，仅仅是"最高领导层指挥混乱"的另一个例子。但没人同约德尔争论。瓦尔利蒙特致电西线总司令部参谋长布鲁门特里特。投入装甲力量的决定，现在取决于希特勒反复无常的突发奇想，而约德尔却把元首视为军事天才。

早就料到这种情况，因而想同希特勒面谈此事的那名将领，此时离贝希特斯加登不到两个钟头的车程。埃尔温·隆美尔元帅待在乌尔姆黑林根的家里，混乱中似乎被人彻底遗忘了。B 集团军群一丝不苟的作战日志里，没有任何记录表明隆美尔此时已得知诺曼底登陆的事情。

获悉约德尔的决定，巴黎郊外西线总司令部的众人震惊不已，都觉得不可思议。作战处长博多·齐默尔曼上校记得冯·伦德施泰特元帅"勃然大怒，面红耳赤，气得连话都说不清"。齐默尔曼也觉得难以置信。他夜间致电国防军最高统帅部，通知约德尔的值班军官弗里德尔少校，西线总司令部已命令两个装甲师进入戒备状态。齐默尔曼后来苦涩地回忆道："当时没人对此举提出异议。"他立马再次致电国防军最高统帅部，与国防军指挥参谋部作战处处长冯·布特拉尔－布兰登费尔斯少将谈了谈。冯·布特拉尔已接到约德尔的指示，因而反应冷淡。听齐默尔曼说完，勃然大怒的冯·布特拉尔吼道："这些师归国防军最高统帅部直接指挥！未经我们批准，您无权让他们进入警戒状态。您得让两个装甲师立即停下来，元首做出决定前，什么也别做！"齐默尔曼还想争辩几句，冯·布特拉尔打断了他，厉声说道："执行命令！"

接下来该怎么做取决于冯·伦德施泰特。作为陆军元帅，他本可以直接打电话给希特勒，此举甚至有可能让装甲力量立即投入战斗。但无论此时还是整个 D 日，冯·伦德施泰特就没给元首打过哪怕是一个电话。就连盟军入侵这么重要的事情，也没能让贵族出身的冯·伦德施泰特发声恳求他习惯称之为"波西米亚二等兵"的人 ①。

但他的幕僚不断致电国防军最高统帅部，徒劳地企图推翻这项决定。他们打电话给瓦尔利蒙特和冯·布特拉尔－布兰登费尔斯，甚至打给希特勒的副官长鲁道夫·施蒙特中将。这场奇特的远距离斗争持续了好几个钟头。齐默尔曼总结道："我们提出警告，要是我们得不到装甲力量，敌人登陆诺曼底的行动就会成功，随之而来的后果难以预料。可国防军最高统帅部直截了当地指出，我们没资格做出判断，而敌人会在完全不同的地方实施主要登陆。" ② 军队马屁精构成的核心圈保护着元首，盟军登陆期间，希特勒在贝希特斯加登虚构的世外桃源呼呼大睡。

隆美尔设在拉罗什吉永的司令部里，参谋长施派德尔中将此时对约德尔的决定一无所知。他还以为担任预备队的两个装甲师已接到警报，正在开赴战场的途中。施派德尔还知道第21装甲师正开入卡昂南面的集中地域，虽说坦克还需要点时间才能赶过去，但该师侦察部队和步兵已经与敌人交战了。因此，B集团军群司令部弥漫着乐观的气氛。莱奥德加德·弗赖贝格上校回忆道："我们普遍认为，日终前就能把盟军赶下大海。"和其他人一样，隆美尔的海军顾问弗里德里希·鲁格海军中将也觉得欢欣鼓舞。但鲁格注意到一件不寻常的事：拉罗什富科公爵夫妇的佣人从墙上取下几幅珍贵的戈贝林挂毯，带着挂毯悄然离开城堡。

第7集团军司令部好像更有理由持乐观态度，该集团军正与盟军交战。司令部参谋人员似乎认为，第352步兵师已经在滨海维耶维尔与科莱维尔

---

① 据冯·布特拉尔－布兰登费尔斯说，希特勒知道冯·伦德施泰特瞧不起自己，他说过："只要陆军元帅牢骚满腹，就说明情况一切正常。"

② 希特勒坚信盟军会在加来海峡地域发动"真正的"入侵，因而把冯·扎尔穆特的第15集团军留在那里，一直坚守到7月24日。到那时，一切都为时过晚。不无讽刺意味的是，原先似乎只有希特勒认为盟军会在诺曼底发动入侵。布鲁门特里特将军说道："我清楚地记得约德尔4月份某天打来电话，说'元首掌握了确切的情报，大意是敌人在诺曼底登陆不是没有可能的'。"

之间（也就是奥马哈海滩）把入侵者赶下大海。原来，一名军官待在俯瞰奥马哈海滩的掩体内，最终他联系上司令部，汇报了令人鼓舞的战斗进展。第7集团军司令部认为这份报告非常重要，因而逐字记录下来。这名观察者指出："敌人隐蔽在海水边缘，躲在海岸带障碍物后方。他们的大批车辆，包括10辆坦克，停在海滩上燃烧。各障碍物爆破组放弃作业，一艘艘登陆艇也停止了卸载工作……这些小艇停在更远处的海面上。我方阵地和炮兵发射的火力非常准，给敌人造成了很大伤亡。大批伤员和死者躺在海滩上……"①

这是第7集团军司令部收到的首个好消息。众人欢欣鼓舞，甚至拒不接受第15集团军司令冯·扎尔穆特大将的善意。扎尔穆特提出以第346步兵师支援第7集团军，第7集团军司令部傲慢地谢绝了，还告诉他"我们不需要这个师"。

尽管每个人都很自信，但第7集团军参谋长彭塞尔将军，仍在设法拼凑当前状况的准确画面。这项工作不容易，因为他几乎联系不上集团军辖内各兵团。电话线和通信电缆不是被法国地下抵抗组织、伞兵割断，就是被盟军海空力量的炮击和轰炸摧毁。彭塞尔告诉B集团军群司令部："我现在经历的是征服者威廉当年从事的那种交战，只能凭借耳朵和眼睛。"彭塞尔其实并不知道他的通信联络糟糕到怎样的程度。他认为只有伞兵登陆瑟堡半岛，全然不知盟军海运部队此时已踏上半岛东部的犹他海滩。

彭塞尔难以确定盟军这场进攻确切的地理位置，但他坚信对诺曼底的突击就是反攻。他继续向隆美尔、伦德施泰特司令部的上司指出这一点，

---

① 这份报告是上午8点到9点的某个时刻发出的，由戈特上校发给第352步兵师作战参谋齐格尔曼中校，戈特上校指挥拉佩尔塞急流河角的筑垒阵地，那里俯瞰奥马哈海滩的滨海维耶维尔一端。这份报告让德国人欢欣鼓舞，齐格尔曼战后撰写的记述指出，读罢报告，他觉得眼下对付的敌人"战斗力低下"。几份后续报告甚至更加乐观，到上午11点，第352步兵师师长克赖斯中将确信自己已消灭盟军在奥马哈的滩头阵地，因而把预备队调到英军登陆地带，加强第352步兵师右翼。

可惜相信的人少之又少。B 集团军群司令部和西线总司令部都在当日上午的报告里指出："目前看来，判断敌人的行动究竟是转移我方注意力的大规模佯攻还是主要突击为时尚早。"德军将领继续寻找对方的进攻重点，而整个诺曼底海岸，任何一个普通士兵都能告诉他们重点在哪里。

剑滩半英里外，一等兵约瑟夫·黑格尔浑身发抖，茫然无措，他好不容易才摸到机枪扳机，又一次开火射击。周围的地面似乎在爆炸，轰鸣声震耳欲聋。这个 18 岁的机枪手觉得自己的脑袋要炸开了，恐惧感令他浑身不适。黑格尔打得很英勇，第 716 步兵师设在剑滩后方的防线遭突破后，他一直在掩护自己的连队后撤。他不知道自己射杀了多少英国兵，只是怔怔地看着他们离开海滩，一个个倒在自己的机枪火力下。黑格尔以前很想知道击毙敌人是什么感觉，还多次与他的朋友胡夫、扎克斯勒、绰号"费迪"的克鲁格讨论过。他现在知道了，这种事轻松至极。胡夫运气不好，还没来得及发现这一点，就在后撤期间阵亡了。黑格尔把他的尸体放在树篱里，他的嘴张着，前额有个弹孔。黑格尔不知道扎克斯勒在何处，但半盲的"费迪"仍在身旁，弹片把他炸得满脸是血。黑格尔现在很清楚，他和身旁的战友丧生只是个时间问题。他与连里仅剩的 19 人守在一座小型掩体前方的堑壕里，机枪、迫击炮、步枪火力从四面八方射来。他们陷入重围，要么投降，要么送命。人人都知道这一点，但上尉除外，上尉此刻守在他们身后的掩体里，用机枪不停地开火，不仅不让他们进掩体，还一个劲儿地嚷着："咱们得守住！咱们得守住！"

这是黑格尔一生中最恐惧的时刻。他已经不知道自己在朝什么射击，炮火稍事停顿，他就本能地扣动扳机，感受到砰砰作响的机枪发出的震颤，这让他勇气倍增。炮火再度袭来，众人朝上尉喊道："让我们进去！让我们进去！"

也许是坦克的出现让上尉改了主意，人人都听见了坦克引擎的轰鸣声和叮当作响的履带声。两辆坦克驶来，一辆停在田地外，另一辆缓缓向前，碾过一道树篱，驶过附近的草地，三头奶牛在那里泰然自若地吃着草。堑壕里的人随后看见坦克火炮缓缓降低，准备抵近射击。就在这时，坦克突然爆炸，简直令人难以置信。原来是堑壕里扛着"铁拳"的战友射出最后一发火箭弹，直接命中目标。所有人都惊呆了，不明白这一幕是如何发生的。坦克起火燃烧，黑格尔和他的朋友"费迪"随后看见舱盖被打开，冒出滚滚黑烟，一个坦克兵拼命想要爬出坦克。他惨叫着往舱口外爬，身上的军装已经烧着了，爬到一半他倒下了，尸体就这样挂在坦克侧面。黑格尔对"费迪"说道："但愿上帝让我们死得更痛快点。"

第二辆坦克谨慎地待在"铁拳"射程外，开始炮击堑壕，上尉终于命令所有人进入掩体。黑格尔和连里的幸存者跟跟跄跄地冲入掩体，进入一场新的噩梦。这座掩体的大小犹如一间客厅，里面满是阵亡者和奄奄一息的伤员。他们和另外三十来人把掩体挤得满满当当，没法坐下，甚至无法转身。黑黢黢的掩体里闷热不堪，吵得要命。伤员不停地呻吟，其他人用几种不同的语言嘀嘀咕咕，这里有不少波兰人和苏联人。伤员一直在喊叫："投降！投降！"上尉充耳不闻，守着掩体唯一的射孔，操纵机枪不停地开火。

射击间歇，黑格尔和掩体里憋得喘不过气来的战友听见外面有人喊道："好了，德国佬，你们最好还是出来吧！"上尉气得再次扣动机枪扳机，几分钟后又听见那家伙喊道："德国佬，你们还是投降吧！"

上尉的机枪排出呛人的硝烟，导致掩体内原本就令人窒息的空气更加污浊，众人咳嗽不已。上尉每次停下来装弹，外面那个家伙就招呼他们投降。掩体外终于有人用德语朝他们喊话了，黑格尔永远不会忘记，某个伤员用他仅知的两个英语单词回应道："哈罗，伙计！哈罗，伙计！哈罗，伙计！"

外面的射击停了，黑格尔觉得掩体里所有人几乎同时反应过来，要出事了。他们上方的圆顶有个小小的瞭望孔，黑格尔和几名战友把一个士兵举起来，让他看看外面出了什么事。他突然喊道："喷火器！他们带来一具喷火器！"

黑格尔知道火焰无法直接喷入掩体，因为曲折的金属通风井建在掩体后面，但热量也能让他们丧命。就在这时，他们突然听见喷火器发出的呼呼声。新鲜空气进入掩体的唯一途径，现在只剩顶部的瞭望孔和狭窄的射孔，上尉守着射孔，继续用机枪开火。

温度渐渐升高，有人惊慌失措，推推搡搡地喊道："咱们得出去！"他们想伏下身子，从其他人腿下钻到门口，可掩体里密密麻麻都是人，根本没法蹲下。所有人都哀求上尉赶紧投降。上尉头也不回地守着射孔，继续用机枪朝外面射击。掩体内的空气污浊得难以形容。

一名中尉喊道："你们听我的命令一同呼吸，吸！……呼！……吸！……呼！……"黑格尔看着通风井的金属整流罩从粉红色变成红色，随后泛出白光。中尉继续喊道："吸！……呼！……吸！……呼！……"那名伤员又嚷了起来："哈罗，伙计！哈罗，伙计！"黑格尔听见报务员守着角落处的电台一遍遍呼叫："听到了吗，菠菜！听到了吗，菠菜！"

中尉喊道："长官，伤员喘不过气了，咱们得投降！"

上尉吼道："决不投降！我们得杀出去！清点人员和武器！"

"不行！不行！"掩体各个角落都有人喊了起来。

"费迪"对黑格尔说道："除了上尉只有你有机枪，看着吧，那个疯子肯定会派你先冲出去。"

此时，许多人不再理会上尉的权威，挑衅地拔下步枪枪栓扔在地上。"我才不去呢。"黑格尔对"费迪"说道，随后拔下机枪锁销扔掉了。

掩体里的人热得要晕倒了，他们垂着头，双膝弯曲，由于无法倒下，只能保持半直立姿势。年轻的中尉仍在恳求上尉，可毫无结果。没人能靠近掩体门口，因为射孔就在一旁，上尉端着机枪守在那里。

上尉突然停止射击，扭头问报务员："联系上了吗？"报务员答道："还没有，长官！"上尉环顾四周，仿佛刚刚看见拥挤不堪的掩体。他似乎茫然不知所措，随后丢下机枪，无奈地说道："开门吧。"

黑格尔看见某个士兵把一块破破烂烂的白布挂在步枪上伸出射孔，外面有人喊道："好的，德国佬，出来吧，每次一个人！"

这群士兵跌跌撞撞地离开黑黢黢的掩体，大口呼吸着新鲜空气，阳光刺得他们头晕目眩。要是有谁丢下武器和钢盔的速度不够快，站在堑壕两侧的英国兵就朝他身后的地面开枪。他们走到堑壕顶端，英国兵收走了他们的皮带、鞋带、军上衣，还剪掉了他们军裤开口处的纽扣，然后命令他们面朝下趴在地上。

黑格尔和"费迪"高举双手沿着堑壕往前走。"费迪"解下皮带时，一名英国军官对他说道："德国佬，用不了两周，我们就能在柏林见到你的朋友了。""费迪"被弹片划伤的脸上满是血迹，可还是开了个玩笑："那时候我们已经在英国了。"他的意思是说待在英国战俘营里，可那名军官误解了，怒声吼道："把这帮家伙押到海滩上去！"俘虏拎着裤子列队出发，经过那辆仍在燃烧的坦克，几头奶牛还在草地上静静地咀嚼。

15分钟后，黑格尔和另一些人忙着在海浪中清理障碍物，排除地雷。"费迪"对黑格尔说道："我敢说，你当初布设这些东西的时候绝对没想到，有朝一日还得把它们拆掉。"①

二等兵阿洛伊修斯·达姆斯基根本没心思战斗。他是被强征到第716步兵师的波兰人，早就暗自拿定主意，一旦盟军入侵，他就跑上最靠近的一艘登陆艇投降。但达姆斯基没捞到机会。英军登陆时，舰炮和坦克提供的火力掩护极为猛烈，达姆斯基的炮兵连连长守在金滩西部边缘附近一处

---

① 我没找到那个企图坚守掩体的狂热上尉，但黑格尔记得他名叫贡德拉赫，那个中尉名叫卢特克。当日晚些时候，黑格尔找到了走散的朋友扎克斯勒，他也在清理障碍物。当天夜里，这些俘虏被送到英国。6天后，黑格尔和另外150名德国俘虏到达纽约，随后转往加拿大一所战俘营。

阵地上，见到这种情况立即下令后撤。达姆斯基知道，往前跑必死无疑，不是死在身后的德国人枪下，就是被前进中的英国人射杀。混乱的后撤期间，他逃往特拉西村，平日他就住在村内一位法国老太太家里。达姆斯基盘算，只要他躲在那里，待英国人夺取村庄，他就可以投降了。

达姆斯基穿越田野，遇到个策马而行的老资格德军中士。走在中士前方的二等兵是个苏联人。中士低头看看达姆斯基，笑容可掬地问道："您一个人想去哪里？"两人面面相觑，达姆斯基知道，中士猜到自己开了小差。中士随后笑着说道："我觉得您最好还是跟我们走。"达姆斯基对此并不感到意外。他们离开时，他苦涩地想到，自己的运气从来就没好过，现在也一样。

10英里外的卡昂附近，移动无线电监听部队的二等兵威廉·福格特也在盘算怎样才能投降。福格特在芝加哥生活了17年，一直没获得入籍文件。1939年，他妻子回德国探亲，由于母亲生病不得不留了下来。1940年，福格特不顾朋友的劝告，动身去接妻子回美国。由于无法通过常规路线到达战时德国，他不得不经历了一段曲折的旅程，先横跨太平洋到达日本，然后前往符拉迪沃斯托克，再取道西伯利亚大铁路赶往莫斯科，从那里前往波兰，最后进入德国。这趟旅程耗时近四个月，可一进入德国，福格特再也没办法离开了。他和妻子只好待在德国。此刻，福格特通过耳机，四年来首次听见美国人的说话声。一连几个钟头他一直在盘算，见到首批美军部队自己该说些什么。他打算冲过去朝他们高喊："嗨，哥们儿，我是芝加哥人！"可他的部队离前线太远了。他绕着地球几乎兜了一圈，就是为了回芝加哥，而此刻他只能坐在卡车里聆听美国人的说话声，在他看来，几英里外传来的声音意味着回家①。

---

① 福格特后来再也没有返回美国。他现在（1959年）居住在德国，在泛美航空公司工作。

奥马哈海滩后方，维尔纳·普卢斯卡特少校瘫倒在沟里大口喘气。他的模样几乎难以辨识，钢盔丢了，军装撕破了，脸上满是划痕和血迹。自他离开圣奥诺里讷的观察掩体，设法返回营部以来，他已经在烈焰四起、弹雨纷飞的中间地带爬行了一个半钟头。几十架战斗机在悬崖后方飞来飞去，扫射一切移动的目标，海军的舰炮火力也在不停地轰击这片地域。普卢斯卡特的大众桶式车丢在身后某处，已沦为一堆扭曲、燃烧的残骸。一道道起火的树篱腾起滚滚浓烟，就连草地也烧了起来。他在各处遇到的战壕，里面满是阵亡的士兵，不是死于炮火，就是被无情的机炮击毙。他起初想撒腿飞奔，可战机俯冲而下，一次次扫射地面，他只好匍匐前行。普卢斯卡特算了算，自己只爬了1英里，离埃特雷昂的营部还有3英里。他艰难地向前爬去。前面有座农舍，他打算爬到与农舍平行的地方，就从沟里冲出去，飞奔20码，向那里的住户讨杯水喝。待他凑近农舍，他惊异地见到两个法国妇女平静地坐在敞开的门口，炮击和扫射似乎对她们毫无影响。她们看着普卢斯卡特，一名妇女幸灾乐祸地笑了，大声喊道："太可怕了，对吧？"普卢斯卡特爬开了，讥笑声仍在他耳边萦绕。这一刻，他恨法国人，恨诺曼底人，也恨这场腐烂发臭的战争。

第6伞兵团的安东·温施下士看见一顶降落伞高高地挂在树枝上。这顶蓝色降落伞吊着个晃晃悠悠的大帆布袋。远处传来的步枪和机枪火力很猛，但到目前为止，温施和他的迫击炮分队还没遇到任何盟军。他们已经跋涉了近3个钟头，此时在卡朗唐上方一片小树林里，位于犹他海滩西南方10英里左右。

一等兵里希特盯着降落伞说道："是美国人落下的，里面装的可能是弹药。"绰号"弗里多林"的二等兵弗里茨·文特觉得袋子里也许有吃的，他说道："天哪，我饿坏了。"温施让他们待在沟里，自己朝前方爬去。降落伞吊的帆布袋也许是个圈套，盟军就埋伏在四周，等着他们去捡便宜，也可能帆布袋就是个诡雷。

温施仔细察看前方的动静，满意地见到一切都很平静。他把两颗手雷绑在树干上，拔掉保险销。手雷炸断树木，降落伞吊的帆布袋落在地上。温施等了一会儿，爆炸声显然没有引发任何动静。他挥手招呼其他人过来，喊道："看看美国佬给我们送来的是什么。"

"弗里多林"拎着伞兵刀跑了过来，他割开帆布袋，兴奋地喊道："天哪，都是吃的，是吃的！"

接下来半个钟头，7名顽强的伞兵过得开心极了。他们找到几罐菠萝和橙汁，几盒巧克力和香烟，还有他们多年没见过的各种食品。"弗里多林"狼吞虎咽，甚至把雀巢咖啡粉倒入嘴里，再用炼乳冲下去，还说道："我不知道这是什么，可味道棒极了。"

最后，温施不顾"弗里多林"的反对，决定最好"继续前进，去找仗打"。他们把能带走的香烟塞满衣兜。温施带着部下离开树林，排成单路纵队赶往远处响起枪声的地方。几分钟后，战斗找上了他们，温施的一名部下倒在地上，子弹射穿了他的太阳穴。

温施喊道："狙击手！"子弹从他们身旁呼啸掠过，众人赶紧趴下隐蔽。

"看！"一名伞兵指向右侧的树丛，"我敢肯定，我看见他就在树上。"

温施掏出望远镜，把焦距调到树梢，仔细搜索起来。他觉得自己看见有棵树的树枝稍稍动了动，但又不敢确定。他稳稳地举着望远镜仔细观察了一会儿，再次看见树枝动了动。温施拎起步枪说道："现在看看谁是好汉谁是孬种吧。"说罢开了一枪。

温施起初觉得自己没射中，因为他瞅见那名狙击手从树上爬了下来。温施再次瞄准，这次瞄的是没有枝叶的树干部分，他大声说道："小子，逮住你了！"他看见狙击手的双腿露了出来，然后是身子。温施扣动扳机，一枪接一枪。狙击手慢慢向后倒去，从树上跌了下来。温施的部下欢呼起来，随即朝那具尸体跑去。他们站在那里，俯视着他们见到的首个美国伞兵。

温施回忆道："他一头黑发，模样很帅气，也很年轻，嘴角有一丝血迹。"

一等兵里希特翻翻死者的衣兜，找到个钱包，里面有两张照片，还有一封信。温施记得，一张照片是"那个士兵和一个姑娘坐在一起，我们都觉得她也许是他妻子"。另一张照片是"这对年轻人和一家人坐在门廊处拍的，可能是他的家人"。里希特把照片和信件塞入自己的衣兜。

温施问道："你拿这些东西干吗？"

里希特说道："我觉得战争结束后，应该把这些东西按照信封上的地址寄过去。"

温施觉得他简直是发疯："美国人也许会俘虏我们，要是他们在你身上找到这些东西……"他用手指在喉咙上划了一下，又说道："把这些东西留给医护兵，我们走吧。"

部下动身离开，温施停留了片刻，凝视着阵亡的美国兵，他静静地躺在那里，了无生气，"就像一条被碾死的狗"。温施匆匆跟上他的部下。

几英里外，一辆德军指挥车沿通往皮科维尔村的次要道路疾驶，车头插的黑、白、红色三角旗迎风飘摆。第91空降师师长威廉·法莱中将带着副官和司机，凌晨1点前就动身出发，前往雷恩参加图上演习，他们乘坐的霍希轿车已经行驶了差不多7个钟头。清晨3点到4点间，飞机持续不断的嗡嗡声和远处传来的炸弹爆炸声让法莱担心不已，最后他决定返回师部。

他们离皮科维尔村北面的师部还剩几英里，就在这时，机枪火力朝指挥车车头袭来。挡风玻璃破碎，法莱的副官坐在司机身旁，瘫倒在座椅上。霍希轿车左右摇摆，轮胎发出刺耳的尖啸，车子突然失控，撞上路边一堵矮墙。猛烈的撞击掀开车门，司机和法莱被甩出车外。法莱的手枪滑到前面，他爬过道路去捡枪。司机被撞得晕头转向，茫然地看着几个美国兵朝汽车冲来。法莱喊道："别开枪！别开枪！"可他继续朝地上的手枪爬去。

伴随一声枪响，法莱倒在路上，一只手仍伸向手枪。

第82空降师的马尔科姆·布兰嫩中尉低头看看死者，弯腰捡起对方的军帽。军帽防汗带上印着"法莱"的名字，丧命的德国军官身着灰绿色军装，裤缝镶有红色条纹，军上衣肩部佩戴着窄窄的金色肩章，红领章饰有金色镶缀的橡叶。死者颈间用黑色绶带挂着一枚铁十字勋章。布兰嫩不太确定，可他觉得自己射杀了一名将军。

里尔附近的机场上，绰号"皮普斯"的战斗机联队长普里勒和海因茨·沃达尔奇克下士，朝孤零零的两架 Fw-190 战斗机跑去。

德国空军和战斗机军军部都打来了电话，作战参谋告诉他："普里勒，敌人开始入侵了，您最好赶紧升空。"

普里勒的怒火爆发了："别废话！你们这帮该死的蠢货！我只有两架飞机，你们指望我能做些什么？我的几个大队在哪里？您能把他们召回来吗？"

作战参谋非常冷静，安慰道："普里勒，我们暂时还不清楚您的几个大队降落在何处，但我们打算把他们调回皮奥克斯机场。您立即把所有地勤人员派往那里，同时，您最好飞赴入侵地域。普里勒，祝您好运！"

普里勒压了压火气，这才说道："您能告诉我入侵地域在哪里吗？"

作战参谋平静地说道："诺曼底，就在卡昂上方某处。"

普里勒仅用了大半个钟头，就调动地勤人员做出必要的安排。他和沃达尔奇克准备就绪，打算对登陆的盟军发起打击，这是德国空军当日唯一一场昼间攻击 [①]。

登上战机前，普里勒走到僚机飞行员面前："听我说，现在就剩咱们俩，

[①] 某些著作指出，盟军登陆初期，8架 Ju-88 轰炸机空袭了海滩。6月6日至7日夜间，德国轰炸机确实从滩头阵地上方飞过，可除了普里勒那场战斗机攻击，我没有找到德国空军 D 日上午发动空袭的其他记录。

我们绝不能分开。看在上帝的分上，我怎么做，你就怎么做，飞在我后面，千万别掉队。"两人搭档了很长一段时间，普里勒觉得必须把情况说清楚："这次就咱俩出击，我觉得我们回不来了。"

上午9点（对普里勒来说是早上8点），两人驾机起飞，贴着地面朝正西面飞去。到达阿布维尔上空后，他们看见了飞在上方的盟军战斗机。普里勒注意到对方没有按照规定排成紧密的飞行编队。他后来回忆，自己当时想到，"要是我有几架战机的话，准能把他们揍下来"。飞近勒阿弗尔时，普里勒爬升到云层里隐蔽起来。又飞了几分钟，他们冲出云层。一支庞大得令人难以置信的舰队出现在下方，数百艘大小不一、类型不同的舰船，排列得无边无际，似乎一直延伸到海峡对面。川流不息的登陆艇把人员送上海岸，普里勒还看见海滩和海滩后方腾起的白色爆炸烟雾。沙滩上黑压压地布满部队，海岸线遍布坦克和各种装备。普里勒飞回云层，思忖该如何是好。空中的战机太多，近海的战舰太多，就连海滩上的兵力也太多，他觉得自己只有一次机会飞越海滩，随后就会被击落。

现在没必要保持无线电静默了。普里勒轻松自如地对着传声器说道："太棒了！太棒了！敌人全员出动，放眼望去到处都是。相信我，这就是入侵。"他随后又说道："沃达尔奇克，我们冲下去吧！祝你好运！"

他们以400多英里的时速，从不到150英尺的高度扑向英军登陆海滩。普里勒根本没时间瞄准，只是按下操纵杆上的按钮，感受到砰然作响的机炮发出的震颤。战机从登陆人员头顶上掠过，他看见一张张抬头仰望、大惊失色的面孔。

法国突击队队长菲利普·基弗此时刚好在剑滩，他看见普里勒和沃达尔奇克的战机飞来，赶紧卧倒隐蔽。6个德国俘虏企图趁乱逃跑，结果被基弗的部下击毙。朱诺海滩上，加拿大第8步兵旅的二等兵罗伯特·罗格听见飞机的呼啸，看见敌机"低空飞来，低得我甚至能看清飞行员的面孔"。他赶紧像其他人那样趴倒在地，但他惊愕地看见有个伙计"平静地站起来，端着斯特恩冲锋枪扫射敌机"。奥马哈海滩东部边缘，美国海军的威廉·J.艾斯曼中尉倒吸一口凉气，他看见两架 Fw-190 战机袭来，机炮隆隆作响，俯冲到"不到 50 英尺的高度，避开了阻塞气球"。皇家海军"邓巴"号扫雷舰上，司炉长罗伯特·道伊看见舰队每门高射炮都朝普里勒和沃达尔奇克开火射击。两架战斗机毫发无损地掠过舰队上方，转向内陆直冲云霄。道伊难以置信地说道："不管是不是德国佬，真有种，祝你们好运。"

— 4 —

　　盟军沿诺曼底整条海岸线登陆。对碰巧目睹战斗的法国人来说，这几个钟头混乱、可怕，但又令人欢欣鼓舞。圣梅尔埃格利斯此时遭到猛烈炮击，第82空降师的伞兵在镇子周围看见当地农民镇定自若地在田里干活，仿佛什么事也没发生。他们当中偶尔有人倒下，不是负伤，就是丧命。美国伞兵在镇内看见，当地理发师取走店门前写有"Friseur"（德文，理发店）的招牌，换上的新招牌用英文写着"Barber"（理发店）。

　　在几英里外的滨海小村拉马德莱恩，保罗·加藏热尔痛苦而又气愤，不仅因为炮弹掀飞了他的店铺和咖啡馆屋顶，还因为他在炮击期间负了伤。美国第4步兵师几名士兵正把他和另外7人押往犹他海滩。

　　"你们要把我丈夫带到哪里去？"他妻子询问领队的年轻中尉。

　　那名美国军官用流利的法语答道："夫人，我们要讯问他，但不能在这里，所以我们要把他和其他人带回英国。"

　　加藏热尔夫人简直不敢相信自己的耳朵，她惊呼道："带回英国？为什么？他做了什么？"

　　年轻的中尉很尴尬，耐心解释说自己只是执行命令而已。

　　加藏热尔夫人泪流满面地问道："要是我丈夫在空袭中被炸死，那该怎么办啊？"

　　中尉答道："夫人，这种情况不太可能发生。"

　　加藏热尔与妻子吻别，跟着美国人走了。他不知道究竟是怎么回事，这个谜永远没能解开。两周后，美国人把他送回诺曼底，还给出了拙劣的解释："搞错了！"

让·马里翁是滨海小镇格朗康法国地下抵抗组织地段负责人，此时情绪沮丧。他看见停泊在左侧犹他海滩、右侧奥马哈海滩外海的舰队，知道盟军正在登陆，可他觉得盟军似乎忘掉了格朗康。整个上午，他一直在徒劳地等待盟军官兵到来。他妻子看见一艘驱逐舰在镇子对面的海上缓缓移动，他马上振奋起来，兴冲冲地喊道："火炮！我告诉他们的那些火炮！"几天前他通知伦敦方面，德国人在防波堤上部署了一门轻型火炮，那里的位置导致这门火炮只能朝左侧开火，也就是朝此刻成为犹他海滩的方向开火。马里翁现在确信伦敦方面收到了他传递的情报，因为他看见那艘驱逐舰小心翼翼地驶入德军火炮盲区，随即发起炮击。伴随驱逐舰每轮齐射，马里翁热泪盈眶，兴奋得上蹿下跳，一个劲儿地喊着："他们收到情报了！他们收到情报了！"那艘驱逐舰可能是美国海军的"赫恩登"号，它朝德军火炮射出一发发炮弹。德国人的弹药突然殉爆，剧烈的爆炸声震耳欲聋。马里翁兴奋地喊道："简直不可思议！太棒了！"

大致15英里外的大教堂镇巴约，奥马哈海滩地段地下情报负责人纪尧姆·梅卡德尔，与妻子玛德莱娜站在客厅的窗户前。梅卡德尔好不容易才忍住夺眶而出的泪水。经历了整整四年艰难岁月，驻扎在镇内的德军主力似乎要撤走了。他听见远处传来的炮声，知道那里肯定在进行激烈的交战。此刻他有种强烈的冲动，恨不得马上组织抵抗战士，把残余的纳粹赶走。可广播里提醒过他们要冷静，不要发动起义。这很难，但梅卡德尔早已学会等待，他告诉妻子："我们很快就会自由了。"

巴约镇内的居民似乎都有同感。尽管德国人张贴了布告，命令镇民待在家里，但当地居民公然聚在大教堂庭院里，聆听一位神父实时介绍盟军登陆的情况。神父的位置很有利，能清楚地看见海滩，他双手拢在嘴边，站在尖塔钟楼上朝下面的人大声播报战况。

许多人从神父这里得知了盟军登陆的消息，安妮·玛丽·布罗克就是其中的一个，这名19岁学前班老师日后的夫婿，此时就在美军登陆部队里。早上7点，她镇定自若地骑车出发，赶往奥马哈海滩后方，她父亲的农场就在科莱维尔村。她骑得很快，途中经过德军机枪阵地，还遇到了开赴海岸的部队。有些德国人朝她挥手致意，还有个德国兵提醒她当心点，但没人拦她。她看见飞机俯冲扫射，德国人卧倒隐蔽，但安妮·玛丽继续向前，秀发在风中飘摆，一袭蓝裙裙裾飞扬。她觉得自己很安全，从未想过有什么生命危险。

此时她离科莱维尔不到一英里，路上空无一人，一股股烟雾飘向内陆。火焰四起，随处可见。安妮·玛丽随后看见几座农舍的废墟，这才首次产生惧意，赶紧加快速度向前骑去。待她到达科莱维尔村十字路口，她彻底惊呆了。雷鸣般的炮火在周围发出阵阵轰鸣，整片地域荒凉得有点怪异，见不到任何人烟。父亲的农场在科莱维尔村与海滩之间，安妮·玛丽决定步行过去，她把自行车扛在肩头，徒步穿过田野，随后来到一座小高地顶部，看见家里那所农舍依然伫立着，于是跑完了剩下的路程。

安妮·玛丽起初以为农场空无一人，因为她没见到任何动静。她叫着父母，冲入小小的农家庭院。农舍的窗户都被炸飞了，部分屋顶也不见了，门上还有个大洞。损坏的房门突然开了，她父母站在那里，安妮·玛丽扑上去搂住他们。

她父亲说道："女儿，对法国来说，这是个伟大的日子。"安妮·玛丽的泪水夺眶而出。

半英里外，19岁的一等兵利奥·埃鲁正在可怕的奥马哈海滩上竭力求生，日后他迎娶了安妮·玛丽[1]。

---

[1] 安妮·玛丽是没有跟丈夫返回美国的战争新娘之一。她和利奥·埃鲁目前（1959年）居住在6月8日他们首次相遇的地方，也就是奥马哈海滩后方，科莱维尔村附近布罗克家的农场。他们有三个孩子，埃鲁经营着一所驾校。

盟军登陆行动在诺曼底进行得如火如荼之际，法国地下组织地区最高领导人之一正在巴黎郊外的火车上生闷气。莱昂纳尔·吉勒是诺曼底地区军事情报方面的二把手，他已经在开往巴黎的火车上坐了 12 个钟头。这趟行程似乎没完没了，缓慢的列车行驶了一整夜，每站都停。颇具讽刺意味的是，他这位情报负责人居然是从一名行李搬运工那里听说了盟军登陆的消息。吉勒不知道盟军究竟在诺曼底何处发动了进攻，但他迫不及待地想返回卡昂。他很恼火，忙了好几年，上级竟然挑选了这个日子让他去首都。更糟糕的是，他现在没法下车，下一站就是巴黎。

吉勒的未婚妻雅尼娜·布瓦塔尔，一听说盟军登陆的消息，就在卡昂忙碌起来。早上 7 点，她叫醒自己藏匿的两名皇家空军飞行员，对他们说道："咱们得抓紧时间，我把你们送到加夫吕村的农场，离这里 12 千米。"

新藏身地让两个英国飞行员吃了一惊，自由近在咫尺，仅隔短短 10 英里，可他们现在却要转移到内陆。加夫吕位于卡昂西南面。皇家空军中校 K.T. 洛夫茨认为应该冒点风险，赶往北面与登陆部队会合。

雅尼娜说道："耐心点，从这里到海边，到处都是德国人，继续等待更安全些。"

7 点过后不久，他们骑着自行车出发了，两个英国人穿着粗布农装。这趟行程平淡无奇，德军巡逻队几次拦下他们，但他们的假身份证经受住了考验，顺利通过检查。到达加夫吕，雅尼娜的任务就完成了，又有两名飞行员离家更近一步。她当然愿意多陪他们一段路，可她必须返回卡昂，在那里等待其他被击落的飞行员，再把他们送上逃生路线。她知道解放的时刻已为期不远。雅尼娜与两个英国人挥手道别，骑上自行车原路返回。

卡昂监狱里，因参与营救盟军飞行员而被捕的阿梅莉·勒舍瓦利耶夫人正等着大限来临。盛放早饭的薄铁盘从牢房门下被塞了进来，她听见有人低声说道："有希望了，有希望了，英国人登陆了！"勒舍瓦利耶夫人开始祈祷，她不知道自己的丈夫是否获悉了这个消息，他就关在旁边的牢房里。爆炸声持续了一整夜，但她认为这是盟军的例行轰炸。现在机会来了，他们也许能在一切都太晚前获救。

勒舍瓦利耶夫人突然听到走廊里传出一阵骚动。她跪下双膝，贴着牢门下的缝隙聆听外面的动静。她听见德国人大呼小叫，"Raus！Raus！（出来！出来！）"这个词反复出现。随后传来脚步声和牢门关闭的声音，然后再次平静下来。几分钟后，她听见监狱外某处传来持续的机枪射击声。

盖世太保的看守惊慌失措，盟军登陆的消息传来没过几分钟，他们就在监狱院子里架设了两挺机枪。他们把男性囚犯10人一组押出牢房，领到墙下处决。遇难者的罪名各种各样，有些是真的，也有些纯属莫须有。他们当中有农民居伊·德圣波尔、勒内·洛斯利耶尔，牙医皮埃尔·奥迪热，店员莫里斯·普里莫，退役军官安托万·德图谢上校，市政厅秘书安托莱·勒列夫尔，渔夫乔治·托米纳，警察皮埃尔·梅诺谢，法国铁路工人莫里斯·迪塔克，阿希尔·布特鲁瓦、约瑟夫·皮科诺父子，以及阿尔贝·阿内、德西雷·勒米埃、罗歇·韦亚、罗贝尔·布拉尔……总共92人，其中只有40人是法国地下抵抗组织成员。当日，就在伟大的解放开始的这一天，没人听取他们的辩解，也没召开听证会，更没有审判，他们就被处决了。勒舍瓦利耶夫人的丈夫路易也在其中。

枪声持续了一个钟头。勒舍瓦利耶夫人待在牢房里，不知道出了什么事。

英国此时是上午 9 点 30 分。艾森豪威尔将军一整晚都在他的挂车里踱来踱去，等待战事报告送抵。他像以往那样翻阅西部小说，想放松一下，可惜没什么效果。第一批报告随后送到了。这些报告零零碎碎，但都是好消息。他那些海空军指挥官对突击取得的进展非常满意，部队在五片海滩都已登陆。"霸王行动"进展顺利，虽说盟军夺得的立足地不大，但艾森豪威尔现在用不着发布他 24 小时前悄悄写下的公报了。先前想到盟军的登陆行动有可能大败亏输，他特地写了这份承担责任的公报："我们在瑟堡到勒阿弗尔地域的登陆失败了，没能夺得令人满意的立足地，我已下令撤出部队。此次进攻的时间和地点，是我基于手头掌握的最佳情报做出的判断。陆海空三军将士英勇、忠诚，尽己所能地履行了自己的职责。如果此次进攻有任何过错的话，都由我一人承担。"

艾森豪威尔确定麾下军队已踏上各片登陆海滩，于是批准发表一份内容截然不同的公报。上午 9 点 33 分，他负责新闻事务的副官欧内斯特·杜普伊上校向全世界播出以下新闻："在艾森豪威尔将军的指挥下，获得强大空中力量支援的盟国海军，今天早上开始运送盟国陆军在法国北部海岸登陆。"

自由世界期待已久的时刻终于到来了，听到消息的民众情绪复杂，欣慰、兴奋、担忧兼而有之。《泰晤士报》D 日发表的社论写道："紧张的气氛终于打破了。"

大多数英国人在工作时听到了盟军登陆的消息。有些军工厂用大喇叭播报了公告，男女工人站在车床旁，起身高唱《天佑国王》。一个个乡村教堂敞开大门。素不相识的人在通勤列车上聊得热火朝天。城内各条街道上，市民走到美国军人面前，与他们热烈握手。也有些人聚在街角，抬头凝望前所未见的、最为繁忙的空中交通。

X23号袖珍潜艇艇长的妻子，海军上尉内奥米·科尔斯·昂纳听到公报，立即明白了她丈夫在何处。过了一会儿，她接到海军司令部一名作战参谋打来的电话："乔治平安无事，但你永远猜不到他去干什么了。"内奥米后来得知了详情，但现在最重要的是他安然无恙。

18岁的二等水兵罗纳德·诺斯伍德在旗舰"锡拉"号上服役，他母亲听到公告后激动不已，跑过马路告诉邻居斯珀吉翁太太："我的罗恩肯定在那里。"斯珀吉翁太太不甘示弱，表示她"有个亲戚在'厌战'号上服役，她敢断定他也在那里"。整个英国到处都是诸如此类的对话，只是内容稍有些差异罢了。

二等兵约翰·盖尔跟随第一拨突击部队登上剑滩，他妻子格雷丝·盖尔听到公报时，正在给三个孩子中最小的一个洗澡。她竭力忍住泪水，但没能做到，她确信自己的丈夫就在法国，不由得悄声祷告："亲爱的上帝，带他回来吧。"她随后让女儿伊夫琳关掉收音机："我们可不能太过担心，你爸爸会失望的。"

多塞特郡布里奇波特，威斯敏斯特银行弥漫着宛如大教堂般的气氛，奥德丽·达克沃斯一直在埋头工作，晚些时候才听说盟军在法国海岸登陆了。这样也好，因为她的美国丈夫，第1步兵师的埃德蒙·达克沃斯上尉在奥马哈海滩阵亡了，他们结婚才五天。

弗雷德里克·摩根爵士中将在赶往艾森豪威尔设在朴次茅斯的总部途中，听到BBC广播电台提醒听众，马上要播报一份重要公告。摩根让司机把车停在路边，拧大收音机音量，这位登陆计划最初的设计者随后听到了盟军进攻的消息。

美国大多数地区是在午夜收到消息的，东海岸是凌晨 3 点 33 分，西海岸是 0 点 33 分。大多数人还在睡觉，但成千上万名夜班工人最先听到了 D 日的消息，这些男女工人辛勤工作，盟军投入此次进攻的火炮、坦克、舰船、飞机，大多是他们生产的。夜以继日不停生产的军工厂内，为了让大家庄严地沉思片刻，各处的工作都停了下来。布鲁克林一家造船厂内，弧光灯耀眼的光线下，数百名男女工人跪在几艘半完工的自由轮甲板上念诵主祷文。

全国各地一个个沉睡的城镇和村庄，灯光骤然亮了起来。一台台收音机被打开，寂静的街道上顿时回荡起广播声。居民们叫醒邻居，把盟军登陆的消息告诉他们。给亲属、朋友打电话的人太多，电话总机频频占线。堪萨斯州科菲维尔，身着睡衣的男男女女跪在门廊处祈祷。华盛顿开往纽约的火车上，旅客请在场的牧师举办了一场临时礼拜仪式。佐治亚州玛丽埃塔，民众清晨 4 点就蜂拥进了各座教堂。费城的自由钟被敲响，历史悠久的弗吉尼亚州是第 29 步兵师的故乡，就像当初独立战争期间那样，教堂的钟声彻夜未停。弗吉尼亚州的小镇贝德福德只有 3800 名居民，但盟军登陆的消息对他们具有特殊意义，几乎每个人都有儿子、兄弟、恋人或丈夫在第 29 步兵师服役。贝德福德居民此刻还不知道，他们的亲人已踏上奥马哈海滩。第 116 步兵团的 46 名贝德福德人，只有 23 人能重返故乡。

妇女志愿服役应急部队少尉洛伊丝·霍夫曼是"科里"号驱逐舰舰长的妻子，获知 D 日的消息时，她正在弗吉尼亚州诺福克海军基地值班。她不时通过作战室的朋友了解丈夫那艘驱逐舰的动向，D 日的消息对她个人没什么意义，因为她一直以为她丈夫在北大西洋护送一支运输军火的船队。

旧金山米利堡退伍军人医院的护士露西尔·M. 舒尔茨太太，值夜班时听到了消息。她很想守在收音机旁，期盼广播里提到第 82 空降师，觉得该师很可能参加了此次进攻。可她又担心自己照料的心脏病患者受刺激，他是个参加过第一次世界大战的老兵。可这位老兵想听报道，还说"真希望我也在那里"。"你已经参加过战争了。"舒尔茨护士说着, 关掉了收音机。她坐在暗处潸然泪下, 一遍遍为21岁的儿子念诵《玫瑰经》, 她儿子阿瑟在第82空降师第505伞兵团服役, 战友都叫他"荷兰佬"。

西奥多·罗斯福夫人在长岛的家中睡得很不踏实, 凌晨3点左右就醒了, 再也无法入睡。她本能地拧开收音机, 刚好赶上广播里播出D日官方公告。她了解丈夫的性格, 他肯定在战斗最激烈的地方。但她不知道的是, 自己可能是美国独一份儿的妻子和母亲: 丈夫在犹他海滩, 21岁的儿子昆廷·罗斯福上尉跟随第1步兵师登上奥马哈海滩。她坐在床上, 闭着眼睛念起古老而又熟悉的家庭祷告: "主啊, 今天请扶持我们……直到夕阳西下, 夜幕降临。"

奥地利克雷姆斯附近的17B战俘营里, 盟军战俘喜不自胜地获知了D日的消息。美国陆航队的人利用自制的小型晶体管收音机, 收听到激动人心的公报。为了不让德国人搜查到, 有些晶体管装在牙刷柄上, 还有的伪装成铅笔。詹姆斯·兰上士一年多前在德国上空被击落, 他简直不敢相信这份公报。战俘营的"新闻监听委员会"反复提醒4000名战俘不要过于乐观。他们告诉大家: "别抱太大希望, 我们得花点时间核实消息的真伪。"但一座座营房里, 战俘们已经着手秘密绘制诺曼底海岸地图, 想在图上标出盟军的胜利挺进。

关于盟军这场登陆, 战俘此刻了解的情况比德国民众多得多。到目前为止, 街上的人还没听到任何官方消息。不无讽刺意味的是, 柏林广播电台率先播报了盟军登陆的消息, 比艾森豪威尔的公报早了三个钟头。从6点30分起, 德国人就向满腹狐疑的外部世界播出了一连串新闻。德国民众收听不到这些短波广播, 尽管如此, 还是有成千上万人通过其他渠道获悉了盟军登陆的消息。德国政府禁止民众收听外国电台, 如有违反, 会被投入大牢, 可还是有部分德国人偷偷收听瑞士、瑞典或西班牙电台。消息迅速传播开来, 许多人对此将信将疑, 但也有些人, 特别是丈夫在诺曼底的妇女，得知消息后忧心忡忡，维尔纳·普卢斯卡特夫人就是其中的一个。

她本打算下午和另一名军官的妻子绍尔夫人一同去看电影，可听到盟军登陆诺曼底的传言，顿时紧张得无以复加。她立马打电话给绍尔夫人，取消了看电影的约会，绍尔夫人也得知了盟军进攻的消息。普卢斯卡特夫人说道："我得知道维尔纳出什么事了，说不定我再也见不到他了。"

绍尔夫人言辞粗暴，很有普鲁士人的做派，她厉声说道："您不该表现出这副模样！您得相信元首，要像优秀军官的妻子那样行事。"

普卢斯卡特夫人反唇相讥道："我再也不跟您说话了！"说罢，她砰然挂了电话。

贝希特斯加登，希特勒身边的随从似乎等盟军发布了正式公报，才敢把消息告知元首。此时是上午 10 点（德国时间上午 9 点）左右，希特勒的海军副官卡尔-耶斯科·冯·普特卡默海军少将打电话给约德尔的办公室，询问最新情况，这才得知"有明确的迹象表明，盟军发起了重大登陆"。普特卡默收集了他能弄到的所有情报，带着参谋人员迅速绘制了一幅地图。元首的副官长鲁道夫·施蒙特中将随后叫醒希特勒，他走出寝室时还穿着睡衣。希特勒镇定自若地听取了几名副官的报告，随后派人去请国防军最高统帅部参谋长威廉·凯特尔元帅和指挥参谋部参谋长约德尔大将。待两人到来，希特勒已换好衣服等着他们，情绪相当激动。

据普特卡默回忆，随后召开的会议"争论得很激烈"。相关信息很少，但从目前掌握的情况看，希特勒坚信这不是盟军的主要进攻，还一再重申自己的观点。会议只开了几分钟就戛然而止，约德尔后来回忆道，希特勒突然对他和凯特尔大发雷霆："那么，这到底是不是入侵呢？"说罢他转身离开会议室。

冯·伦德施泰特急需的几个装甲师，作为国防军最高统帅部预备队是否应当投入交战的问题，会上提都没提。

上午 10 点 15 分，埃尔温·隆美尔元帅黑尔林根家里的电话响了，是参谋长汉斯·施派德尔中将打来的, 首次完整汇报了盟军登陆的情况 [1]。隆美尔听着, 心绪不宁, 震惊不已。

这不是"迪耶普式的突袭"。凭借大半辈子屡屡发挥作用的敏锐直觉, 隆美尔知道这就是他长时间等待的那一天, 后来他称之为"最长的一天"。他耐心听完施派德尔的汇报, 随后才平静、不带丝毫感情地说道: "我太蠢了, 我太蠢了。"

他转身离开电话, 隆美尔夫人发觉"这通电话让他变了样⋯⋯气氛很紧张"。接下来45分钟, 隆美尔两次打给他的副官赫尔穆特·朗上尉, 朗此时在萨尔茨堡附近的家里。隆美尔在两通电话里交代朗返回拉罗什吉永的时间居然不一样。朗对此忧心忡忡, 这般犹豫不决可不像元帅的作风。朗后来回忆道: "他的声音听上去很沮丧, 这也不像他。"动身时间终于确定了, 隆美尔对他的副官说道: "我们下午1点整从弗罗伊登施塔特出发。"朗挂了电话, 还以为隆美尔推延出发时间是为了面见希特勒, 可他不知道, 整个贝希特斯加登, 除了希特勒的副官长施蒙特中将, 没人知道隆美尔此时在德国。

---

[1] 施派德尔将军告诉我, 他"清晨6点左右通过民用线路打电话给隆美尔", 他在他撰写的《1944年入侵》一书里也是这么说的。但施派德尔将军把时间搞混了, 例如他在书中指出, 隆美尔元帅6月5日离开拉罗什吉永, 而不是赫尔穆特·朗上尉、汉斯-格奥尔格·冯·滕佩尔霍夫上校、B集团军群作战日志所说的6月4日。D日那天, B集团军群作战日志里只有一条打给隆美尔的电话记录: 上午10点15分。条目里写道:"施派德尔打电话向隆美尔元帅汇报了态势。B集团军群司令今日会返回司令部。"

— 6 —

犹他海滩上，卡车、坦克、半履带车、吉普车的轰鸣声几乎彻底淹没了德军88毫米炮偶尔发出的呼啸。这是胜利之声。第4步兵师朝内陆挺进，速度之快超出所有人的预料。

2号出口是从海滩通往内陆唯一敞开的堤道，两名将军站在那里指挥络绎不绝的车流。第4步兵师师长雷蒙德·O.巴顿少将站在道路一侧，兴奋得像个孩子一样的西奥多·罗斯福准将站在另一侧。第12步兵团的盖尔登·约翰逊少校经过时，看见罗斯福准将"拄着手杖，叼着烟斗，在尘土飞扬的路上踱着脚，看上去就像置身时代广场那般镇定自若"。罗斯福也看见了约翰逊，大声喊道："喂，约翰尼！继续前进，你干得很好！今天是个打猎的好日子，对吧？"在罗斯福看来，这是大获全胜的时刻。他先前把第4步兵师带到与原定登陆地段相距2000码的地方上岸，这项决定本来有可能造成一场灾难。此时，他看着车辆和人员组成的长龙朝内陆开进，强烈的自我满足感油然而起 [1]。

尽管巴顿和罗斯福摆出高枕无忧的姿态，可他们暗自担心：除非交通始终畅通无阻，否则一旦德军发起坚决的反突击，很可能导致第4步兵师的进军戛然而止。两位将军一次次解决交通堵塞问题。熄火的卡车被无情地推到路边。中弹起火的车辆随处可见，构成挡住部队前进道路的威胁。

---

[1] 鉴于罗斯福准将在犹他海滩的杰出表现，他获得了国会荣誉勋章。7月12日，艾森豪威尔将军批准了他出任第90步兵师师长的任命，但罗斯福没能获悉这项任命，他当晚死于心脏病发作。

坦克把这些车辆残骸推入洪泛区，而步兵官兵此时在洪泛区涉水赶往内陆。上午 11 点左右，巴顿收到个好消息：3 号出口打开了，就在一英里外。为缓解交通压力，巴顿立即命令他的坦克隆隆赶往新打开的出口。第 4 步兵师迅猛向前，赶去与备受重压的伞兵会合。

这场会合实现得平淡无奇，孤零零的士兵在意料不到的地方与另一个孤零零的士兵相遇，结果往往带有幽默和情绪化色彩。第 101 空降师的路易斯·梅拉诺下士，很可能是与第 4 步兵师官兵相遇的首个空降兵。梅拉诺落在海滩障碍物之间，就在原定的犹他海滩上方，他和另外两名伞兵沿海岸跋涉了差不多 2 英里。遇到第 4 步兵师的士兵时，他筋疲力尽，满身污秽，狼狈不堪，他盯着对方看了一会儿，才恼火地问道："你们这帮家伙跑到哪里去了？"

第 101 空降师的托马斯·布拉夫中士看见第 4 步兵师一名侦察兵离开普珀维尔附近的堤道，"像端着猎枪那样端着他的步枪"。侦察兵看着疲惫的布拉夫，问道："哪里有仗打？"布拉夫的降落地点与预定空降地域差了 8 英里，他和一小群士兵在马克斯韦尔·泰勒将军的率领下战斗了一整夜，他朝那名侦察兵吼道："从这里往前走的任何地方。伙计，继续前进，你会有仗打的。"

奥杜维尔拉于贝尔附近，第 101 空降师的托马斯·马尔维上尉沿土路匆匆赶往海岸。忽然，他看见"一个端着步枪的士兵从灌木丛边缘冒了出来，就在前方大约 75 码外"。两人立即趴下隐蔽，随后又小心翼翼地探出头，手指搭着步枪扳机，警惕而又沉默地盯着对方。对面的士兵命令马尔维放下武器，高举双手往前走，马尔维也要求对方这样做。他后来回忆道："我们就这样僵持了好一阵子，谁都不肯让步。"马尔维最终看清对面是个美国兵，于是站起身。两人在道路中间会合，握了握手，还相互拍拍后背。

圣玛丽迪蒙村，面包师皮埃尔·卡尔德龙看见教堂高高的尖塔上，几名伞兵挥舞着一块硕大的橙色识别板。没过多久，一群士兵排着长长的单路纵队，沿道路而来。第 4 步兵师经过时，卡尔德龙让小儿子高高地坐在自己的肩膀上。孩子前一天刚做完扁桃体切除手术，还没彻底康复，但卡尔德龙不想让儿子错过此刻的场面。面包师突然发觉自己哭了。一个身材敦实的美国兵朝他咧嘴而笑，还喊道："法兰西万岁！"卡尔德龙报以微笑，朝对方点点头，一时间说不出话来。

美国第 4 步兵师离开犹他海滩地域拥入内陆。该师 D 日的损失不算大，伤亡 197 人，其中 60 人死在海上。接下来几周，第 4 步兵师会遭遇激烈的交战，但今天是他们的胜利日。夜幕降临前会有 2.2 万名官兵和 1800 部车辆登上海岸。第 4 步兵师官兵和伞兵一道，在法国海岸控制了美军第一座重要的滩头阵地。

在血腥奥马哈，美军将士不顾伤亡，一寸寸向前推进。从海上望去，这片海滩的情形令人难以置信，简直是尸山血海。态势相当危急，到了中午，"奥古斯塔"号旗舰上的奥马尔·布拉德利将军不得不考虑，是否该撤出登陆部队，把后续兵力转移到犹他和英军登陆海滩。布拉德利反复盘算之际，混乱的奥马哈海滩上，美军官兵向前移动了。

51 岁的诺曼·科塔将军脾气暴躁，他冒着弹雨，沿绿 D 和白 D 地段走来走去，挥着手里的点 45 手枪，大声招呼部下赶紧离开海滩。卵石滩上、防波堤后方、悬崖底部杂乱的草丛里，一群群士兵肩并肩地趴在地上，他们盯着科塔将军，简直不敢相信有人直直地站立还能活着。

一群游骑兵蜷缩在滨海维耶维尔出口附近，科塔吼道："游骑兵打头阵！"这群游骑兵站起了身。下方的海滩上停着辆丢弃的推土机，载满 TNT 炸药。这恰恰是炸毁滨海维耶维尔出口的防坦克墙需要的东西，科塔吼道："谁会开这玩意儿？"没人回应，一个个似乎被覆盖海滩的猛烈炮火打蒙了。科塔爆发了怒火："都吓坏了，没人敢开那该死的东西了？"

一名红发士兵从沙滩上慢慢爬起身，从容地走到科塔面前："我会开！"

科塔将军拍拍他的背:"这就对了,我们现在离开这片海滩!"他头也不回地走开了,身后的美军官兵行动了起来。

这就是榜样的力量。第 29 步兵师副师长科塔准将,几乎从踏上海滩那一刻起,一直在以身作则。他负责第 29 步兵师作战地段右半部分,左半部分交给了第 116 步兵团团长查尔斯·D. 坎汉上校。坎汉手腕负伤,裹着块血迹斑斑的手帕,他穿过死者、垂死者、惊恐万状者,挥手示意一群群部下前进,还吼道:"他们正在这里干掉我们!咱们得攻入内陆,死也要死在那里!"一等兵查尔斯·弗格森惊愕地抬头看着从旁边走过的上校,不由得问道:"这个家伙究竟是谁啊?"说罢,他和其他人起身冲向悬崖。

第 1 步兵师鏖战的奥马哈半幅海滩上,经历过西西里和萨莱诺战事的老兵很快从最初的惊慌中恢复过来。雷蒙德·斯特罗伊尼中士召集部下,率领他们穿过地雷场攀上悬崖。他在悬崖顶部用巴祖卡火箭筒干掉了一座碉堡,似乎有点"打疯了"。100 码外,菲利普·施特雷奇克中士也受够了被敌火力压制的苦头。有些士兵记得,施特雷奇克几乎连打带踢地迫使部下离开海滩,冲上布满地雷的岬角,在铁丝网上打开个缺口。没过多久,爱德华·沃曾斯基上尉在沿悬崖而下的小路上遇到了施特雷奇克。沃曾斯基惊恐地看见施特雷奇克踩着一颗 T 型地雷,施特雷奇克若无其事地说道:"上尉,我先前上山时就踩到了,也没见它爆炸。"

第 16 步兵团团长乔治·A. 泰勒上校没理会袭向沙滩的炮火和机枪火力,沿第 1 步兵师作战地段来回走动。他吼道:"只有两种人会待在海滩上,死者和即将丧命者,我们现在得离开这个鬼地方!"

英勇无畏的将军、军官、士兵随处可见,他们指明方向,率领部下和战友冲出海滩。一旦投入行动,这些官兵再也没有停下。技术军士小威廉·威德菲尔德跨过几十具好友的遗体,板着脸穿过地雷场朝山上而去。一颗子弹从唐纳德·安德森少尉后颈射入,又从他嘴巴钻出,他忙着包扎伤口时,发觉自己"居然有勇气站起身,从这一刻起,我不再是新兵蛋,而是老兵了"。

第2游骑兵营的比尔·考特尼中士攀上山脊顶，朝山下他的班喊道："上来！这帮婊子养的都被消灭了！"左侧突然射出一串机枪子弹，考特尼转身扔了几枚手雷，随后再次喊道："上来！上来！这帮婊子养的真被消灭了！"

就在部队开始前进之际，打头几艘登陆艇冲破障碍物，直接驶上海滩。另外几艘登陆艇的艇长看见此举可行，也如法炮制。支援登陆艇前进的几艘驱逐舰，冒着触礁沉没的风险，驶到离海岸很近的地方实施抵近射击，猛轰悬崖上的敌支撑点。获得炮火掩护后，工兵逐渐完成了7个钟头前开始的爆破作业。奥马哈海滩各处的僵持局面终于被打破了。

待美军官兵发现完全能前进，恐惧和沮丧之情一扫而空，取而代之的是难以遏制的怒火。滨海维耶维尔悬崖顶部附近，游骑兵一等兵卡尔·韦斯特和他的连长乔治·惠廷顿上尉，发现一处由三个德国兵据守的机枪阵地。韦斯特和上尉小心翼翼地绕了过去。一个德国兵突然转身，看见两个美国兵，不由自主地喊道："Bitte！Bitte！Bitte！（别！别！别！）"惠廷顿猛扫一气，击毙了三个德国兵，扭头对韦斯特说道："鬼知道'bitte'是什么意思。"

摆脱了噩梦般的奥马哈海滩，部队朝内陆挺进。布拉德利将军下午1点30分收到电报："先前被压制在红E、绿E、红F海滩的部队，攻上了海滩后方的高地。"日终时，第1、第29步兵师官兵已进入内陆1英里。美军在奥马哈海滩的损失，大致为2500人阵亡、负伤、失踪。

— 7 —

下午 1 点，维尔纳·普卢斯卡特少校终于回到埃特雷昂的营部。他进门时，营部军官几乎认不出他们的营长。普卢斯卡特像个脑瘫患者那样抖个不停，嘴里不停嘟囔着："白兰地，白兰地。"酒拿来了，可他的手抖得无法控制，几乎没办法端起酒杯。

营部一名军官说道："长官，美国人登陆了！"普卢斯卡特瞪了他一眼，挥手打发他走开。营部人员围在他身旁，眼下有个最重要的问题必须解决。他们告诉普卢斯卡特，几个炮兵连的弹药很快要耗尽了。这件事已经汇报给团部，奥克尔上校告诉他们，补给物资正在运来。可他们什么也没收到。普卢斯卡特立即叫通了奥克尔的电话。

电话那头传来奥克尔上校轻快的声音："亲爱的普卢斯卡特，您还活着吗？"

普卢斯卡特没加理会，直截了当地问道："弹药怎么还没送来？"

奥克尔说道："已经在路上了。"

上校若无其事的口气激怒了普卢斯卡特，他大声吼道："什么时候？什么时候能运到？你们这帮家伙好像不知道这里发生了什么情况。"

10 分钟后奥克尔打来电话，通知普卢斯卡特："有个坏消息要告诉您，我刚刚得知运送弹药的车队被敌人消灭了。恐怕要到夜幕降临后才能给您送去炮弹。"

普卢斯卡特对此并不意外，痛苦的亲身经历告诉他，没有什么能在路上行进。他还知道，以目前的发射速度看，他的几个炮兵连傍晚到来前就会耗尽炮弹。问题在于，谁先到达他的炮兵阵地，是弹药还是美国人？普卢斯卡特命令部队做好近战准备，随后就在城堡里漫无目的地走来走去。他突然感到无力、孤独，很想知道爱犬哈拉斯在哪里。

— *8* —

到目前为止，打响 D 日首场战斗的英国官兵，已经在他们夺取的奥恩河、卡昂运河桥梁处坚守了 13 个钟头。虽说霍华德少校的机降部队凌晨时获得了第 6 空降师另一批伞兵的增援，可面对德军猛烈的迫击炮和轻武器火力，他们的兵力不断减少。霍华德的部下挡住了敌人几次规模较小的试探性反冲击。此刻，疲惫、焦虑的英军官兵守在桥梁两侧夺取的德军阵地内，焦急地等待与海上而来的部队会合。

二等兵比尔·格雷待在卡昂运河桥梁接近地附近的散兵坑里，又一次看了看手表。洛瓦特勋爵的突击队延误了差不多一个半钟头，他很想知道后方的海滩上到底出了什么事。格雷觉得海滩上的战斗不会比两座桥梁处更艰巨，他此刻根本不敢抬头，在他看来，随着时间流逝，敌狙击手射得越来越准。

火力间歇，格雷的朋友，趴在他身旁的二等兵约翰·威尔克斯突然说道："我好像听到了风笛声。"格雷不屑地朝他看看，说道："你真够蠢的。"几秒钟后，威尔克斯再次扭头对他的朋友说道："我真听见风笛声了。"格雷此刻也听到了。

洛瓦特勋爵的突击队沿道路而来，他们戴着绿色贝雷帽，一个个神气十足。比尔·米林[①]走在队伍最前方，用风笛大声吹奏《越过边境的蓝绒帽》。

① 译注：这名风笛手的名字是威廉·米林，"比尔"是他的昵称。

交战双方突然停火，德国兵和英国兵都盯着眼前奇特的景象。但震惊没有持续多久，英军突击队跨过桥梁时，德国人再次开火。比尔·米林记得，自己当时"只能相信好运不会让我中弹，因为风笛声很响，我根本听不见其他声音"。走到途中，米林扭头看看洛瓦特勋爵："他大步向前，就像在自家庄园里散步，还示意我继续吹奏。"

英国伞兵不顾德国人猛烈的火力，冲出阵地迎接突击队。洛瓦特勋爵为"迟到了几分钟"深表歉意。对第6空降师疲惫的官兵来说，这是个激动人心的时刻。虽说英军主力还要几个钟头才能到达伞兵据守的防线最前沿，但首批援兵好歹已经到来。佩戴红色、绿色贝雷帽的官兵混杂在一起，众人的精神突然间明显放松了，就连19岁的比尔·格雷也觉得自己"年轻了好几岁"。

决定希特勒第三帝国命运的这一天，隆美尔火速赶往诺曼底，他麾下的指挥官全力阻挡盟军的猛烈突击，但一切都取决于装甲力量：第21装甲师就在英军登陆海滩后方，而装甲教导师和党卫队第12装甲师仍控制在希特勒手里。

隆美尔元帅盯着前方绵延的白色道路，不时催促司机："快点！快点！快点！"丹尼尔踩下油门，汽车轰鸣着向前疾驶。他们两个钟头前刚刚离开弗罗伊登施塔特，隆美尔沉默不语，他的副官朗上尉坐在后排，从未见过元帅这般沮丧。朗本想谈谈盟军登陆的事情，可隆美尔似乎不愿聊这个话题，他忽然扭过头来盯着朗说道："我一贯正确，向来如此。"说罢，他回过头继续望向前方的道路。

第21装甲师没能从卡昂城内通过。师装甲团团长赫尔曼·冯·奥佩尔恩－布罗尼科夫斯基上校，乘坐大众桶式车在车队前后来回奔波。卡昂城内一片混乱。这座城市不久前遭到轰炸，轰炸机群的活儿干得很好，各条街道堆满碎石瓦砾，在布罗尼科夫斯基看来，"城内居民似乎都在忙着逃离"。骑自行车的男男女女挤满各条道路，装甲战车根本没办法通行。布罗尼科夫斯基决定退出城区绕道而行。他知道这会耽误几个钟头，可眼下也没其他办法。另外，就算他穿过城区，本该支援他投入进攻的其他团又在哪里？

第 21 装甲师第 192 装甲掷弹兵团 19 岁的二等兵瓦尔特·赫尔梅斯从来没这么高兴过，他行驶在队伍最前方，即将对英国人发起攻击，这让他感到莫大的荣耀。赫尔梅斯骑着摩托车，在先遣连前方迂回行进。他们正赶往海岸，很快要同坦克力量会合。第 21 装甲师随后就会把英国人赶下大海，全师官兵都这么认为。赫尔梅斯的朋友特茨拉夫、马图施、沙尔德也驾驶着摩托车，行驶在他身旁。他们先前估计会遭到英军攻击，可什么事也没有。他们到现在也没追上己方坦克，似乎有点奇怪。但赫尔梅斯估计坦克就在前方某处，也许已经对海岸发起攻击了。赫尔梅斯兴高采烈地驱车向前，率领团先遣连进入朱诺与金滩之间，英军突击队尚未封闭的 8 英里长的缺口。德军装甲力量本来可以利用这个缺口，把英军登陆海滩撕开个大口子，对盟军整场突击构成威胁，可冯·奥佩尔恩－布罗尼科夫斯基上校根本不知道还有这个缺口。

巴黎，西线总司令部，冯·伦德施泰特的参谋长布鲁门特里特将军打电话给 B 集团军群司令部的施派德尔将军。B 集团军群作战日志记录下了这通只有一句话的电话交谈，布鲁门特里特说道："国防军最高统帅部批准投入装甲教导师和党卫队第 12 装甲师。"此时是下午 3 点 40 分，两位将军都知道太晚了。希特勒和他身边的高级将领把两个装甲师紧紧攥在手里，整整耽误了十来个钟头。两个装甲师没能在至关重要的这一天开抵盟军登陆场。党卫队第 12 装甲师要到 6 月 7 日早上才能赶到滩头阵地，而不断遭受空袭的装甲教导师损失惨重，要到 6 月 9 日才能到达。要想遏制盟军的突击，现在全靠第 21 装甲师了。

下午 6 点左右，隆美尔的霍希轿车在兰斯停了停，朗去城防司令部接通了拉罗什吉永的电话。这通电话打了 15 分钟，隆美尔仔细听取了参谋长的简报。待他走出办公室，朗看他的神情就知道肯定都是坏消息。他们驱车离开时，车内一阵沉默。过了一会儿，隆美尔用戴着手套的拳头砸了下另一只手掌，苦涩地说道："还是我的老对手，蒙哥马利！"过了片刻他又说道："天哪！要是第21装甲师的行动顺利的话，我们也许能在三天内击退他们。"

卡昂北面，布罗尼科夫斯基下令进攻。35辆坦克在威廉·冯·戈特贝格上尉的率领下，赶去夺取距离海岸4英里的佩里耶高地。布罗尼科夫斯基亲自率领另外25辆坦克，去夺取2英里外的比耶维尔山脊。

第21装甲师师长埃德加·福伊希廷格尔将军和第84军军长马克斯将军，赶来察看即将发起的进攻。马克斯走到布罗尼科夫斯基面前说道："奥佩尔恩，德国的前景很可能就落在您的肩头。要是您不把英国人赶下大海，我们就会输掉这场战争。"

布罗尼科夫斯基敬礼后答道："将军，我会倾尽全力的。"

他们投入进攻，一辆辆坦克疏开队形越过田野。就在这时，第716步兵师师长威廉·里希特中将拦下布罗尼科夫斯基。里希特"悲痛欲绝"，眼含热泪地告诉布罗尼科夫斯基："我的部队打光了，整个师都没了！"

布罗尼科夫斯基问道："长官，我们会全力提供支援的，您想让我怎么做？"他取出地图递到里希特面前："长官，他们的位置在哪里，您能指给我看吗？"

里希特只是摇着头说道："我不知道，我不知道。"

隆美尔从霍希轿车的前排座椅上转过身子，对朗说道："但愿敌人此时不要从地中海发起二次登陆。"停了片刻，他又若有所思地说道："您知道吗，朗，倘若我现在是盟军总司令，完全能在14天内结束战争。"他转回身子凝视着前方。朗看着他，心里也不好受，可又帮不上忙。霍希轿车迎着夜幕向前疾驰。

布罗尼科夫斯基的坦克隆隆驶上比耶维尔山脊，到目前为止，他们还没遭遇盟军抵抗。可是，第一辆四号坦克逼近山顶时，远处的某个地方突然响起炮火的轰鸣。布罗尼科夫斯基说不清是与英军坦克迎头相遇，还是遭到反坦克炮打击，但袭来的炮火准确而又猛烈，似乎是从五六个地方同时射来的。为首的四号坦克未发一炮就被击毁了，另外两辆坦克继续朝上驶去，同时开炮还击，但似乎没给英军炮手造成任何影响。布罗尼科夫斯基明白过来，他的火力不及对方，英军火炮的射程似乎更远。布罗尼科夫斯基的坦克一辆接一辆被击毁，没过 15 分钟就损失了 6 辆战车。他从没见过这种打法，一时间不知该如何应对。他停止了进攻，命令部下后撤。

二等兵瓦尔特·赫尔梅斯不明白己方坦克跑到哪里去了。第 192 装甲掷弹兵团先遣连已经在吕克到达海岸，可在这里没见到己方坦克的踪影。此处也没看见英军官兵，赫尔梅斯不免有些失望，但盟军舰队还是让他大开眼界。赫尔梅斯看见左右两侧的海岸外，数百艘舰艇来回游弋，一英里外的近海停泊着各种战舰。他对朋友沙尔德说道："真漂亮，简直就像阅舰式。"赫尔梅斯和几个朋友躺在草地上，掏出香烟抽了起来，似乎什么事也没发生，反正也没人给他们下达任何命令。

英军官兵在佩里耶高地占据阵地，顺利挡住了威廉·冯·戈特贝格上尉的 35 辆坦克，德军坦克此时甚至还没进入坦克炮射程。短短几分钟，戈特贝格损失了 10 辆坦克。德军投入装甲力量的命令姗姗来迟，绕过卡昂又耽误了不少时间，英国人趁机在深具战略价值的高地上充分加强了防御阵地。戈特贝格把他能想到的每个人大骂了一通，随后撤到莱比塞村附近的树林边缘，命令部下把坦克半埋起来，只露出炮塔。戈特贝格认为英国人过不了几个钟头就会攻往卡昂。

可出乎他的意料，时间一分一秒地流逝，对方没有发动进攻。晚上9点刚过，戈特贝格就见到一幅令人难以置信的场景。飞机轰鸣声渐渐加剧，在远处依然明亮的夕阳映衬下，他看见一群群滑翔机越过海岸飞来。被牵引机拖曳的数十架滑翔机，排着整齐的编队稳稳地飞了过来。他抬头凝望之际，这些滑翔机脱钩，盘旋着，倾斜飞行着，沙沙作响地降低高度，降落在他与海岸之间看不见的某个地方。戈特贝格恼怒地咒骂起来。

布罗尼科夫斯基在比耶维尔也把他的坦克半埋起来。他站在路边，看见"几名军官各自带着20～30个部下撤离前线，退往卡昂"。布罗尼科夫斯基不明白英国人为何不进攻，在他看来，对方"用不了几个钟头就能夺取卡昂，占领整片地域"[①]。布罗尼科夫斯基看见队伍末端，一名中士搂着两个健壮的女辅助人员。他们"醉得像猪，脸上脏兮兮的，一个个摇摇晃晃"。这些人步履蹒跚地走了过去，对身边的一切视而不见，还声嘶力竭地唱着《德意志高于一切》。布罗尼科夫斯基盯着他们，直到这帮家伙消失在视野外，不由得大声说道："战争输掉了！"

隆美尔的霍希轿车静静地穿过拉罗什吉永村，缓缓驶过道路两旁排列的一座座小屋。这部黑色大型轿车驶下公路，经过16棵修剪得整整齐齐的菩提树，进入德·拉罗什富科公爵城堡的正门。汽车刚在门前停下，朗就跳下车，跑去通知施派德尔将军，元帅回来了。他在主廊里听见参谋长办公室里传出瓦格纳歌剧的旋律。办公室门突然被推开，施派德尔走了出来，音乐声随之加大。

朗很生气，也很震惊，一时间忘了自己面对的是一位将军，他气冲冲地说道："这种时候您怎么还在听歌剧？"

---

① 尽管英军D日取得的进展很大，但没能夺取最重要的目标卡昂。布罗尼科夫斯基率领他的坦克在阵地上坚守了6个多星期，直到卡昂陷落。

施派德尔微笑着说道："亲爱的朗，您不会认为我放点音乐就能阻止登陆吧？"

隆美尔穿着长长的灰蓝色军大衣，右手握着尾端镶银的元帅略杖，大步跨过走廊。他走入施派德尔的办公室，双手背在身后，站在那里查看地图。施派德尔关上房门，朗知道他们俩要商讨一阵子，于是去了餐厅。他疲惫地坐在长桌旁，请勤务兵端上杯咖啡。旁边一名军官正在看报纸，抬头瞟了一眼朗，心情愉快地问道："这趟旅程如何？"朗看着他，什么也没说。

圣梅尔埃格利斯附近的瑟堡半岛上，第82空降师绰号"荷兰佬"的二等兵舒尔茨靠着散兵坑，听见远处的教堂敲响了11点的钟声。他困得睁不开眼，从6月4日夜里行动推延，他跟其他人赌骰子算起，到现在差不多有72个钟头没闭眼了。他费了好大力气才把赢的钱输出去，可现在什么事也没有，想想就有点可笑。实际上，"荷兰佬"有点难为情，因为这一整天他还没开过一枪。

奥马哈海滩的悬崖下方，医护兵艾尔弗雷德·艾根伯格上士精疲力竭地倒在弹坑里，记不清自己救治了多少个伤员。他累得要命，但入睡前还有件事情要做。艾根伯格从兜里掏出张"胜利邮件"的信纸，借助电筒的光线，给家里写了封信。他潦草地写了句"法国某处"，随后又写道："亲爱的爸爸妈妈，我想你们现在肯定听说了登陆行动。嗯，我很好。"这名19岁的医护兵停下笔，想不出还有什么要说的。

下方的海滩上，诺曼·科塔准将看见卡车车灯被遮蔽后留下的"猫眼"般的细缝，听见宪兵和海滩勤务负责人指挥人员和车辆开赴内陆的喊叫声。仍在燃烧的登陆艇随处可见，火光映红了夜空。海浪拍打着海岸，科塔听见远处某个地方传来机枪零零落落的连发声，他突然觉得疲惫不堪，一辆卡车隆隆驶来，于是他挥手拦车。科塔跳上卡车踏板，胳膊挽住车门，回头朝海滩看了片刻，随后对司机说道："小伙子，送我上山。"

隆美尔的司令部里，朗和其他人都获知了坏消息：第21装甲师的进攻失败了。朗沮丧不已，不由得问元帅："长官，您觉得我们能击退敌人吗？"

隆美尔耸耸肩，摊开双手说道："朗，我希望我们能做到。到目前为止，我几乎总是能赢得胜利。"他拍拍朗的肩膀说道："您看上去很累，干吗不去睡一会儿呢？这可真是漫长的一天。"隆美尔转身离开，朗看着他沿走廊步入办公室，房门在他身后轻轻关上了。

屋外，铺着鹅卵石的两个大院落没有丝毫动静，整个拉罗什吉永寂静无声。驻兵最多的这个法国村庄很快会获得解放，希特勒占领的整个欧洲也是如此。从这一天算起，第三帝国只剩不到一年的寿命。城堡大门外，宽阔的主干道空空荡荡，一座座红顶房屋关闭了窗户。圣桑松教堂敲响了午夜的钟声。

伤亡小计

　　这些年来，关于盟军进攻欧洲大陆头 24 个钟头遭受的损失，各种数字含糊而又矛盾。这些数字都不够准确，充其量只能算估计，因为就这场进攻的性质而言，谁都无法得出确切的数字。总的说来，大多数军事历史学家一致认为，盟军共伤亡 1 万人，也有些专家认为盟军伤亡了 1.2 万人。

　　美军的伤亡估计为 6603 人，这个数字取自美国第 1 集团军的战后报告，具体如下：1465 人阵亡，3184 人负伤，1928 人失踪，26 人被俘。第 82、第 101 空降师的损失也在其中，仅这两个师估计就有 2499 人阵亡、负伤、失踪。

　　加拿大军队伤亡 946 人，其中 335 人阵亡。英国没有公布相关数字，但估计他们至少伤亡了 2500～3000 人，仅第 6 空降师就有 650 人阵亡、负伤、失踪。

　　德军 D 日损失了多少？没人说得清。基于对德军高级将领的采访，我估计他们伤亡了 4000～9000 人。但隆美尔 6 月底呈交的报告称，他当月伤亡了"28 名将军、354 名军官、约 25 万名士兵"。

D 日老兵

他们今天[①]在做什么？

　　以下是为本书做出贡献之人的名单，所列军衔截至 D 日。这份名单完成后的几个月里，有些人的职业可能发生了变化。

美国

尼克·J. 阿卡尔多	第 4 步兵师，中尉；路易斯安那州新奥尔良，整形外科医生。[②]
欧内斯特·C. 亚当斯	第 1 特种工兵旅，中校；美国陆军，上校。
小乔纳森·E. 亚当斯	第 82 空降师，上尉；美国陆军，中校。
萨尔瓦托雷·A. 阿尔巴内塞	第 1 步兵师，上士；纽约州弗普朗克，工资结算员。
丹佛·阿尔布雷克特	第 82 空降师，少尉；美国陆军，专业技术军官。
迈尔斯·L. 艾伦	第 101 空降师，一等兵；美国陆军，三级军士长。
罗伯特·M. 艾伦	第 1 步兵师，一等兵；爱荷华州奥尔温，高中老师、体育教练。
沃尔特·K. 艾伦	第 467 高射炮营；爱荷华州蒙茅斯，农场主。
杰克·L. 艾利森	第 237 工兵营，二等兵；西弗吉尼亚州切斯特，会计。
斯坦利·H. 阿尔波	第 4 步兵师，少尉；美国陆军，少校。
C.W. 安德森	第 4 步兵师，一等兵；美国陆军，中士，宪兵队长。
唐纳德·C. 安德森	第 29 步兵师，少尉；加利福尼亚州爱德华兹，通用动力公司，试飞工程师。
唐纳德·D. 安德森	第 4 步兵师，中士；明尼苏达州艾菲，木制品经销商。
马丁·H. 安德森	美国海军第 11、第 12 两栖部队，一等水兵；美国空军，下士。

---

① 译注：指英文原书成书时间，即 1959 年。
② 译注：前为官兵 D 日时所属部队、军衔；后为其战后居住地、职业。下同。

乔尔·H. 阿佩尔	第 457 轰炸机大队，中尉；美国空军，中队长。
乔治·N. 阿波斯托拉	第 39 高射炮营，四级技术兵；伊利诺伊州，老兵协会，服务主任。
小萨姆·阿普尔比	第 82 空降师，下士；密苏里州欧扎克，律师。
乔·L. 阿莱扎	第 446 轰炸机大队，中士；美国空军，二级军士长。
罗伯特·C. 阿尔曼	第 2 游骑兵营，中尉；印第安纳州拉斐特，上尉，伤残退役。
约翰·R. 阿尔梅利诺	第 1 步兵师，上尉；新泽西州西纽约市，市长。
路易斯·M. 阿姆斯特朗	第 29 步兵师，技术军士；弗吉尼亚州斯汤顿，邮局职员。
埃德加·L. 阿诺德	第 2 游骑兵营，上尉；美国陆军，中校。
查尔斯·V. 阿塞	第 101 空降师，中士；加利福尼亚州奥本，《砂矿先驱报》排版机操作员。
卡罗尔·A. 阿什比	第 29 步兵师，上士；弗吉尼亚州阿灵顿，陆军预备役部队顾问。
博伊斯·Q.M. 阿兹比尔	94 号步兵登陆艇，美国海岸警卫队，二等水兵；亚利桑那州图森，美国管道供应公司，分公司经理。
约瑟夫·W. 贝希勒	第 5 特种工兵旅，中士；俄亥俄州克利夫兰，会计。
弗兰克·H. 巴格利	美国海军"赫恩登"号驱逐舰，上尉；明尼苏达州密尔沃基，德拉瓦尔汽轮机公司，分公司经理。
哈罗德·L. 贝尔	第 7 海滩勤务营，少尉；马里兰州弗雷德里克，生物研究博士。
爱德华·A. 贝利	第 65 装甲野战炮兵营，中校；美国陆军，上校。
兰德·S. 贝利	第 1 特种工兵旅，中校；退役，华盛顿特区农村电气化管理局，兼职顾问。
理查德·J. 贝克	第 344 轰炸机大队，中尉；美国空军，少校。
查尔斯·L. 贝克	第 7 军军部，中尉；美国陆军，少校。
小萨姆·H. 鲍尔	第 146 工兵营，上尉；得克萨斯州特克萨卡纳，KCMC 电视台，电视客户经理。
亚历克斯·W. 巴伯	第 5 游骑兵营，一等兵；宾夕法尼亚州约翰斯敦，脊椎按摩师。
乔治·R. 巴伯	第 1 步兵师，上尉牧师；加利福尼亚州蒙特贝洛，牧师兼投资顾问。
卡尔顿·W. 巴雷特	第 1 步兵师，二等兵；美国陆军，三级军士长。
雷蒙德·O. 巴顿	第 4 步兵师师长，少将；佐治亚州奥古斯塔，南方金融公司。
休伯特·S. 巴斯	第 82 空降师，上尉；得克萨斯州休斯敦，少校（退役）。
勒罗伊·A. 巴西特	第 29 步兵师，二等兵；北达科他州法戈，退伍军人管理局，索赔审查员。
詹姆斯·H. 巴特	第 87 化学迫击炮营，中校；美国陆军，上校。
罗伯特·L. 比尔登	第 82 空降师，中士；得克萨斯州胡德堡，比尔登个人服务公司。
尼尔·W. 比弗	第 82 空降师，少尉；俄亥俄州托莱多，成本会计师。
卡尔·A. 贝克	第 82 空降师，二等兵；纽约州波基普西，IBM 公司，工程部件检验员。

爱德华·A. 比克斯	第 457 高射炮营，一等兵；蒙大拿州斯科比，机械工领班。
罗伯特·O. 比尔	美国海军"卡尔米克"号驱逐舰，中校；美国海军，上校。
莫里斯·A. 贝利斯	第 1 步兵师，上尉；美国陆军，中校。
盖尔·H. 贝尔蒙特	第 2 游骑兵营，上士；美国陆军，上尉。
韦恩·P. 本格尔	第 101 空降师，二等兵；宾夕法尼亚州匹兹堡，丘纳德轮船有限公司，高级职员。
亨利·J. 比林斯	第 101 空降师，下士；美国陆军，高级专业技术军官。
诺曼·W. 比利特	第 101 空降师，中士；佐治亚州本宁堡，首席降落伞检验员。
西德尼·A. 宾厄姆	第 29 步兵师，少校；美国陆军，上校。
詹姆斯·P. 布莱克斯托克	第 4 步兵师，上士；宾夕法尼亚州费城，眼镜商。
哈罗德·W. 布莱克利	第 4 步兵师，炮兵指挥官，准将；少将（退役）。
欧内斯特·R. 布兰查德	第 82 空降师，一等兵；康涅狄格州布里斯托尔，E. 英格拉姆钟表公司，机械师。
艾伦·C. 博德特	第 1 步兵师，下士；密西西比州杰克逊，担保银行信托公司，助理出纳。
威廉·S. 博伊斯	第 4 步兵师，上尉牧师；亚利桑那州菲尼克斯，教会牧师。
小鲁弗斯·C. 博林	第 4 步兵师，二等兵；纽约州布鲁克林，公寓管理员。
卡尔·E. 邦巴尔迪耶	第 2 游骑兵营，一等兵；马萨诸塞州北阿宾顿，宝洁公司拖车驾驶员、托运人。
劳伦斯·J. 布尔	第 1 步兵师，上尉；爱荷华州波卡洪特斯，《波卡洪特斯民主党报》编辑。
奥马尔·N. 布莱德雷	第 1 集团军司令，中将；五星上将，纽约州纽约市，宝路华手表公司董事长。
杰罗姆·N. 勃兰特	第 5 特种工兵旅，上尉；美国陆军，中校。
马尔科姆·D. 布兰嫩	第 82 空降师，中尉；少校，佛罗里达州德兰，斯特森大学预备军官训练队。
S.D. 布鲁尔	美国海军"阿肯色"号战列舰，一等水兵；亚拉巴马州哈克尔堡，邮局职员。
雷蒙德·C. 布里尔	第 1 步兵师，中士；美国空军，二级军士长。
威廉·L. 布林森	第 315 部队运输机大队，上尉；美国空军，中校。
沃纳·A. 布罗格曼	第 101 空降师，上尉；肯塔基州列克星敦，美国公共卫生医院，职业教育主管。
哈里·布朗	第 4 步兵师，中士；密歇根州克劳森，验光师。
詹姆斯·J. 布鲁恩	第 29 步兵师，中士；俄亥俄州克利夫兰，警官。
托马斯·B. 布拉夫	第 101 空降师，中士；美国陆军，上尉。
约瑟夫·J. 布鲁诺	美国海军"得克萨斯"号战列舰，一等水兵；宾夕法尼亚州匹兹堡，美国陆军，货运员。
基思·布赖恩	第 5 特种工兵旅，中士；内布拉斯加州哥伦布，退伍军人服务专员。

约翰·P. 巴克海特	美国海军"赫恩登"号驱逐舰，一等水兵；宾夕法尼亚州哈里斯堡，奥姆斯特德空军基地，警卫员。
小沃尔特·巴克利	美国海军"内华达"号战列舰，少校；美国海军，上校。
赫伯特·J. 布法罗·博伊	第 82 空降师，上士；北达科他州耶茨堡，牧场保安、农场主。
约翰·L. 伯克	第 5 游骑兵营，下士；纽约州德尔玛，A.H. 罗宾斯有限公司，销售主管。
威廉·G. 伯林盖姆	第 355 战斗机大队，中尉；美国空军，少校。
杰拉尔德·H. 伯特	第 299 工兵营，下士；纽约州尼亚加拉瀑布市，管道安装工。
小路易斯·A. 巴斯比	美国海军"卡尔米克"号驱逐舰，一级供水长；美国海军"萨拉托加"号航母，锅炉长。
小约翰·C. 巴特勒	第 5 特种工兵旅，上尉；弗吉尼亚州阿灵顿，印第安事务局，物业官员。
约翰·C. 拜尔斯	第 441 部队运输机大队，上士；加利福尼亚州圣佩德罗，机械工程师。
尤金·M. 卡菲	第 1 特种工兵旅，上校；少将（退役），新墨西哥州拉斯克鲁塞斯，达登和卡菲公司，律师。
威廉·R. 卡拉汉	第 29 步兵师，上尉；美国陆军，少校。
查尔斯·D.W. 坎汉	第 29 步兵师，上校；美国陆军，少将。
布法罗·博伊·克努	第 82 空降师，技术军士；加利福尼亚州威尼斯，柔道教练。
加埃塔诺·卡波比安科	第 4 步兵师，一等兵；宾夕法尼亚州波士顿，肉商。
弗雷德·J. 卡登	第 82 空降师，一等兵；美国陆军，空降技术员。
小詹姆斯·R. 凯里	第 8 航空队，中士；爱荷华州奥西恩，凯里西区服务公司。
约瑟夫·W. 卡洛	288 号坦克登陆舰，医护兵；美国海军，中尉牧师。
哈罗德·C. 卡斯特伍德	美国海军"赫恩登"号驱逐舰，少尉；伊利诺伊州芝加哥，西北大学商学院，教师。
约瑟夫·B. 卡彭特	第 410 轰炸机大队，中尉；美国空军，二级军士长。
约翰·B. 卡罗尔	第 1 步兵师，中尉；纽约州纽约市，玻璃容器制造商协会，公关人员。
查尔斯·J. 卡肖	312 号坦克登陆舰，二等水兵；纽约州恩迪科特，邮递员。
李·B. 卡森	第 4 步兵师，下士；美国陆军，二级军士长。
托马斯·E. 卡塞尔	第 122-3 特遣队，二级专业军士；纽约州纽约市，消防队，上尉。
理查德·D. 凯特	第 101 空降师，一等兵；美国陆军，中尉。
查尔斯·R. 考森	第 29 步兵师，上尉；美国陆军，中校。
唐纳德·L. 钱斯	第 5 游骑兵营，上士；宾夕法尼亚州费城，耶鲁和汤氏制造公司，安全生产工程师。
查尔斯·H. 蔡斯	第 101 空降师，中校；美国陆军，准将。
卢修斯·P. 蔡斯	第 6 特种工兵旅，上校；威斯康星州科勒，科勒公司，法律总顾问兼董事。

韦布·W. 切斯纳特	第 1 步兵师，中尉；肯塔基州康伯斯威尔，生产信贷协会。
欧内斯特·J. 乔托斯	第 1 步兵师，二等兵；俄亥俄州阿什塔比拉，房地产经纪人。
弗兰克·恰尔佩利	第 1 步兵师，二等兵；纽约州罗切斯特，卫生部卫生稽查员。
萨尔瓦托雷·齐里内斯	第 4 步兵师，一等兵；佛罗里达州迈阿密，鞋匠。
威廉·R. 克拉克	第 5 特种工兵旅，上尉；宾夕法尼亚州洛伊斯维尔，邮政局长。
威廉·J. 克莱顿	第 4 步兵师，上士；宾夕法尼亚州邓巴，油漆匠。
威廉·H. 克利夫兰	第 325 侦察机联队联队部，上校；美国空军，上校。
理查德·W. 克利福德	第 4 步兵师，上尉；纽约州哈德孙福尔斯，牙医。
萨姆·L. 科克伦	第 4 步兵师，技术军士；美国陆军，上尉。
弗农·C. 科菲	第 37 工兵营，二等兵；爱荷华州霍顿，肉类包装、冷冻食品加工公司老板。
拉尔夫·S. 科夫曼	第 29 步兵师，上士；弗吉尼亚州斯汤顿，南方各州奥古斯塔石油合作社，卡车司机。
沃伦·G. 科夫曼	第 1 步兵师，一等兵；美国陆军，上尉。
马克斯·D. 科尔曼	第 5 游骑兵营，一等兵；密苏里州克拉克斯顿，浸信会牧师。
J. 劳顿·柯林斯	第 7 军军长，少将；上将（退役），华盛顿特区，辉瑞公司董事长。
托马斯·E. 柯林斯	第 93 轰炸机大队，少尉；加利福尼亚州加德纳，诺思罗普飞机公司，统计员。
理查德·H. 康利	第 1 步兵师，少尉；美国陆军，上尉。
查尔斯·M. 康诺弗	第 1 步兵师，中尉；美国陆军，中校。
威廉·库克	588 号坦克登陆艇，少尉；美国海军，中校。
威廉·S. 库克	第 2 海滩勤务营，三等信号兵；北达科他州弗拉舍，粮仓经理。
小约翰·P. 库珀	第 29 步兵师，上校；准将（退役），马里兰州巴尔的摩，巴尔的摩电话公司，总经理。
马歇尔·科帕斯	第 101 空降师，中士；美国陆军，二级军士长。
约翰·T. 科基	第 1 步兵师，中校；美国陆军，上校。
诺曼·D. 科塔	第 29 步兵师，准将；少将（退役），宾夕法尼亚州，蒙哥马利公司，民防主管。
小赖利·C. 库奇	第 90 步兵师，上尉；得克萨斯州哈斯克尔，农场主、牧场主。
约翰·F. 考克斯	第 434 部队运输机大队，下士；纽约州宾厄姆顿，消防局，中尉。
詹姆斯·J. 科伊尔	第 82 空降师，少尉；纽约州纽约市，美国烟草公司，会计。
拉尔夫·O. 克劳福德	第 1 特种工兵旅，高级专业技术军官；得克萨斯州迪利，邮局局长。
弗雷德里克·J. 克里斯彭	第 436 部队运输机大队，少尉；美国空军，二级军士长。
赫伯特·A. 克罗斯	第 4 步兵师，少尉；田纳西州奥奈达，小学校长。

拉尔夫·H. 克劳德	第4步兵师，上尉；弗吉尼亚州拉德福德，米克玻璃店老板。
托马斯·T. 克劳利	第1步兵师，少校；宾夕法尼亚州匹兹堡，坩埚钢铁公司，分公司总经理。
小威廉·J. 克赖尔	第96轰炸机大队，少尉；加利福尼亚州奥克兰，船艇制造维修厂，合伙人兼总经理。
罗伯特·E. 坎宁安	第1步兵师，上尉；俄克拉荷马州斯蒂尔沃特，照相制版工、作家。
约翰·B. 达伦	第1步兵师，上尉牧师；北达科他州彻奇斯费里，路德教牧师。
托马斯·S. 达拉斯	第29步兵师，少校；美国陆军，中校。
保罗·A. 达纳希	第101空降师，少校；明尼苏达州明尼阿波利斯，制造商代表。
尤金·A. 丹斯	第101空降师，中尉；美国陆军，少校。
德里尔·M. 丹尼尔	第1步兵师，中校；美国陆军，少将。
本尼迪克特·J. 达舍	第6特种工兵旅，上尉；内华达里诺，环球人寿保险有限公司总裁。
约翰·E. 多特里	第6海滩勤务营，中尉；佛罗里达州莱克兰，普外科医生。
巴顿·A. 戴维斯	第299工兵营，中士；纽约州埃尔迈拉，哈丁兄弟公司，财务总管助理。
肯尼斯·S. 戴维斯	海岸警卫队，中校，"贝菲尔德"号攻击运输舰；美国海岸警卫队，上校。
弗朗西斯·W. 道森	第5游骑兵营，中尉；美国陆军，少校。
拉塞尔·J. 德贝内代托	第90步兵师，一等兵；路易斯安那州艾伦港，房地产经纪人。
小艾伯特·德基亚拉	美国海军"赫恩登"号驱逐舰，少尉；新泽西州帕塞伊克，制造商代表。
劳伦斯·E. 迪里	第1步兵师，上尉牧师；罗得岛州纽波特，圣约瑟夫教堂牧师。
欧文·J. 德格南	第5军军部，少尉；爱荷华州加滕伯格，保险经纪人。
安东尼·J. 德马约	第82空降师，一等兵；纽约州纽约市，电气施工工头。
V.N. 德佩斯	第29步兵师，二等兵；宾夕法尼亚州匹兹堡，国内税务代理人。
弗雷德·德达	90号步兵登陆艇，海岸警卫队，一等信号兵；密苏里州圣路易斯，脊柱按摩师。
理查德·B. 德里克森	美国海军"得克萨斯"号战列舰，少校；美国海军，上校。
J.L. 德雅尔丹	第3海军工程营，下士；马萨诸塞州莱明斯特，警察局库管。
安杰洛·迪贝内代托	第4步兵师，一等兵；纽约州布鲁克林，邮递员。
阿奇·L. 迪克森	第434部队运输机大队，中尉；密西西比州格尔夫波特，保险经纪人。
小尼古拉斯·多奇克	鱼雷艇，鱼雷兵；美国海军，鱼雷兵下士。
约翰·J. 多兰	第82空降师，中尉；马萨诸塞州波士顿，律师。
托马斯·F. 多纳休	第82空降师，一等兵；纽约州布鲁克林，A＆P茶叶公司职员。
阿德里安·R. 多斯	第101空降师，一等兵；美国陆军，专业上士。
乔治·T. 多伊尔	第90步兵师，一等兵；俄亥俄州帕马海茨，印刷工。

诺埃尔·A. 杜布	第 121 工兵营，中士；新罕布什尔州皮斯空军基地，空军福利社行政助理。
约翰·F. 杜利甘	第 1 步兵师，上尉；马萨诸塞州波士顿，退伍军人管理局。
爱德华·C. 邓恩	第 4 骑兵侦察中队，中校；美国陆军，上校。
唐纳德·M. 杜克特	第 254 工兵营，中士；美国陆军，二级军士长。
哈里·A. 德怀尔	第 5 步兵师两栖部队，通信军士长；加利福尼亚州塞普尔韦达，退伍军人医院库管。
杰里·W. 伊迪斯	第 62 装甲营，中士；得克萨斯州阿灵顿，飞机制造厂领班。
查尔斯·W. 伊斯特	第 29 步兵师，上尉；弗吉尼亚州斯汤顿，担保人。
道尔顿·L. 伊斯特斯	第 4 步兵师，二等兵；印第安纳州马里昂，印第安纳和密歇根电力公司，抄表员。
拉夫·P. 伊顿	第 82 空降师，上校；准将（退役）。
尤金·S. 埃科尔斯	第 5 特种工兵旅，少校；田纳西州孟菲斯，市政工程师。
海曼·埃德尔曼	第 4 步兵师，二等兵；纽约州布鲁克林，酒类销售店店主。
罗伯特·T. 艾德林	第 2 游骑兵营，中尉；印第安纳州布卢明顿，环球人寿保险公司，保险代理主管。
埃米尔·V.B. 埃蒙德	第 1 步兵师，上尉；美国陆军，中校。
阿瑟·艾歇尔鲍姆	第 29 步兵师，中尉；纽约州长岛沙点，销售副总裁。
艾尔弗雷德·艾根伯格	第 6 特种工兵旅，上士；美国陆军，中尉。
威廉·J. 艾斯曼	火箭支援部队，中尉；纽约州长岛贝斯佩奇，新英格兰互助人寿保险公司，助理。
威廉·E. 埃克曼	第 82 空降师，中校；美国陆军，上校。
约翰·叶林斯基	第 4 步兵师，一等兵；宾夕法尼亚州费城，基布勒饼干公司，夜班托运人。
约翰·B. 埃勒里	第 1 步兵师，上士；密歇根州罗亚尔奥克，韦恩州立大学，教授。
罗伯特·C. 埃利奥特	第 4 步兵师，二等兵；新泽西州帕塞伊克，伤残。
克劳德·G. 厄尔德	第 1 步兵师，专业技术军官；肯塔基州列克星敦，肯塔基大学预备军官训练队，二级军士长。
利奥·E. 欧文	第 101 空降师，二等兵；美国陆军，三级军士长、司务长。
朱利安·J. 尤厄尔	第 101 空降师，中校；美国陆军，上校。
弗朗西斯·F. 费恩特	第 6 装甲群，上校；众议员，纽约证券交易所，西弗吉尼亚州查尔斯顿，韦斯特海默公司。
阿瑟·E. 范宁	319 号步兵登陆艇，海岸警卫队，中尉；宾夕法尼亚州费城，保险业务员。
詹姆斯·A. 范托	第 6 海滩勤务营，一等报务员；美国海军，首席报务员。
H. 巴托·法尔	美国海军"赫恩登"号驱逐舰，中尉；纽约州纽约市，IBM 公司律师。
威利·T. 福尔克	第 409 轰炸机大队，上士；美国空军，三级军士长。

查尔斯·A. 弗格森	第6特种工兵旅, 一等兵; 纽约州纽约市, 西部电气有限公司, 定价专员。
弗农·V. 弗格森	第452轰炸机大队, 中尉; 职业不详。
塞缪尔·约瑟夫·费罗	第299工兵营, 一等兵; 纽约州宾厄姆顿, 机械工。
威廉·E. 芬尼根	第4步兵师, 二等兵; 纽约州, 西点军校, 人事助理。
林肯·D. 菲什	第1步兵师, 上尉; 马萨诸塞州伍斯特, 纸业公司总经理。
罗伯特·G. 菲茨西蒙斯	第2游骑兵营, 中尉; 纽约州尼亚加拉瀑布市, 警察中尉。
拉里·弗拉纳根	第4步兵师, 二等兵; 宾夕法尼亚州费城, 销售员。
小约翰·L. 弗洛拉	第29步兵师, 上尉; 弗吉尼亚州罗阿诺克, 联邦住房管理局, 房地产估价师。
梅尔文·L. 弗劳尔斯	第441部队运输机大队, 少尉; 美国空军, 上尉。
伯纳德·J. 弗林	第1步兵师, 少尉; 明尼苏达州明尼阿波利斯, 通用磨坊公司, 包装设计主管。
塞缪尔·W. 福吉	第1特种工兵旅, 中校; 纽约州长岛曼哈塞特, 卡拉贝拉贸易有限公司, 总经理。
罗林·B. 福勒	第435部队运输机大队, 准尉; 美国空军, 三级军士长。
杰克·S. 福克斯	第4步兵师, 上士; 美国陆军, 上尉。
杰克·L. 弗朗西斯	第82空降师, 下士; 加利福尼亚州萨克拉门托, 屋顶修理工。
罗伯特·佛朗哥	第82空降师, 上尉; 华盛顿州里奇兰, 外科医生。
杰拉尔德·M. 弗伦奇	第450轰炸机大队, 中尉; 美国空军, 上尉。
利奥·弗雷	16号坦克登陆舰, 轮机军士长; 美国海岸警卫队, 专业技术军官。
威廉·弗里德曼	第1步兵师, 上尉; 美国陆军, 中校。
拉尔夫·E. 弗里斯比	第29步兵师, 少尉; 俄克拉荷马州奥克马尔吉, 杂货店老板。
小威廉·C. 弗里舍	第4步兵师, 上士; 俄亥俄州辛辛那提, 吉布森艺术公司, 绘图员。
霍华德·J. 弗罗曼	第401轰炸机大队, 上士; 美国空军, 上尉。
阿瑟·芬德伯克	第20工兵营, 上士; 佐治亚州梅肯, 可口可乐瓶装公司, 销售员。
埃德蒙·J. 加利亚尔迪	637号坦克登陆艇, 下士; 宾夕法尼亚州安布里奇, 警官。
埃德温·E. 加德纳	第29步兵师, 一等兵; 堪萨斯州普莱恩维尔, 邮递员。
查尔斯·雷·加斯金斯	第4步兵师, 下士; 北卡罗来纳州坎纳波利斯, 埃索服务中心, 老板兼经营者。
詹姆斯·M. 加文	第82空降师副师长, 准将; 中将(退役), 马萨诸塞州韦尔斯利山, 阿瑟D. 利特尔公司副总裁。
爱德华·M. 吉尔林	第29步兵师, 少尉; 马里兰州切维蔡斯, 维特罗公司, 审计助理。
欧内斯特·L. 吉	第82空降师, 技术军士; 加利福尼亚州圣何塞, 使命黄色出租车公司老板。

查尔斯·H.格哈特	第 29 步兵师师长，少将；佛罗里达州，少将（退役）。
伦纳德·T.杰罗	第 5 军军长，少将；上将（退役），弗吉尼亚州彼得斯堡，银行董事。
弗兰克·M.格维西	第 1 步兵师，上士；宾夕法尼亚州门罗维尔，工厂保安。
约瑟夫·H.吉本斯	海军战斗爆破队队长，少校；纽约州纽约市，纽约电话公司，销售经理。
乌尔里克·G.吉本斯	第 4 步兵师，中校；美国陆军，上校。
梅尔文·R.吉夫特	第 87 化学迫击炮营，二等兵；宾夕法尼亚州钱伯斯堡，调度员。
约翰·吉尔胡利	第 2 游骑兵营，一等兵；纽约州长岛罗斯福，A＆P 茶叶公司店长。
迪恩·迪特罗·吉尔	第 4 骑兵侦察中队，中士；内布拉斯加州林肯，退伍军人医院，厨师。
约翰·刘易斯·吉莱特	第 2 海滩勤务营，三等信号兵；纽约州斯科茨维尔，惠特兰 - 奇利中央学校，教师。
本尼·W.格利森	美国海军"科里"号驱逐舰，三等报务员；电传打字机操作员。
默里·戈德曼	第 82 空降师，上士；纽约州蒙蒂塞洛，蕾蒂制品公司，销售主管。
约瑟夫·I.戈尔茨坦	第 4 步兵师，二等兵；爱荷华州苏城，保险业务员。
罗伯特·李·古德	第 29 步兵师，中士；弗吉尼亚州贝德福德，技工。
卡尔·T.古德蒙德森	美国海军"昆西"号巡洋舰，二等信号兵；明尼苏达州明尼阿波利斯，大北铁路公司，报务员。
拉尔夫·E.戈兰森	第 2 游骑兵营，上尉；俄亥俄州代顿，E.F.麦克唐纳公司，海外运营总监。
弗雷德·戈登	第 90 步兵师，专业技术军士；美国陆军，专业技术下士。
乔治·高迪	第 65 装甲营，中尉；佛罗里达州圣彼得斯堡，渔夫。
约瑟夫·J.格雷科	第 299 工兵营，一等兵；纽约州锡拉丘兹，联合惠兰公司，经理。
卡尔·R.格林斯坦	第 93 轰炸机大队，少尉；美国空军，上尉。
默里·格林斯坦	第 95 轰炸机大队，中尉；新泽西州布拉德利比奇，分期付款销售店老板。
威廉·H.格里菲斯	美国海军"赫恩登"号驱逐舰，少尉；美国海军，中校。
约翰·P.格里辛格	第 29 步兵师，少尉；宾夕法尼亚州哈里斯堡，芝加哥互信人寿保险公司，总代理。
哈罗德·M.格罗根	第 4 步兵师，五级技术兵；密西西比州维克斯堡，美国邮政局。
贾德森·古德胡斯	第 389 轰炸机大队，中尉；俄亥俄州托莱多，托莱多光学试验室，销售员。
小乔治·R.哈克特	第 17 坦克登陆艇分舰队，三等信号兵；美国海军，二等军需兵。
威廉·I.哈恩	赫斯基支援艇艇员，一等水兵；宾夕法尼亚州威尔克斯 - 巴里，煤矿经营者。
巴特利·E.黑尔	第 82 空降师，少尉；乔治亚州大学，学生。
詹姆斯·W.黑利	第 4 步兵师，上尉；美国陆军，上校。
查尔斯·G.霍尔	第 4 步兵师，一级军士长；美国空军，高级专业技术军官。

小约翰·莱斯利·霍尔	O 特遣编队指挥官，少将；美国海军，少将（退役）。
小保罗·A. 哈姆林	第 299 工兵营，二等兵；纽约州维斯塔尔，IBM 公司，回收分析员。
小西奥多·S. 哈姆纳	第 82 空降师，上士；亚拉巴马州塔斯卡卢萨，B.F. 古德里奇公司，楼层领班。
霍华德·K. 汉森	第 90 步兵师，二等兵；北达科他州阿格斯维尔，邮局局长、农场主。
德尔伯特·C. 哈肯	134 号坦克登陆舰，发动机修理下士；爱荷华州阿克利，邮局代理局长。
乔治·S. 哈克	第 5 特种工兵旅，中尉；肯塔基州诺克斯堡，心理学家。
詹姆斯·C. 哈林顿	第 355 战斗机大队，中尉；美国空军，少校。
托马斯·C. 哈里森	第 4 步兵师，上尉；纽约州查帕阔，亨利·I. 克里斯塔尔公司，销售经理。
查尔斯·B. 哈里森	第 1 特种工兵旅，一等兵；宾夕法尼亚州兰斯当，保险业务员。
小乔纳森·H. 哈伍德	第 2 游骑兵营，上尉；去世。
小威廉·R. 哈斯	第 441 部队运输机大队，准尉；美国空军，上尉。
詹姆斯·J. 哈奇	第 101 空降师，上尉；美国陆军，上校。
约翰·K. 哈夫纳	第 344 轰炸机大队，中尉；伊利诺伊州伊斯特林，国际收割机公司，物料管理员。
欧内斯特·W. 海尼	第 29 步兵师，中士；弗吉尼亚州华沙，船用发动机供应店，店员。
梅尔文·C. 希夫纳	第 29 步兵师，一等兵；职业不详。
弗兰克·E. 海基拉	第 6 特种工兵旅，中校；宾夕法尼亚州匹兹堡，西屋电气公司，客户关系部。
克利福德·M. 亨利	第 4 步兵师，上尉；南卡罗来纳州萨默维尔，道路承包商。
罗伯特·M. 亨农	第 82 空降师，上尉牧师；密西西比州布伦特伍德，福音派儿童之家，部长兼主管。
雷蒙德·M. 赫利希	第 5 游骑兵营，中士；纽约州布朗克斯，普伦蒂斯霍尔出版社，税务代表。
勒罗伊·W. 赫尔曼	第 1 步兵师，一等兵；俄亥俄州阿克伦，包裹邮递员。
厄尔斯顿·E. 赫恩	第 146 工兵营，一等兵；俄克拉荷马州梅福德，托皮卡和圣塔菲铁路公司，报务员。
贝利尔·A. 赫伦	第 4 步兵师，一等兵；爱荷华州库恩拉皮兹，农场主。
小赫伯特·C. 希克斯	第 1 步兵师，中校；美国陆军，上校。
约瑟夫·A. 希克斯	第 531 海岸工兵团，上尉；肯塔基州拉塞尔维尔，州肥料公司董事长。
乔尔·G. 希尔	第 102 骑兵侦察中队，四级技术兵；宾夕法尼亚州卢考特，伐木工。
约翰·C. 霍奇森	第 5 游骑兵营，中士；马里兰州银泉，邮局工作人员。
乔治·D. 霍夫曼	美国海军"科里"号驱逐舰，少校；美国海军，上校。
阿瑟·R. 霍夫曼	第 1 步兵师，上尉；康涅狄格州锡姆斯伯里，园艺师。
克莱德·E. 霍格	第 743 坦克营，下士；爱荷华州代阿格纳尔，邮递员。

哈里森·H. 霍兰德	第 29 步兵师，中尉；美国陆军手枪队，教练。
小约翰·N. 霍尔曼	美国海军"霍布森"号驱逐舰，一等水兵；密西西比州梅肯，童子军外勤主管。
约瑟夫·O. 胡珀	第 1 步兵师，一等兵；美国陆军，化学兵部队消防员。
温德尔·L. 霍普勒	515 号坦克登陆舰，三等军需兵；伊利诺伊州福里斯特帕克，纽约人寿保险公司，讲师。
弗朗西斯·J.E. 豪斯	第 90 步兵师，一等兵；俄亥俄州利物浦，霍默·劳克林瓷器公司，陶匠。
克拉伦斯·R. 许布纳	第 1 步兵师师长，少将；中将（退役），纽约州纽约市民防局长。
斯宾塞·J. 哈金斯	第 90 步兵师，一等兵；美国陆军，二级军士长。
梅尔文·T. 休斯	第 1 步兵师，一等兵；印第安纳州帕托卡，亚当斯和莫罗有限公司，销售员。
罗伯特·F. 亨特	第 5 特种工兵旅，少校；俄克拉荷马州塔尔萨，土木工程师。
克拉伦斯·G. 休普费尔	第 746 坦克营，中校；上校（退役）。
M.H. 伊姆利	10 号步兵登陆艇艇长，海岸警卫队，上尉；美国海军，少将（退役）。
马克·H. 因芬格	第 5 特种工兵旅，上士；美国陆军，三级军士长。
约翰·T. 欧文	第 1 步兵师，一等兵；中士（退役），美国陆军，邮件收发员。
杰克·R. 艾萨克斯	第 82 空降师，中尉；堪萨斯州科菲维尔，药剂师。
唐纳德·I. 杰克韦	第 82 空降师，一等兵；俄亥俄州约翰斯顿，赖斯石油公司，记账员。
弗朗西斯·W. 詹姆斯	第 87 化学迫击炮营，一等兵；伊利诺伊州温内特卡，警官。
小乔治·D. 詹姆斯	第 67 战术侦察大队，中尉；纽约州尤纳迪拉，保险业务员。
斯坦利·W. 扬奇克	538 号坦克登陆舰，一等水兵；内布拉斯加州林肯，胜家缝纫机公司，销售员。
哈罗德·G. 詹曾	第 87 化学迫击炮营，下士；伊利诺伊州埃尔姆赫斯特，电铸版工。
罗伯特·C. 贾维斯	第 743 坦克营，下士；纽约州布鲁克林，美孚石油公司，司泵工。
米尔顿·A. 朱伊特	第 299 工兵营，少校；上校，纽约州纽约市公共运输局，电厂经理。
范彻·B. 约翰逊	第 5 军军部，二等兵；加利福尼亚州金斯堡，加利福尼亚包装公司，计时员。
盖尔登·F. 约翰逊	第 4 步兵师，少校；纽约州斯克内克塔迪，会计。
奥里斯·H. 约翰逊	第 70 坦克营，中士；北达科他州利兹，咖啡店老板。
艾伦·F. 琼斯	第 4 步兵师，一等兵；美国陆军，三级军士长。
德尔伯特·F. 琼斯	第 101 空降师，一等兵；宾夕法尼亚州埃文代尔，蘑菇种植者。
戴斯蒙德·D. 琼斯	第 101 空降师，一等兵；宾夕法尼亚州格林里奇，太阳石油公司，冶金检验员。
唐纳德·N. 琼斯	第 4 步兵师，一等兵；俄亥俄州加的斯，公墓主管。
亨利·W. 琼斯	第 743 坦克营，中尉；犹他州锡达城，牧场主。

雷蒙德·E. 琼斯	第 401 轰炸机中队，中尉；路易斯安那州莱克查尔斯，石油化工有限公司，技工。
斯坦森·R. 琼斯	第 1 步兵师，中士；美国陆军，中尉。
哈罗德·L. 乔丹	第 457 高射炮营，一等兵；印第安纳州印第安纳波利斯，工具模具学徒。
休伯特·H. 乔丹	第 82 空降师，二级军士长；美国陆军，二级军士长。
詹姆斯·H. 乔丹	第 1 步兵师，二等兵；宾夕法尼亚州匹兹堡，维修工。
威廉·S. 约瑟夫	第 1 步兵师，中尉；加利福尼亚州圣何塞，油漆承包商。
乔纳森·S. 乔伊纳	第 101 空降师，中士；俄克拉荷马州劳顿，邮局职员。
布鲁斯·R. 朱迪	319 号步兵登陆艇，海岸警卫队，一等水兵，厨师；华盛顿州柯克兰，布鲁斯·朱迪餐饮服务公司。
伯伦特·卡利施	第 1 集团军信号部队，中校；美国陆军，上校。
保罗·卡纳雷克	第 29 步兵师，中士；加利福尼亚州南盖特，美国钢铁公司，流程分析员。
A. 塞缪尔·卡佩尔	第 4 步兵师，五级技术兵；纽约州纽约市，法官书记员。
约瑟夫·考夫曼	第 743 坦克营，下士；纽约州蒙西，会计。
弗朗西斯·X. 基申	第 29 步兵师，二等兵；宾夕法尼亚州费城，退伍军人管理局医疗部。
威廉·S. 凯克	第 5 特种工兵旅，技术中士；美国陆军，一级军士长。
约翰·W. 凯勒	第 82 空降师，二等兵；纽约州锡克利夫，工具和模具工。
约翰·J. 凯利	第 1 步兵师，上尉；纽约州奥尔巴尼，德格拉夫 - 福伊 - 康威 - 霍尔·哈里斯公司，律师。
蒂莫西·G. 凯利	第 81 海军工程营，机电兵下士；纽约州长岛阿米蒂维尔，电话公司职员。
哈罗德·T. 肯尼迪	第 437 部队运输机大队，准尉；美国空军，三级军士长。
乔治·F. 克希纳	第 2 游骑兵营，少尉；马里兰州巴尔的摩，连锁快餐店主管。
罗伯特·E. 凯斯勒	第 29 步兵师，上士；弗吉尼亚州罗阿诺克，诺福克和西部铁路公司，职员。
查尔斯·W. 基德	第 87 化学迫击炮营，少尉；阿拉斯加州锡特卡，锡特卡第一银行，执行副总裁。
诺伯特·L. 基弗	第 1 步兵师，中士；罗得岛州普罗维登斯，贝罗斯手表公司，销售代表。
乔治·金迪格	第 4 步兵师，一等兵；印第安纳州布鲁克，伤残。
威廉·M. 金	第 741 坦克营，上尉；纽约州波茨坦，克拉克森工业学院，学生活动负责人。
哈里·W.O. 金纳德	第 101 空降师，中校；美国陆军，上校。
普伦蒂斯·麦克劳德·金尼	第 37 工兵营，上尉；南卡罗来纳州本尼茨维尔，医生。
艾伦·古德里奇·柯克	西路海军特混舰队司令，海军少将；美国海军，上将（退役）。
内森·克兰	第 323 轰炸机大队，上士；宾夕法尼亚州艾伦敦，克兰汽车用品公司，合伙人。

格伦·C. 克洛特	第 112 工兵营，上士；俄亥俄州克利夫兰，木匠。
奈尔斯·H. 克瑞斯	第 1 步兵师，一等兵；宾夕法尼亚州艾伦敦，发电机测试操作员。
威尔伯特·J. 凯斯特	第 1 步兵师，一等兵；伊利诺伊州沃齐卡，农场主。
沃尔特·J. 科洛迪	第 447 轰炸机大队，上尉；美国空军，少校。
约瑟夫·G. 科鲁德尔	第 387 轰炸机大队，上士；质量控制检查员。
刘易斯·富尔默·库恩	第 4 步兵师，上尉牧师；弗吉尼亚州伍德斯托克，谢南多厄县公立学校，督导员。
保罗·C. 克拉夫特	第 1 步兵师，二等兵；密西西比州坎顿，邮局职员、农场主。
西格弗里德·F. 克拉策	第 4 步兵师，上士；宾夕法尼亚州帕尔默敦，邮局职员。
爱德华·克劳斯	第 82 空降师，中校；上校（退役）。
克拉伦斯·E. 克劳斯尼克	第 299 工兵营，中士；纽约州锡拉丘兹，木匠。
亨利·S. 克日扎诺夫斯基	第 1 步兵师，上士；美国陆军，三级军士长。
哈里·S. 库奇帕克	第 29 步兵师，一等兵；纽约州帕塔莱克，电工。
利兰·B. 库尔	特种工兵旅旅部，上校；得克萨斯州圣安东尼奥，作家兼教师。
迈克尔·库尔茨	第 1 步兵师，下士；宾夕法尼亚州新塞勒姆，矿工。
约瑟夫·R. 莱西	第 2、第 5 游骑兵营，中尉牧师；康涅狄格州哈特福德，圣米迦勒教堂牧师。
爱德华·拉格拉萨	第 4 步兵师，一等兵；纽约州布鲁克林，电力印刷机操作员、酒类销售员。
肯尼斯·W. 拉马尔	27 号坦克登陆舰，海岸警卫队，一等水兵，消防员；海岸警卫队，轮机长。
亚美利哥·拉纳罗	第 87 化学迫击炮营，五级技术兵；康涅狄格州斯特拉特福德，油漆匠。
詹姆斯·H. 兰	第 12 轰炸机大队，上士；美国空军，技术军士。
查尔斯·H. 兰利	美国海军"内华达"号战列舰，下士；佐治亚州洛根维尔，乡村邮递员。
小西奥多·E. 拉普雷斯	第 2 游骑兵营，中尉；新泽西州马盖特，律师。
唐纳德·D. 拉森	第 82 空降师，二等兵；伊利诺伊州哈维，维克多化工厂，生产领班。
小罗伯特·W. 劳	第 82 空降师，中尉；南卡罗来纳州毕晓普维尔，保险业务员。
约翰·劳顿三世	第 5 军军属炮兵，下士；加利福尼亚州菲尔莫尔，保险业务员。
肯尼斯·E. 莱	第 4 步兵师，少校；美国陆军，上校。
小詹姆斯·E. 利里	第 29 步兵师，中尉；马萨诸塞州波士顿，约翰·汉考克互助保险公司人寿保险分部，律师、经理。
约瑟夫·L. 勒布朗	第 29 步兵师，上士；马萨诸塞州林恩，社会工作者。
劳伦斯·C. 利弗	第 6 特种工兵旅，中校；美国海军，少将，亚利桑那州菲尼克斯，民防局副局长。
亨利·E. 勒菲弗	第 82 空降师，中尉；美国陆军，少校。

小劳伦斯·J. 莱热尔	第101空降师，少校；美国陆军，中校。
克米特·R. 莱斯特	第29步兵师，一等兵；宾夕法尼亚州费城，宾夕法尼亚铁路公司，列车员。
伦纳德·R. 莱皮西耶	第29步兵师，中尉；美国陆军，少校。
弗兰克·L. 利利曼	第101空降师，上尉；美国陆军，中校。
罗伊·E. 林德奎斯特	第82空降师，上校；美国陆军，少将。
赫舍尔·E. 林	第237工兵营，中校；美国陆军，中校。
戈登·A. 利特菲尔德	美国海军"贝菲尔德"号攻击运输舰，中校；美国海军，少将（退役）。
弗兰克·亨利·利茨勒	第4步兵师，一等兵；得克萨斯州斯维尼，牧场主。
肯尼斯·P. 洛德	第1步兵师，少校；纽约州宾厄姆顿，平安互助人寿保险公司，总裁助理。
詹姆斯·S. 勒基特	第4步兵师，中校；美国陆军，上校。
梅尔文·C. 伦德	第29步兵师，一等兵；北达科他州法戈，史密斯－福莱特－克劳尔公司货运室。
爱德华·S. 卢瑟	第5游骑兵营，上尉；缅因州波特兰，休斯·博迪公司，副总裁兼销售经理。
亚历山大·G. 麦克法迪恩	美国海军"赫恩登"号驱逐舰，中尉；北卡罗来纳州夏洛特，联合铜业公司。
威廉·M. 麦克	第437部队运输机指挥部，准尉；美国空军，上尉。
多梅尼克·L. 马格罗	第4步兵师，中士；纽约州布法罗，伯利恒钢铁公司，铸造师。
阿瑟·A. 马洛尼	第82空降师，中校；美国陆军，上校。
劳伦斯·S. 曼	第6特种工兵旅，上尉；伊利诺伊州芝加哥，芝加哥医学院，外科副教授。
雷·A. 曼	第4步兵师，一等兵；宾夕法尼亚州劳雷尔代尔，饲料厂操工。
哈里森·A. 马布尔	第299工兵营，中士；纽约州锡拉丘兹，承包商。
威廉·M. 马斯登	第4步兵师，中尉；弗吉尼亚州里士满，民防调度员。
伦纳德·S. 马歇尔	第834陆航工兵营，上尉；美国空军，中校。
奥托·马斯尼	第2游骑兵营，上尉；威斯康星州马尼托沃克，油品公司销售员。
查尔斯·W. 梅森	第82空降师，二级军士长；北卡罗来纳州费耶特维尔，《空降兵季刊》编辑。
约翰·P. 马修斯	第1步兵师，上士；纽约州长岛亨普斯特德，火警和交通信号系统监督员。
艾伯特·马扎	第4步兵师，中士；宾夕法尼亚州卡本代尔，警官。
杰罗姆·J. 麦凯布	第48战斗机大队，少校；美国空军，上校。
詹姆斯·W. 麦凯恩	第5特种工兵旅，少尉；美国陆军，一级军士长。
霍比·H. 麦考尔	第90步兵师，上尉；得克萨斯州达拉斯，麦考尔－帕克赫斯特－克罗公司，律师。
克米特·R. 麦卡德尔	美国海军"奥古斯塔"号重巡洋舰，三等报务员；肯塔基州路易斯维尔，壳牌石油公司，码头工长。

托马斯·J. 麦克林	第 82 空降师，少尉；纽约州纽约市，警官。
威廉·D. 麦克林托克	第 741 坦克营，技术军士；加利福尼亚州北好莱坞，伤残。
里吉斯·F. 麦克洛斯基	第 2 游骑兵营，中士；美国陆军，三级军士长。
保罗·O. 麦考密克	第 1 步兵师，一等兵；马里兰州巴尔的摩，汽车修理工。
戈登·D. 麦克唐纳	第 29 步兵师，二级军士长；弗吉尼亚州罗阿诺克，美国纤维胶公司，运输工长。
阿特伍德·M. 麦克利耶	第 1 步兵师，少尉；北卡罗来纳州坎德勒，夏令营负责人兼推销员。
小丹尼尔·B. 麦克尔沃伊	第 82 空降师，少校；肯塔基州鲍林格林，儿科医生。
约瑟夫·R. 麦金托什	第 29 步兵师，上尉；马里兰州巴尔的摩，商业法律顾问。
詹姆斯·B. 麦基尼	第 101 空降师，上士；新泽西州彭索肯，空调和制冷行业。
约翰·L. 麦克奈特	第 5 特种工兵旅，少校；密西西比州维克斯堡，土木工程师。
弗雷德·麦克马纳韦	第 29 步兵师，少校；美国陆军，上校。
理查德·P. 米森	第 101 空降师，中尉；亚利桑那州菲尼克斯，律师。
威廉·J. 梅多	第 82 空降师，中尉；纽约州海德帕克，IBM 公司项目经理。
保罗·L. 梅代罗斯	第 2 游骑兵营，一等兵；宾夕法尼亚州费城，神父审判高中，生物教师。
托马斯·N. 梅伦迪诺	第 1 步兵师，上尉；新泽西州马盖特，机动车辆检验员。
爱德华·E. 默格勒	第 5 特种工兵旅，专业技术军官；纽约州玻利瓦尔，马特森和默格勒公司，律师。
狄龙·H. 梅里卡尔	第 149 工兵营，下士；爱荷华州范米特，达拉斯县州立银行，副总裁助理。
路易斯·P. 梅拉诺	第 101 空降师，下士；纽约州纽约市，法西特公司，地区销售经理。
罗伯特·L. 梅里克	海岸警卫队，一等水兵；马萨诸塞州新贝德福德，消防队长。
西奥多·梅里克	第 6 特种工兵旅，中士；伊利诺伊州帕克雷斯特，保险顾问。
约翰·米库拉	美国海军"墨菲"号驱逐舰，三等鱼雷兵；宾夕法尼亚州福特城，记者。
乔治·R. 米勒	第 5 游骑兵营，中尉；得克萨斯州佩科斯，制酸厂股东、农场主。
霍华德·G. 米勒	第 101 空降师，一等兵；美国陆军，三级军士长。
小威廉·L. 米尔斯	第 4 步兵师，中尉；北卡罗来纳州康科德，哈特塞尔和哈特塞尔公司，律师。
沃尔特·J. 米尔恩	第 386 轰炸机大队，上士；美国空军，技术军士。
保罗·R. 莫克鲁德	第 4 步兵师，下士；威斯康星州韦обл特比，退伍军人服务专员。
约翰·J. 莫利亚	第 1 步兵师，上士；美国陆军，上尉。
莱斯特·I. 蒙哥马利	第 1 步兵师，一等兵；堪萨斯州匹兹堡，加油站操作工。
劳埃德·B. 穆迪	第 5 步兵师两栖部队，工兵；爱荷华州莱克维尤，五金店经营者。
埃尔齐·K. 穆尔	第 1 特种工兵旅，中校；印第安纳州卡尔弗，卡尔弗军事学院，教官、顾问。

克里斯托弗·J. 莫登加	第 299 工兵营，二等兵；佛罗里达州皮尔斯堡，树甜产品公司，维修工。
小伯纳德·J. 莫雷科克	第 29 步兵师，中士；弗吉尼亚州格伦纳伦，弗吉尼亚州国民警卫队，行政后勤技术员。
约翰·A. 莫雷诺	美国海军"贝菲尔德"号攻击运输舰，中校；美国海军，上校。
乔治·M. 莫罗	第 1 步兵师，一等兵；堪萨斯州罗斯，布里克公司职员、农场主。
海厄特·W. 莫泽	第 1 特种工兵旅，下士；美国陆军，高级专业技术军官。
伯纳德·W. 莫尔顿	美国海军"赫恩登"号驱逐舰，中尉；美国海军，中校。
鲁道夫·S. 莫兹戈	第 4 步兵师，一等兵；美国陆军，上尉。
戴维·C. 米勒	第 435 部队运输机大队，上尉；美国空军，上尉。
小查尔斯·马勒	第 237 工兵营，下士；新泽西州纽瓦克，杂货店店员、A＆P 茶叶公司员工。
托马斯·P. 马尔维	第 101 空降师，上尉；美国陆军，中校。
罗伯特·M. 墨菲	第 82 空降师，二等兵；马萨诸塞州波士顿，律师。
戈登·L. 内格尔	第 82 空降师，一等兵；俄克拉荷马州塔尔萨，美国航空公司，高级机修工。
E. 基思·纳塔利	第 101 空降师，下士；加利福尼亚州旧金山，学校行政人员。
塞缪尔·H. 内德兰德	第 518 港口营，下士；宾夕法尼亚州波蒂奇，伯利恒钢铁公司，废品检查员。
弗兰克·E. 内格罗	第 1 步兵师，中士；纽约州布鲁克林，邮局职员。
阿瑟·W. 尼尔德	美国海军"奥古斯塔"号重巡洋舰，一等机师；美国海军，中尉。
小埃米尔·纳尔逊	第 5 游骑兵营，上士；印第安纳州锡达莱克，汽车经销商、服务副经理。
格伦·C. 纳尔逊	第 4 步兵师，一等兵；南达科他州米尔伯勒，乡村邮递员。
雷德尔·纳尔逊	第 82 空降师，一等兵；伊利诺伊州芝加哥，阿克罗塑料制品公司员工。
安东尼·R. 尼罗	第 2 步兵师，二等兵；伤残，俄亥俄州克利夫兰，兼职房地产经纪人。
小杰西·L. 纽科姆	第 29 步兵师，下士；弗吉尼亚州基斯维尔，商人兼农场主。
罗伊·W. 尼克伦特	第 101 空降师，上士；伊利诺伊州塞布鲁克，警察局长、自来水厂负责人。
阿诺德·诺加德	第 29 步兵师，一等兵；南达科他州阿灵顿，务农。
小爱德华·朱克斯·奥贝尔	第 747 坦克营，一等兵；康涅狄格州米尔福德，西科尔斯基飞机公司，主管。
托马斯·C. 奥康奈尔	第 1 步兵师，上尉；美国陆军，少校。
罗宾·奥尔兹	第 8 航空队，中尉；美国空军，上校。
丹尼斯·G. 奥洛克林	第 82 空降师，一等兵；蒙大拿州米苏拉，建筑工。
约翰·J. 奥威尔	第 1 步兵师，二等兵；新泽西州莱昂，退伍军人管理局。
迈克尔·奥马奥尼	第 6 特种工兵旅，中士；宾夕法尼亚州默瑟，制造厂操作工。
约翰·T. 奥尼尔	特种工兵特遣队指挥官，中校；美国陆军，上校。

马克·奥兰迪	第1步兵师，上士；宾夕法尼亚州史密斯波特，卡车司机。
约瑟夫·K. 欧文	第4步兵师，上尉；弗吉尼亚州里士满，医院副院长。
托马斯·O. 欧文	第2航空师，少尉；田纳西州纳什维尔，体育总监兼教练。
威廉·D. 欧文斯	第82空降师，中士；加利福尼亚州坦普尔城，办公室主任。
罗伯特·O. 派斯	美国海军"内华达"号战列舰，一等水兵；马绍尔群岛埃尼威托克环礁，电影剪辑师、原子能委员会成员。
埃德蒙·M. 佩奇	第1步兵师，下士；纽约州新罗谢尔，出口商。
韦恩·E. 帕尔默	第1步兵师，上士；威斯康星州奥什科什，计价和评估部门经理助理。
唐纳德·E. 帕克	第1步兵师，上士；伊利诺伊州斯蒂尔韦尔，农场主。
劳埃德·E. 帕奇	第101空降师，上尉；美国陆军，中校。
格伦·帕特里克	第4步兵师，五级技术兵；俄亥俄州斯托克波特，推土机操作员。
刘易斯·C. 帕蒂略	第5军，中校；亚拉巴马州哈特塞尔，土木工程师。
温德鲁·C. 佩恩	第90步兵师，中尉；得克萨斯州圣奥古斯丁，美国农业部农民之家管理局，县监督员。
本·E. 皮尔逊	第82空降师，少校；佐治亚州萨凡纳，涂料公司副总经理。
詹姆斯·L. 彭斯	第1步兵师，上尉；印第安纳州埃尔克哈特，药物实验室主管。
埃德温·R. 佩里	第299工兵营，上尉；美国陆军，中校。
约翰·J. 佩里	第5游骑兵营，中士；美国陆军，三级军士长。
西奥多·L. 彼得森	第82空降师，中尉；密歇根州伯明翰，职业不详。
威廉·L. 佩蒂	第2游骑兵营，中士；纽约州卡梅尔，男生夏令营负责人。
阿奇·C. 菲利普斯	第101空降师，上士；佛罗里达州詹森比奇，花匠。
威廉·J. 菲利普斯	第29步兵师，二等兵；马里兰州海厄茨维尔，电力公司调度员。
伊尔沃·皮基亚里尼	374号坦克登陆舰，一等水兵，发动机技师；宾夕法尼亚州贝尔弗农，钢铁公司员工。
马尔文·R. 派克	第4步兵师，技术军士；路易斯安那州贝克，埃索石油公司，电焊工。
罗伯特·M. 派珀	第82空降师，上尉；美国陆军，中校。
沃伦·M. 普卢德	第1步兵师，上士；美国陆军，中士。
约瑟夫·J. 波拉宁	第834陆航工兵营，下士；宾夕法尼亚州迪金森城，烘焙食品经销商。
斯坦利·波列佐埃斯	第1航空师，少尉；美国空军，少校。
约翰·波雷尼亚克	第29步兵师，中士；马里兰州巴尔的摩，会计。
罗密欧·T. 庞贝	第87化学迫击炮营，中士；宾夕法尼亚州费城，建筑工。
小阿莫斯·P. 波茨	第2游骑兵营，中尉；俄亥俄州洛夫兰，材料工程师。

约瑟夫·C. 鲍威尔	第4步兵师，高级专业技术军官；美国陆军，高级专业技术军官。
罗伯特·H. 普拉特	第5军军部，中校；威斯康星州密尔沃基，制造公司总裁。
沃尔特·G. 普雷斯利	第101空降师，一等兵；得克萨斯州奥德萨，电器维修商。
小艾伯特·G. 普赖斯顿	第1步兵师，上尉；康涅狄格州格林威治，税务顾问。
霍华德·P. 普赖斯	第1步兵师，中尉；国民警卫队，中士。
梅纳德·J. 普里斯曼	第2游骑兵营，技术军士；俄亥俄州奥克港，渔业经营者。
小威廉·B. 普罗沃斯特	492号坦克登陆舰，中尉；海军中校，俄亥俄州牛津，大学预备军官训练队。
兰斯福德·B. 普鲁伊特	19号坦克登陆艇，海军少校；海军中校（退役），加利福尼亚州旧金山。
文森特·J. 普尔奇内拉	第1步兵师，技术军士；美国陆军，二级军士长。
威廉·C. 珀内尔	第29步兵师，中校；上将（退役），马里兰州巴尔的摩，铁路公司副总裁兼法律总顾问。
克莱·S. 珀维斯	第29步兵师，一级军士长；弗吉尼亚州夏洛茨维尔，弗吉尼亚大学，校友会经理。
莱尔·B. 帕特南	第82空降师，上尉；堪萨斯州威奇托，外科和全科医生。
肯尼斯·R. 奎因	第1步兵师，上士；新泽西州希尔斯代尔，新泽西蓝十字公司成员、银行经理。
埃德森·D. 拉夫	第82空降师，上校；美国陆军，上校。
小帕特里克·H. 拉夫特里	第440部队运输机大队，少尉；路易斯安那州梅泰里，自由职业者、电梯施工员。
韦恩·W. 兰金	第29步兵师，一等兵；宾夕法尼亚州霍姆斯城，教师。
小威廉·F. 兰金斯	第518港口营，二等兵；得克萨斯州休斯敦，电话公司职员。
伯顿·E. 兰尼	第5游骑兵营，上士；伊利诺伊州迪凯特，电工。
克努特·H. 劳德斯坦	第101空降师，上尉；美国陆军，中校。
沃伦·D. 雷伯恩	第316部队运输机大队，中尉；美国空军，少校。
韦斯利·J. 里德	第746坦克营，下士；宾夕法尼亚州杜波依斯，火车司机。
昆顿·F. 里姆斯	第1步兵师，一等兵；宾夕法尼亚州庞克瑟托尼，铁路工程师。
查尔斯·D. 里德	第29步兵师，上尉牧师；俄亥俄州特洛伊，卫理公会派牧师。
小拉塞尔·P. 里德	第4步兵师，上校；上校（退役），纽约州西点，田径协会经理助理。
弗朗西斯·A. 伦尼森	美国海军，上尉；纽约州纽约市，房地产经纪人。
约翰·J. 雷维尔	第5游骑兵营，中尉；纽约州纽约市，警官。
约瑟夫·J. 里奇	第82空降师，中士；伊利诺伊州伯索尔托，药剂师。
阿尔维斯·里士满	第82空降师，二等兵；弗吉尼亚州朴次茅斯，文员。

马修·B. 李奇微	第82空降师长，少将；上将（退役），宾夕法尼亚州匹兹堡，梅隆研究所，董事会主席。
罗伯特·J. 里克斯	第1步兵师，中尉；密歇根州奥沃索，公司部门经理。
弗朗西斯·X. 赖利	319号步兵登陆艇，海岸警卫队，中尉；海岸警卫队，中校。
伦纳德·C. 里特尔	第3807军需卡车连，下士；伊利诺伊州芝加哥，公关人员。
罗伯特·W. 罗布	第7军军部，中校；纽约州纽约市，广告公司副总裁。
乔治·G. 罗伯茨	第306轰炸机大队，技术军士；伊利诺伊州贝尔维尔，美国空军教育顾问。
米尔诺·罗伯茨	第5军军部，上尉；宾夕法尼亚州匹兹堡，广告公司总裁。
弗朗西斯·C. 罗伯逊	第365战斗机大队，上尉；美国空军，中校。
罗伯特·M. 罗宾逊	第82空降师，一等兵；美国陆军，上尉。
小查尔斯·罗宾逊	美国海军"格伦农"号驱逐舰，中尉；美国海军，中校。
弗朗西斯·A. 罗卡	第101空降师，一等兵；马萨诸塞州皮茨菲尔德，机械工。
詹姆斯·S. 罗德韦尔	第4步兵师，上校；准将（退役），科罗拉多州丹佛。
T. 德夫·罗杰斯	第1106工兵营，中校；美国陆军，上校。
E.J. 罗金斯基	第29步兵师，上士；宾夕法尼亚州沙莫金，斯波尔丁烘焙公司，销售经理。
特诺·隆卡利奥	第1步兵师，少尉；怀俄明州夏延，律师。
圣朱利安·P. 罗斯蒙德	第101空降师，上尉；佛罗里达州迈阿密，县检察官助理。
小约瑟夫·K. 罗森布拉特	第112工兵营，少尉；美国陆军，二级军士长。
罗伯特·P. 罗斯	第37工兵营，中尉；威斯康星州沃基肖，箱包制造商。
韦斯利·R. 罗斯	第146工兵营，少尉；华盛顿州塔科马，西部X光线公司，售后工程师。
沃尔特·E. 罗森	第389轰炸机大队，中尉；得克萨斯州圣安东尼奥，验光师。
罗伯特·E. 朗特里	美国海军"贝菲尔德"号攻击运输舰，海岸警卫队，上尉；海岸警卫队，中校。
华莱士·H. 罗沃斯	美国海军"约瑟夫·T. 迪克曼"号攻击运输舰，三等报务员；纽约州长岛加登城，技工。
艾尔弗雷德·鲁宾	第24骑兵侦察中队，中尉；伊利诺伊州纳皮尔维尔，餐厅老板。
詹姆斯·E. 鲁德尔	第2游骑兵营，中校；得克萨斯州大学城，学院副院长。
约翰·R. 拉格拉斯	第4步兵师，中校；美国陆军，准将。
威廉·M. 朗格	第5游骑兵营，上尉；爱荷华州达文波特，丧葬事务承办人。
克莱德·R. 拉塞尔	第82空降师，上尉；美国陆军，中校。
小约翰·E. 拉塞尔	第1步兵师，中士；宾夕法尼亚州新肯辛顿，钢铁公司人事部职员。
约瑟夫·D. 拉塞尔	第299工兵营，二等兵；印第安纳州摩尔山，电话公司员工。

肯尼斯·拉塞尔	第82空降师，一等兵；纽约州纽约市，银行职员。
罗伯特·M. 赖亚尔斯	第101空降师，四级技术兵；美国陆军，一级技术兵。
托马斯·E. 瑞安	第2游骑兵营，上士；伊利诺伊州芝加哥，警官。
查尔斯·E. 萨蒙	第82空降师，中尉；职业不详。
弗朗西斯·L. 桑普森	第101空降师，上尉牧师；美国陆军，中校牧师。
格斯·L. 桑德斯	第82空降师，少尉；阿肯色州斯普林代尔，信贷局员工。
威廉·H. 桑兹	第29步兵师，准将；弗吉尼亚州诺福克，律师。
查尔斯·J. 圣塔尔谢罗	第101空降师，中尉；职业不详。
霍默·J. 撒克逊	第4步兵师，一等兵；宾夕法尼亚州贝尔丰特，泰坦金属制造公司，挤压机操作员。
尼克·A. 斯卡拉	第4步兵师，技术军士；宾夕法尼亚州比弗，西屋电气公司工程服务部，订单翻译员。
小查尔斯·E. 沙尔芬施泰因	87号步兵登陆艇，海岸警卫队，中尉；海岸警卫队，中校。
詹姆斯·H. 谢克特	第38侦察中队，下士；明尼苏达州圣克劳德，采石场钻孔工。
厄尔·W. 施密德	第101空降师，少尉；北卡罗来纳州费耶特维尔，保险业务员。
马克斯·施奈德	第5游骑兵营，中校；美国陆军，上校，已故。
朱利叶斯·舍恩伯格	第453轰炸机大队，技术军士；纽约州纽约市，邮递员。
丹·D. 绍普	第5游骑兵营，下士；美国空军，三级军士长。
小伦纳德·T. 施罗德	第4步兵师，上尉；美国陆军，中校。
阿瑟·B. 舒尔茨	第82空降师，二等兵；美国陆军，安保官。
利奥·H. 施韦特	第101空降师，上尉；美国陆军，中校。
阿瑟·R. 斯科特	美国海军"赫恩登"号驱逐舰，中尉；加利福尼亚州阿卡迪亚，销售员。
哈罗德·A. 斯科特	第4042军需卡车连，上士；宾夕法尼亚州伊登，邮局职员。
莱斯利·J. 斯科特	第1步兵师，上士；美国陆军，一级军士长。
理查德·E. 斯克林肖	第15驱逐舰中队，下士；华盛顿特区，飞机机修工。
欧文·W. 西利	第82空降师，一等兵；伊利诺伊州克里特，教师。
约翰·塞蒂内里	第1步兵师，上尉；纽约州詹姆斯维尔，医生。
托马斯·J. 尚利	第82空降师，中校；美国陆军，上校。
小赫伯特·A. 谢尔曼	第1步兵师，一等兵；康涅狄格州南诺沃克，销售员。
埃尔默·G. 辛德尔	第29步兵师，四级技术兵；宾夕法尼亚州兰开斯特，塑料厂工人。
威廉·J. 休梅克	第37工兵营，二等兵；加利福尼亚州圣安娜，机修工。
小约瑟夫·H. 肖伦伯格	第90步兵师，少尉；美国陆军，少校。

克拉伦斯·A. 舒普	第 7 侦察大队队长，中校；少将（退役），加利福尼亚州卡尔弗城，休斯飞机公司副总裁。
戴尔·L. 舒普	第 1 工兵营，二等兵；宾夕法尼亚州钱伯斯堡，政府弹药检查员。
保罗·R. 肖特	第 1 步兵师，中士；美国陆军，三级军士长。
海鲁姆·S. 沙姆韦	第 1 步兵师，少尉；怀俄明州夏延，美国教育部聋盲处主任。
戴维·E. 席尔瓦	第 29 步兵师，二等兵；俄亥俄州阿克伦，牧师。
弗朗西斯·L. 西梅奥内	第 29 步兵师，二等兵；康涅狄克州洛矶山，承保人。
斯坦利·R. 西蒙斯	两栖部队，枪炮下士；俄亥俄州斯旺顿，采石场工人。
詹姆斯·D. 辛克	第 29 步兵师，上尉；弗吉尼亚州罗阿诺克，交通工程与通信主管。
罗伯特·R. 辛克	第 101 空降师，上校；美国陆军，少将。
罗伯特·N. 斯卡格斯	第 741 坦克营，中校；上校（退役），佛罗里达州劳德代尔堡，海运销售。
尤金·N. 斯莱皮	第 29 步兵师，上校；上校（退役），弗吉尼亚州利斯堡。
爱德华·S. 斯莱奇二世	第 741 坦克营，中尉；亚拉巴马州莫比尔，银行副总裁。
卡罗尔·B. 史密斯	第 29 步兵师，上尉；美国陆军，中校。
查尔斯·H. 史密斯	美国海军“卡尔米克”号驱逐舰，中尉；伊利诺伊州埃文斯顿，广告行业。
弗兰克·R. 史密斯	第 4 步兵师，一等兵；威斯康星州沃帕卡，退伍军人服务专员。
富兰克林·M. 史密斯	第 4 步兵师，下士；宾夕法尼亚州费城，电器批发分销商。
戈登·K. 史密斯	第 82 空降师，少校；美国陆军，中校。
哈罗德·H. 史密斯	第 4 步兵师，少校；弗吉尼亚州怀特奥克，律师。
约瑟夫·R. 史密斯	第 81 化学迫击炮营，下士；得克萨斯州伊格尔帕斯，科学教师。
欧文·史密斯	第 5 特种工兵旅，二等兵；加利福尼亚州洛杉矶，邮局职员。
拉尔夫·R. 史密斯	第 101 空降师，二等兵；佛罗里达州圣彼得斯堡，邮局职员。
雷蒙德·史密斯	第 101 空降师，二等兵；肯塔基州怀茨堡，玻璃公司老板。
威尔伯特·L. 史密斯	第 29 步兵师，一等兵；爱荷华州伍德伯恩，农场主。
杰克·A. 斯奈德	第 5 游骑兵营，中尉；美国陆军，中校。
阿尔曼·J. 索伦托	第 4 步兵师，一等兵；宾夕法尼亚州费城，商业广告艺术家。
约翰·M. 斯波尔丁	第 1 步兵师，少尉；肯塔基州欧文斯伯勒，州立百货公司，部门经理。
林登·斯宾塞	美国海军“贝菲尔德”号攻击运输舰，海岸警卫队，上校；海军中将（退役），俄亥俄州克利夫兰，大湖运输协会会长。
詹姆斯·C. 斯皮尔斯	第 82 空降师，二等兵；密西西比州皮卡尤恩，牧场主。
阿瑟·D. 斯皮策	第 29 步兵师，下士；弗吉尼亚州斯汤顿，E.I. 杜邦公司，职员。
阿奇博尔德·A. 斯普劳尔	第 29 步兵师，少校；W.J. 佩里公司，执行副总裁。

约翰·M. 斯蒂尔	第 82 空降师，二等兵；南卡罗来纳州哈茨维尔，造价师。
赫尔曼·E. 斯坦	第 2 游骑兵营，五级技术兵；纽约州阿兹利，钣金工。
拉尔夫·斯坦霍夫	第 467 高射炮营，下士；伊利诺伊州芝加哥，肉商。
威廉·斯蒂芬森	美国海军"赫恩登"号驱逐舰，中尉；新墨西哥州圣达菲，律师。
罗伊·O. 史蒂文斯	第 29 步兵师，技术军士；弗吉尼亚州贝德福德，贝德福德鲁巴泰克斯公司，职员。
威廉·J. 史蒂维森	第 2 游骑兵营，上士；宾夕法尼亚州荷马市，邮局局长。
罗伯特·L. 斯特雷耶	第 101 空降师，中校；宾夕法尼亚州斯普林菲尔德，保险行业。
托马斯·E. 斯特里特	16 号坦克登陆舰，海岸警卫队，上士；新泽西州里弗埃奇，邮局工作人员。
雷蒙德·E. 斯特罗伊尼	第 1 步兵师，中士；美国陆军，专业上士。
达拉斯·M. 斯塔尔茨	第 1 步兵师，一等兵；田纳西州蒙特雷，煤矿工人。
利奥·A. 斯图博	第 1 步兵师，少尉；美国陆军，上尉。
休伯特·N. 斯特迪文特	第 492 轰炸机大队，中校；美国空军，上校。
弗雷德·P. 沙利文	第 4 步兵师，中尉；密西西比州威诺纳，密西西比化学公司，销售员。
理查德·P. 沙利文	第 5 游骑兵营，少校；马萨诸塞州多切斯特，工程师。
罗伯特·B. 斯瓦托什	第 4 步兵师，少校；美国陆军，中校。
威廉·E. 斯威尼	海岸警卫队预备舰队，枪炮下士；罗得岛州东普罗维登斯，电话公司员工。
J. 埃尔莫尔·斯文森	第 29 步兵师，少校；美国陆军，中校。
小罗伯特·P. 塔布	第 237 工兵营，上尉；美国陆军，上校。
小约翰·H. 泰特	349 号步兵登陆艇，海岸警卫队，一等药剂师；亚利桑那州坦佩，盐河谷用户协会，灌溉系统管理员。
杰克·托勒戴	第 82 空降师，中尉；美国陆军，中校。
本杰明·B. 塔利	第 5 军军部，上校；准将（退役），纽约州纽约市，建筑公司副总裁。
贝利尔·F. 泰勒	338 号坦克登陆舰，一等医护兵；美国海军，潜水教练。
查尔斯·A. 泰勒	两栖部队坦克登陆艇，海军少尉；加利福尼亚州帕洛阿尔托，斯坦福大学，体育主任助理。
爱德华·G. 泰勒	331 号坦克登陆舰，少尉；海岸警卫队，少校。
H. 阿夫顿·泰勒	第 1 特种工兵旅，少尉；密苏里州独立市，贺曼贺卡公司。
艾拉·D. 泰勒	第 4 步兵师，技术军士；美国陆军，上尉。
马克斯韦尔·D. 泰勒	第 101 空降师师长，少将；上将，参联会主席（退役），墨西哥电力公司董事长。
威廉·R. 泰勒	美国海军通信联络官，少尉；弗吉尼亚州南希尔，建筑材料零售商。

本杰明·E. 特林达	第1步兵师，上士；明尼苏达州圣保罗，芝加哥大西部铁路公司，铁路机车司炉工。
乔尔·R. 托马森	第4步兵师，中校；美国陆军，上校。
小埃格伯格·W. 汤普森	第4步兵师，中尉；弗吉尼亚州贝德福德，美国农业部农民之家管理局，县监督员。
梅尔文·汤普森	第5特种工兵旅，二等兵；新泽西州亚德维尔，技工。
保罗·W. 汤普森	第6特种工兵旅，上校；准将（退役），纽约州普莱森特维尔，《读者文摘》（国际版）经理。
艾弗里·J. 桑希尔	第5游骑兵营，中士；美国陆军，高级专业技术军官。
罗伯特·D. 特雷森	第87化学迫击炮营，上尉；中校（退役）；亚拉巴马州麦克莱伦堡，美国陆军防化兵，计划和培训部副主管。
威廉·H. 特里戈宁	第4分遣舰队，海岸警卫队，中尉；佐治亚州东点，费尔班克斯·莫尔斯公司，服务部经理。
赫维·A. 特里博莱	第4步兵师，上校；上校（退役）。
刘易斯·特拉斯蒂	第8航空队，上士；美国空军，三级军士长。
威廉·H. 塔克	第82空降师，一等兵；马萨诸塞州阿索尔，律师。
文森特·J. 图米内洛	第1步兵师，下士；纽约州长岛马萨佩夸，泥瓦匠。
本杰明·H. 范德沃特	第82空降师，中校；上校（退役），华盛顿特区。
格伦·W. 文特斯	第82空降师，中士；印第安纳州加里，会计。
詹姆斯·H. 沃恩	49号坦克登陆舰，一等机修工；佐治亚州麦金太尔，施工经理。
威廉·E. 文特雷利	第4步兵师，中士；纽约州芒特弗农，卫生局领班。
格雷迪·M. 维克里	第4步兵师，技术军士；美国陆军，二级军士长。
彼得·维斯卡迪	第4步兵师，二等兵；纽约州纽约市，出租车司机。
塞拉菲诺·R. 维斯科	第456高射炮营，二等兵；佛罗里达州达尼亚，邮局工作人员。
雷蒙德·R. 沃尔波尼	第29步兵师，中士；伤残，宾夕法尼亚州阿尔图纳，退伍军人管理局医院。
赫尔曼·E. 冯·海姆堡	第11两栖部队，上尉；海军预备役训练指挥部，海军少将。
詹姆斯·梅尔文·韦德	第82空降师，少尉；美国陆军，少校。
莱斯特·B. 沃德姆	第1特种工兵旅，上尉；德国法兰克福，沃德姆投资公司。
洛林·L. 沃兹沃思	第2游骑兵营，一等兵；马萨诸塞州诺威尔，斯帕雷殡葬公司。
克拉伦斯·D. 瓦格纳	357号坦克登陆舰，一等报务员；美国海军，三级军士长。
弗朗西斯·M. 沃克	第6特种工兵旅，中士；美国陆军，二级军士长。
查尔斯·A. 沃尔	特种工兵旅大队，中校；纽约州纽约市，联合音乐出版公司总裁。
赫尔曼·V. 沃尔	第165信号照相连，上尉；洛杉矶州立大学基金会，摄影总监。

戴尔·E. 华莱士　　　　　1332 号潜艇，二等水兵；密西西比州杰克逊，首都烟草公司，销售员。

理查德·J. 沃尔什　　　　第 452 轰炸机大队，中士；美国空军，中士。

查尔斯·R. 沃德　　　　　第 29 步兵师，下士；俄亥俄州阿什塔比拉，俄亥俄州酒类管制部门，调查员。

威廉·R. 华盛顿　　　　　第 1 步兵师，少校；美国陆军，中校。

卡尔·F. 韦斯特　　　　　第 5 游骑兵营，一等兵；俄亥俄州阿莱恩斯，巴布科克和威尔克斯公司，机械工。

马里昂·D. 韦瑟利　　　　第 237 工兵营，下士；伤残老兵，特拉华州劳雷尔。

路易斯·温特劳布　　　　　第 1 步兵师，战地摄影师，下士；纽约州纽约市，路易斯·温特劳布联营公司，公关人员。

约翰·C. 韦尔伯恩　　　　第 4 步兵师，中校；上校，美国陆军装甲委员会主席。

马尔科姆·R. 韦勒　　　　第 29 步兵师，少校；美国陆军，高级专业技术军官。

赫尔曼·C. 韦尔纳　　　　第 37 工兵营，下士；威斯康星州博斯科贝尔，石匠。

伍德罗·J. 韦尔施　　　　第 29 步兵师，下士；宾夕法尼亚州匹兹堡，建筑工程师。

雷蒙德·J. 沃茨　　　　　第 5 特种工兵旅，下士；威斯康星州巴塞特，建筑业个体经营者。

托马斯·J. 惠兰　　　　　第 101 空降师，下士；纽约长岛史密斯敦，百货公司采购员。

约翰·R. 怀特　　　　　　第 29 步兵师，少尉；弗吉尼亚州罗阿诺克，退伍军人管理局，义肢专家。

莫里斯·C. 怀特　　　　　第 101 空降师，中士；美国陆军，高级专业技术军官。

小威廉·J. 威德菲尔德　　第 29 步兵师，技术军士；马里兰州安纳波利斯，邮局职员。

弗雷德里克·A. 威廉　　　第 101 空降师，一等兵；宾夕法尼亚州匹兹堡，油漆匠。

威廉·L. 威尔霍伊特　　　540 号坦克登陆艇，少尉；密西西比州杰克逊，北美保险公司，特别代理人。

小约翰·D. 威利特　　　　第 29 步兵师，一等兵；印第安纳州罗阿诺克，通用电气公司员工。

威廉·B. 威廉斯　　　　　第 29 步兵师，中尉；康涅狄格州哈姆登，顶峰电线公司，财务主管。

杰克·L. 威廉姆森　　　　第 101 空降师，上士；得克萨斯州泰勒，邮局职员。

埃德温·J. 沃尔夫　　　　第 6 特种工兵旅，中校；马里兰州巴尔的摩，沃尔夫和沃尔夫公司，律师。

卡尔·E. 沃尔夫　　　　　第 1 步兵师，中尉；纽约州，西点军校，法学副教授。

爱德华·乌尔夫　　　　　　第 4 步兵师，一等兵；纽约州长岛韦斯特伯里，胜家缝纫机公司，副经理。

乔治·B. 伍德　　　　　　第 82 空降师，上尉牧师；印第安纳州韦恩堡三一教堂。

罗伯特·W. 伍德沃德　　　第 1 步兵师，上尉；马萨诸塞州罗克兰，纺织品和纺织机械制造商。

哈罗德·E. 沃德曼　　　　第 5 特种工兵旅，二等兵；纽约州布鲁克林退伍军人医院，半残，无业。

约翰·B. 沃罗兹比特　　　第 1 步兵师，一等兵；美国陆军，二级军士长。

爱德华·E. 沃曾斯基　　　第 1 步兵师，上尉；康涅狄格州布里斯托尔，华莱士·巴恩斯公司，领班。

詹姆斯·M. 怀利	第 93 轰炸机大队，上尉；美国空军，少校。
威拉德·G. 怀曼	第 1 步兵师副师长，准将；上将，加利福尼亚州圣安娜，航空电子系统公司。
道格拉斯·R. 耶茨	第 6 特种工兵旅，一等兵；怀俄明州约德，农场主。
林恩·M. 耶茨	第 746 坦克营，少校；得克萨斯州沃思堡，商业石油运输公司，业务经理。
华莱士·W. 扬	第 2 游骑兵营，一等兵；宾夕法尼亚州比弗福尔斯，电工。
威拉德·扬	第 82 空降师，中尉；美国陆军，中校。
罗曼·扎列斯基	第 4 步兵师，二等兵；新泽西州佩特森，铝铸造厂铸工。
约翰·J. 兹穆津斯基	第 5 特种工兵旅，一等兵；印第安纳州南本德，邮递员。
沃尔特·J. 祖什	第 1 步兵师，四级技术兵；职业不详。

英国

迈克尔·奥尔德沃思	皇家海军陆战队第 48 突击队，中尉；广告行业。
罗纳德·H.D. 阿利安	第 3 步兵师，炮兵；出纳员。
克劳德·G. 阿什欧弗	皇家海军，艇长；电工。
爱德华·P. 阿什沃思	皇家海军，二等水兵；铝合金铸造厂，炉工。
塞西尔·阿维斯	工兵部队，二等兵；园林设计师。
安东尼·E. 巴格利	皇家海军，候补少尉；银行职员。
艾尔弗雷德·G. 贝克	皇家海军，二等水兵；化工厂工人。
彼得·W. 鲍尔德	工兵部队，二等兵；汽修厂机修工头。
雷蒙德·W. 巴滕	第 6 空降师，二等兵；男护士。
休伯特·V. 巴克斯特	第 3 步兵师，二等兵；印刷工。
西德尼·J.T. 贝克	第 50 步兵师，中尉；公务员。
约翰·P. 贝农	皇家海军志愿后备役，海军中尉；进口部经理。
西德尼·R. 比克内尔	皇家海军，报务员；文案编辑。
威廉·H. 比德米德	第 4 突击队，二等兵；泥瓦匠。
阿瑟·约翰·布莱克曼	皇家海军，一等水兵；码头工程师。
埃里克·F.J. 鲍利	第 50 步兵师，二等兵；飞机零部件检验员。
沃尔特·布雷肖	第 50 步兵师，二等兵；工人。
丹尼斯·S.C. 布赖尔利	皇家空军，空军上尉；纺织品制造商。
约翰·S. 布鲁克斯	第 50 步兵师，二等兵；工人。

罗伊·卡多根	第27装甲旅，装甲兵；检验员。
西德尼·E. 卡彭	第6空降师，二等兵；建筑工程队队长。
E.E.E. 卡斯	第3步兵师，准将；英国陆军，准将（退役）。
阿瑟·B. 奇斯曼	254号支援登陆艇；皇家海军志愿后备役，海军中尉；采石场经理。
杰克·切希尔	第6海滩勤务大队，中士；印刷工。
约翰·L. 克劳兹利－汤普森	第7装甲师，上尉；伦敦大学动物系讲师。
托马斯·A.W. 科尔	第50步兵师，炮兵；机床检查员。
詹姆斯·S.R. 科利	第4突击队，下士；职业不详。
查尔斯·L. 柯林斯	第6空降师，下士；侦缉警长。
约瑟夫·A. 柯林森	第3步兵师，上等兵；工程制图员。
弗兰克·库克西	第9海滩勤务大队，下士；飞机装配工。
约翰·B. 库珀	597号坦克登陆艇，二等水兵；职业不详。
威廉·A. 考基尔	O编队坦克登陆艇中队，信号兵；财务室高级职员。
欧内斯特·J. 考利	7045号坦克登陆艇，司炉工，一等水兵；维修工程师。
伦纳德·H. 考克斯	第6空降师，下士；雕刻师。
诺曼·V. 考克斯	第4分舰队，皇家海军志愿后备役，海军上尉；公务员。
珀西·E. 卡勒姆	移动无线电部队，军士；税务局官员。
爱德华·B. 卡特拉克	第9扫雷舰分舰队，皇家海军志愿后备役，海军少校；东米德兰天然气委员会，首席指导员。
雷金纳德·G. 戴尔	第3步兵师，下士；自由职业者。
B. 迪肯	第6空降师，二等兵；鞋匠。
詹姆斯·珀西瓦尔·德·莱西	第8爱尔兰营，隶属加拿大第3步兵师，中士；旅行社职员。
罗伊·P. 德弗罗	第6空降师，伞兵；旅行社部门经理。
罗伯特·A. 道伊	皇家海军"邓巴"号扫雷舰，一等水兵；涡轮机操作员。
阿瑟·H. 邓恩	第50步兵师，少校；退役。
查尔斯·L. 埃奇森	皇家工兵，上尉；教师。
F. 埃利斯	第50步兵师，二等兵；职业不详。
威廉·H. 埃默里	第50步兵师，二等兵；货车司机。
弗雷德里克·W. 埃米特	第50步兵师，上等兵；化工厂工人。
哈罗德·芬奇	第50步兵师，二等兵；警察。
伯纳德·A. 弗勒德	第3步兵师，工兵；邮局主管。

丹尼尔·J. 弗伦德	皇家海军陆战队第48突击队，上尉；邓禄普有限公司，部门经理。
莱斯利·W. 福特	第1特别勤务旅，皇家海军陆战队，二等信号兵；职业不详。
斯坦利·福特纳姆	第6空降师，司机兼机修工；排字工。
威廉·R. 福勒	皇家海军"霍尔斯特德"号护卫舰，海军上尉；广告推销员。
杰弗里·R. 福克斯	第48登陆艇分舰队，一等水兵；警察。
休伯特·C. 福克斯	海军突击大队，海军少校；奶农。
约翰·T.J. 盖尔	第3步兵师，二等兵；邮局工作人员。
唐纳德·H. 加德纳	皇家海军陆战队第47突击队，中士；公务员。
托马斯·H. 加德纳	第3步兵师，少校；皮革厂总经理。
莱斯利·R. 吉布斯	第50步兵师，中士；钢铁厂工头。
唐纳德·B. 格林	第50步兵师，少校；职业不详。
乔治·W. 格卢	第3步兵师，炮兵；职员。
J.G. 高夫	第3步兵师，少校；奶农。
威廉·J. 格雷	第6空降师，二等兵；职业不详。
欧内斯特·格伦迪	第50步兵师，上尉；医生。
休·贡宁	第3步兵师，上尉；每日新闻有限公司，销售经理。
约翰·格威内特	第6空降师，上尉牧师；伦敦塔，牧师。
威廉·哈蒙德	第79装甲师，下士；英国陆军，连军士长。
汉内斯·汉内松	21号坦克登陆舰，皇家陆军医疗队，上尉；内科医师。
I. 哈迪	第50步兵师，中校；英国陆军，现役。
爱德华·R. 哈格里夫斯	第3步兵师，少校；郡副医务官。
哈里·哈里斯	皇家海军"开拓"号布雷舰，二等水兵；煤矿工。
罗杰·H. 哈里森	第4登陆艇分舰队，皇家海军志愿后备役，海军上尉；银行监察员。
阿道弗斯·J. 哈维	皇家海军陆战队装甲支援大队，代理上校；蔬菜种植者。
A.C. 海登	第3步兵师，二等兵；工人。
斯坦利·E.V. 霍利斯	第50步兵师，连军士长；喷砂工。
乔治·B. 昂纳	X23号袖珍潜艇，皇家海军志愿后备役，海军上尉；怡泉公司，区域销售经理。
哈里·霍顿	第3突击队，列兵；皇家海军，下士。
亨利·F. 亨伯斯通	第6空降师，二等兵；服装厂工人。
约翰·C. 赫特利	滑翔机团，上士；食堂经理。

威廉·海因斯	第50步兵师，中士；英国陆军，现役。
罗纳德·A. 英格拉姆	第3步兵师，炮兵；油漆匠。
伦纳德·K. 詹姆斯	第3步兵师，下士；广告行业。
赫本·扬克尔	第20海滩收容分排，上尉；汽修厂老板。
亨利·詹宁斯	皇家工兵部队，工兵；承包商。
弗雷德里克·R. 约翰	第6突击队，列兵；财务室高级助理。
弗兰克·C. 约翰逊	第50步兵师，上等兵；木工。
爱德华·琼斯	第3步兵师，少校；古典文学硕士。
彼得·H. 琼斯	皇家海军陆战队蛙人，中士；建筑承包商。
休伯特·O. 肯德尔	第6空降师，下士；运输和转运代理人。
唐纳德·E. 金伯	第609机械化登陆艇分舰队，海军陆战队员；机械操作工。
戈登·W. 金	第6空降师，中尉；油漆公司销售代表。
杰弗里·J. 利奇	第50步兵师，二等兵；实验室助理。
阿瑟·W. 李	564号坦克登陆艇，二等水兵；地方政府官员。
诺顿·李	550号突击登陆艇；皇家海军志愿后备役，海军中尉；油漆匠、室内装修工。
德斯蒙德·C. 劳埃德	挪威"斯文纳"号驱逐舰，皇家海军上尉；公司董事。
丹尼斯·洛弗尔	第4突击队，皇家海军陆战队员；工程师。
戈弗雷·麦迪逊	第6空降师，二等兵；矿工。
德斯蒙德·C. 马奇	第3步兵师，中尉；公司董事。
刘易斯·S. 马卡姆	301号坦克登陆舰，皇家海军信号兵；运务员。
约翰·T. 梅森	第4突击队，二等兵；教师。
彼得·F. 马斯特斯	第10突击队，上等兵；华盛顿特区，WTOP电视台艺术总监。
乔治·H. 马瑟斯	皇家工兵部队，下士；职员。
约翰·麦卡隆·梅	第6空降师，中士；英国陆军，现役。
艾尔弗雷德·麦高恩	第6空降师，上等兵；面粉厂包装工。
弗雷德里克·G. 米尔斯	第3突击队，下士；记账机制造厂工人。
威廉·米林	第1特别勤务旅，风笛手；男护士。
詹姆斯·C. 明尼斯	665号坦克登陆舰，皇家海军志愿后备役，海军中尉；教师。
约翰·D. 米切尔	皇家空军第54海滩气球部队，下士；公司董事。
伯纳德·劳·蒙哥马利爵士	上将；陆军元帅（退役）。
威廉·J.D. 摩尔	第3步兵师，上等兵；男护士。

文森特·H. 摩根	第 50 步兵师，二等兵；邮局工作人员。
欧内斯特·莫里斯	第 50 步兵师，下士；职业不详。
詹姆斯·R. 莫里西	第 6 空降师，二等兵；码头工人。
艾伦·C. 莫厄尔	第 6 空降师，二等兵；研究室保安员。
约翰·墨菲	皇家空军气球司令部，空军二等兵；邮局工作人员。
亨利·R. 尼尔森	第 6 空降师，上尉；针织品制造商。
雷金纳德·V. 牛顿	第 6 空降师，二等兵；公司董事。
德里克·A. 尼森	第 3 步兵师，中尉；工厂经理。
哈里·T. 诺菲尔德	第 3 步兵师，下士；英国海军部通信员。
罗纳德·J. 诺斯伍德	皇家海军"锡拉"号轻巡洋舰，二等水兵；理发师。
杰拉尔德·艾弗·D. 诺顿	第 3 步兵师，上尉；公司秘书。
阿瑟·E. 奥利弗	第 4 突击队，上等兵；煤矿工。
特伦斯·奥特韦	第 6 空降师，中校；《凯姆斯利报》总经理。
乔治·S. 帕吉特	皇家海军陆战队，下士；生产控制员。
悉尼·R. 帕里斯	皇家海军"梅尔布雷克"号驱逐舰，一等水兵；警察。
威廉·帕克	第 50 步兵师，工兵；公交车司机。
西德尼·皮奇	皇家海军"厌战"号战列舰，海军上士；工程师。
斯坦利·V. 佩斯科特	第 1 皇家海军陆战队装甲支援团，中校；皇家海军陆战队，现役。
法恩戴尔·菲利普斯爵士	皇家海军陆战队第 47 突击队队长，中校；少将，英国贸易联合会主席。
沃尔特·S. 波特	第 53 工兵队，二等兵；油漆匠、室内装修工。
科林·E. 鲍威尔	第 6 空降师，二等兵；钢铁公司销售部工作人员。
雷蒙德·珀弗	第 50 步兵师，工兵；仓库工头。
约瑟夫·珀维斯	第 50 步兵师，二等兵；工人。
西里尔·拉菲利	第 3 步兵师，下士；英国陆军，现役。
约翰·林兰	第 8 装甲旅，装甲兵；邮电局官员。
D.J. 罗伯逊	第 27 装甲旅，中尉；律师所管理职员。
约翰·R. 罗尔斯	第 3 步兵师，下士；驳船船员。
沃尔特·S. 鲁森	第 3 步兵师，二等兵；邮递员。
威廉·L. 拉特	第 6 空降师，二等兵；家禽养殖场主。
理查德·A. 赖兰	第 7 登陆驳船分舰队，皇家海军志愿后备役，海军中尉；养殖牡蛎兼写作。
戴维·J. 索耶	第 79 装甲师，装甲兵；发电厂工头。

诺曼·斯卡夫	第3步兵师，中尉；莱斯特大学历史系讲师。
J.E. 斯库特	皇家海军陆战队第48突击队，皇家海军陆战队员；工厂部门经理。
伦纳德·G. 夏勒	第6空降师，上士；纺织品代理商合伙人。
埃德加·T. 希尔德	第6空降师，伞兵；英国陆军，中士。
约翰·A. 西姆	第6空降师，上尉；现役。
约翰·H. 斯莱德	第50步兵师，工兵；铁路公司职员。
约翰·A. 斯莱普	第3步兵师，下士；行政文员。
克里斯托弗·N. 史密斯	第27装甲旅，装甲兵；煤气委员会地区代表。
罗伯特·A. 史密斯	第3步兵师，信号兵；铁路保安。
巴兹尔·斯宾塞	第3步兵师，上尉；考文垂大教堂建筑师。
欧内斯特·W. 斯坦纳德	第50步兵师，司机兼话务员；维修钳工。
道格拉斯·A. 史蒂文森	100号步兵登陆艇，编码员；鱼贩。
斯坦利·斯图尔特	第4突击队，二等兵；职业不详。
艾伯特·J. 斯托克斯	第3步兵师，二等兵；灭虫员。
弗雷德里克·斯托特	第3步兵师，二等兵；神职人员。
乔治·A. 史蒂文斯	第3步兵师，下士；近海渔民。
乔治·C. 斯顿内尔	第50步兵师，二等兵；职业不详。
伯纳德·J. 沙利文	第553突击分舰队，皇家海军志愿后备役，海军上尉；银行职员。
罗伯特·M. 斯旺	第50步兵师，上等兵；银行职员。
哈罗德·G. 泰特	第6空降师，上等兵；食品超市经理。
爱德华·塔彭登	第6空降师，上等兵；职员。
约翰·B. 泰勒	第4蛙人队，海军上尉；烟草商。
威廉·J. 托马斯	第50步兵师，下士；柴油机操作员。
W.D. 罗杰	皇家海军"西德茅斯"号扫雷舰，海军中校；制造商。
理查德·托德	第6空降师，中尉；电影演员。
珀西·汤姆林森	皇家空军移动无线电部队，无线电操作员；泥瓦匠。
弗朗西斯·W. 维克斯	第50步兵师，二等兵；职业不详。
杰弗里·A. 沃伯顿	第8装甲旅，信号兵；财务职员。
帕特里克·A. 沃德	第115扫雷分舰队，皇家海军志愿后备役，海军上尉；职业不详。
珀西·沃德	第50步兵师，连军士长；电话工程师。
丹尼斯·J. 韦伯	第9海滩勤务大队，海军上尉；银行职员。

约翰·韦伯	第 200 坦克登陆艇分舰队，报务员；眼镜配镜师。
约翰·J. 韦伯	第 6 空降师，上尉；会计。
伦纳德·C. 韦斯特	第 3 步兵师，准尉；海军部文员。
罗纳德·韦斯顿	第 50 步兵师，上等兵；陆军行政文员。
尼尔斯·W. 怀特	第 50 步兵师，少尉；皮草经纪人。
约翰·R. 威金斯	423 号坦克登陆舰；皇家海军志愿后备役，海军上尉；校长。
莱斯利·怀特曼	第 3 步兵师，二等兵；首席电影放映员。
查尔斯·S. 威尔逊	第 50 步兵师，二等兵；地铁职员。
戈登·C. 威尔逊	皇家海军陆战队第 47 突击队，少尉；广告代理商。
安东尼·W. 温德鲁姆	第 6 空降师，少校；外交官（退休）。
约翰·E. 温特	皇家海军联合作战部队，一等水兵；出版商。
拉塞尔·J. 威瑟	皇家海军陆战队第 41 突击队，中士；工资结算员。
查尔斯·H. 耶兰	第 50 步兵师，中士；铸工。

加拿大

詹姆斯·安德森	加拿大第 3 步兵师，少校；新不伦瑞克省，社会服务部部长。
罗伯特·阿巴克尔	加拿大第 19 野战炮兵团，炮兵；加拿大国家铁路公司，工段长。
道格拉斯·S. 阿克斯福德	加拿大第 3 步兵师，中士；加拿大陆军，准尉。
约翰·巴克斯蒂	加拿大皇家海军"亨利王子"号辅助巡洋舰，司炉长；加拿大皇家空军，航空工程技术员。
吉尔伯特·贝利斯	英国皇家空军，中尉；加拿大皇家空军，中尉。
K.G. 布莱卡德	加拿大第 3 步兵师，准将；会计。
约翰·J. 布莱克	加拿大皇家海军"亨利王子"号辅助巡洋舰，服务员；加拿大皇家空军，地勤人员。
阿瑟·布恩	加拿大第 3 步兵师，炮兵；加拿大国家铁路公司员工。
科林·N. 布雷布纳	英国第 6 空降师加拿大第 1 伞兵营，上尉；外科医生。
威廉·R. 查尔克拉夫特	第 419 中队，空军上尉；加拿大皇家空军，中尉。
罗伯特·A. 尚普	加拿大第 3 步兵师，下士；加拿大陆军。
贺拉斯·D. 彻林顿	第 570 中队，空军中士；工程师。
亨利·L. 丘吉尔	英国第 6 空降师加拿大第 1 伞兵营，中士；职业不详。

戈登·科克罗夫特	加拿大皇家海军"林赛"号护卫舰，二等编码员；加拿大陆军军械部队，下士。
乔治·J. 科图雷	加拿大第 3 步兵师，步兵；加拿大陆军，募兵中士。
肯尼斯·W. 考克斯	加拿大第 14 战地救护营，二等兵；加拿大皇家空军，中士。
埃利斯·R. 克雷辛	加拿大第 3 步兵师，炮兵；加拿大皇家空军，宪兵。
弗朗西斯·J. 戴维斯	加拿大第 3 步兵师，上等兵；加拿大陆军，上士。
克拉伦斯·J. 杜威	第 1 战术航空队，下士；加拿大皇家空军，消防员。
克利福德·E. 邓恩	加拿大第 3 步兵师，二等兵；乳制品业务员。
埃尔登·R. 达顿	加拿大第 3 步兵师，信号兵；加拿大陆军，中士。
维克托·埃尔德里奇	加拿大皇家空军第 415 中队，准尉；加拿大皇家空军。
威廉·J. 埃尔姆斯	加拿大第 2 集团军，上等兵；加拿大陆军。
西里尔·埃文斯	加拿大第 3 步兵师，骑兵；电工。
J.A. 法雷尔	加拿大第 3 步兵师，二等兵；播音员兼作家。
卡尔·L. 菲茨帕特里克	加拿大皇家海军"布莱尔莫尔"号扫雷舰，二等水兵；加拿大陆军，中尉。
罗伯特·B. 福布斯	加拿大第 3 步兵师，少校；采购部经理。
约翰·W. 福思	加拿大第 3 步兵师，助理牧师，少校；加拿大陆军，牧师主任，上校。
唐纳德·M. 福勒	加拿大第 3 步兵师，二等兵；定价主管。
乔治·C. 布莱泽	加拿大第 3 步兵师，下士；职员。
克莱顿·富勒	英国第 6 空降师加拿大第 1 伞兵营，少校；安大略省高尔特，加拿大铜业公司。
克林顿·C.L. 甘蒙	加拿大第 3 步兵师，上尉；造纸商。
乔治·J. 加德纳	加拿大第 3 步兵师，中士；加拿大陆军，下士。
詹姆斯·D.M. 吉兰	加拿大第 3 步兵师，上尉；加拿大陆军。
雷蒙德·J. 格雷斯	英国皇家空军第 101 中队，空军上尉；加拿大皇家空军，空军上尉。
罗伯特·J. 格雷厄姆	加拿大第 3 步兵师，工兵；办公室主管。
彼得·格里芬	英国第 6 空降师加拿大第 1 伞兵营，上尉；职业不详。
冈纳·H. 贡纳松	加拿大第 3 步兵师，步兵；务农。
查尔斯·W.R. 海恩斯	加拿大第 3 步兵师，二等兵；加拿大皇家空军，宪兵。
约翰·T. 霍尔	第 51 轰炸机中队，空军中尉；加拿大皇家空军，中队长。
约翰·H. 汉密尔顿	加拿大第 3 步兵师，上等兵；杂货批发公司，买手。
R.M. 西基	加拿大第 3 步兵师，上尉牧师；牧师。

理查德·希尔伯恩	英国第 6 空降师加拿大第 1 伞兵营，中尉；安大略省普雷斯顿，普雷斯顿家具公司。
弗兰克·W. 希洛克	加拿大皇家空军第 143 联队，空军中校；加拿大皇家空军，空军中校。
沃尔特·J. 赫蒂克	第 524 中队，空军中尉；加拿大皇家空军，空军中士。
欧内斯特·A. 琼斯	英国第 6 空降师加拿大第 1 伞兵营，下士；教师。
亚历山大·约翰斯顿	加拿大第 3 步兵师，工兵；加拿大皇家军械部队。
约翰·R. 约翰斯顿	加拿大第 3 步兵师，信号兵；加拿大皇家空军，电报技术员。
T. 约翰斯顿	第 2 装甲旅，中士；加拿大陆军，教官。
普拉西德·拉贝勒	加拿大第 3 步兵师，上尉；宣传工作。
戈登·K. 莱恩	加拿大第 3 步兵师，二等兵；工业油漆工。
路易斯·兰格尔	加拿大第 3 步兵师，二等兵；加拿大陆军。
约瑟夫·E.H. 勒布朗	加拿大第 3 步兵师，上尉；加拿大陆军，少校。
罗兰·A. 勒鲁	加拿大第 3 步兵师，中士；海关官员。
珀西瓦尔·利金斯	英国第 6 空降师加拿大第 1 伞兵营，二等兵；伞降救援员。
杰克·B. 林德	加拿大第 3 步兵师，上尉；加拿大陆军。
爱德华·T. 利特尔	英国第 6 空降师加拿大第 1 伞兵营，上等兵；加拿大陆军。
劳埃德·J. 洛克哈特	加拿大皇家海军"萨斯喀彻温"号驱逐舰，一等水兵；加拿大皇家空军，消防员。
C. 劳伦斯·林奇	加拿大第 3 步兵师，中尉；银行职员。
唐纳德·L. 麦肯齐	加拿大第 3 步兵师，二等兵；加拿大皇家空军。
理查德·O. 麦克莱恩	英国第 6 空降师加拿大第 1 伞兵营，中士；石油和天然气经销商。
约翰·麦克雷	加拿大第 3 步兵师，中尉；议员。
莫里斯·H. 麦基	加拿大第 3 步兵师，中士；心电图技师。
约瑟夫·A. 芒丹	加拿大第 3 步兵师，步兵；加拿大皇家空军，二等兵。
罗伯特·F. 曼宁	扫雷分舰队，海军上士；水电站维护主管。
保罗·马蒂厄	加拿大第 3 步兵师，中校；国防部副部长。
约翰·M. 麦坎伯	第 2 装甲旅，下士；加拿大陆军。
詹姆斯·W. 麦克唐纳	加拿大第 3 步兵师，下士；美加边境移民官员。
科林·C. 麦克杜格尔	加拿大第 3 步兵师，上尉；加拿大陆军公共关系部部长。
威廉·P. 麦克费特	加拿大第 3 步兵师，炮兵；加拿大就业服务处特别安置部门官员。
威廉·麦吉奇	第 298 中队，空军中尉；加拿大矿产评估员。
罗伯特·麦基	第 296 中队，空军中尉；加拿大皇家空军，中队长。

查尔斯·W. 麦克莱恩	加拿大第 3 步兵师，少校；纺织品销售经理。
罗伯特·M. 麦克默里	加拿大第 3 步兵师，上等兵；保险承保人。
戈登·A. 麦克纳米	第 405 中队，空军中尉；加拿大皇家空军，空军上尉。
罗德里克·H. 麦克菲特	加拿大皇家海军"卡拉凯特"号驱逐舰，一等编码员；加拿大皇家空军，空军上尉。
弗兰克·A. 麦克塔维什	加拿大第 3 步兵师，少校；加拿大陆军，少校。
伊恩·A.L. 米勒	加拿大第 3 步兵师，少校；加拿大陆军，少校。
詹姆斯·F. 米切尔	第 83 中队，中队长；加拿大皇家空军。
约翰·L. 莫法特	第 575 中队，空军中尉；教师。
艾伯特·B. 莫舍	加拿大第 3 步兵师，二等兵；加拿大皇家空军，地面防御教官。
休伊特·J. 默奇	加拿大第 3 步兵师，信号兵；农场主。
哈里·J. 纽因	第 625 中队，空军上士；加拿大皇家空军。
厄尔·A. 奥姆斯特德	加拿大第 3 步兵师，上尉；加拿大陆军，中校。
罗伯特·B. 奥雷根	加拿大第 3 步兵师，炮兵；加拿大陆军公共关系部。
丹尼尔·N. 奥斯本	加拿大第 3 步兵师，上尉；加拿大陆军，少校。
威廉·帕特森	英国第 6 空降师加拿大第 1 伞兵营，二等兵；高中教师。
克利福德·A. 皮尔逊	加拿大第 3 步兵师，上等兵；加拿大陆军，中士。
德斯蒙德·W. 皮尔斯	加拿大皇家海军"阿尔冈金"号驱逐舰，海军少校；加拿大皇家海军，海军准将。
杰克·赖希	加拿大第 3 步兵师，下士；加拿大陆军，中士。
塞西尔·雷西尔	加拿大第 3 步兵师，中尉；加拿大陆军。
罗伯特·E. 罗格	加拿大第 3 步兵师，二等兵；美国空军，技术军士。
乔治·E.M. 吕费	加拿大第 3 步兵师，中尉；加拿大陆军。
弗雷德里克·T. 桑德斯	加拿大第 3 步兵师，上等兵；发电厂工头主管。
约翰·E. 绍普迈尔	加拿大第 3 步兵师，工兵；务农。
查尔斯·J. 斯科特	926 号坦克登陆艇，中尉；编辑。
罗纳德·G. 肖克罗斯	加拿大第 3 步兵师，上尉；信封公司经理。
斯坦利·A.E. 史密斯	第 2 战术航空队，空军二等兵；加拿大皇家空军，空军下士。
约瑟夫·萨默维尔	加拿大第 3 步兵师，二等兵；纸业公司员工。
罗伯特·W. 斯坦利	英国第 6 空降师加拿大第 1 伞兵营，二等兵；金属加工工人。
安格斯·A. 斯图尔特	加拿大第 3 步兵师，二等兵；务农。
杰克·G. 斯托瑟特	加拿大第 3 步兵师，上尉；农业科研者。

罗伯特·J. 汤普森	加拿大第 3 步兵师，炮兵；加拿大皇家空军，消防员。
托马斯·A. 汤姆森	第 425 中队，空军少尉；加拿大皇家空军，空军上士。
珀西·A.S. 托德	加拿大第 3 步兵师炮兵指挥官，准将；铁路公司总经理。
吉恩·威卢克斯	加拿大第 3 步兵师，工兵；加拿大陆军，下士。
道格拉斯·R. 维德勒	加拿大第 3 步兵师，二等兵；胶片检测员。
詹姆斯·A. 沃伯顿	加拿大第 3 步兵师，中尉；工程师。
阿瑟·S. 沃什伯恩	加拿大第 3 步兵师，上等兵；公务员。
约翰·L. 韦伯	第 85 中队，中士；飞行工程师。
威廉·B. 怀特	英国第 6 空降师加拿大第 1 伞兵营，二等兵；加拿大陆军，中士。
埃德温·T. 维德诺亚	第 433 中队，空军中尉；纸浆和纸张检测员。
唐纳德·威尔金斯	英国第 6 空降师加拿大第 1 伞兵营，少校；投资经纪人。
西奥多·扎克	加拿大第 3 步兵师，骑兵；农场主。

法国

| 菲利普·基弗 | 隶属第 4 突击队的法国突击队队长，海军中校；巴黎，北约组织。 |

法国地下抵抗组织

阿尔贝·奥热	卡昂，火车站站长。
莱昂纳尔·吉勒	卡昂，诺曼底，军事情报部门副指挥官。
路易斯·"雅尼娜"·布瓦塔尔·吉勒	卡昂，盟军飞行员逃生网。
阿梅莉·勒舍瓦利耶	卡昂，盟军飞行员逃生网。
让·马里翁	格朗康，奥马哈地段地下组织领导人。
纪尧姆·梅卡德尔	巴约，海岸地段地下组织领导人。
罗歇·皮卡尔	法国南部，情报人员。
乔治·让·雷米	巴黎，无线电报务员。

德国

| 京特·布鲁门特里特 | 西线总司令部，伦德施泰特的参谋长，步兵上将；退役。 |
| 利奥波德·比尔克纳 | 希特勒死后任邓尼茨政府的礼宾司司长，海军中将；航空公司人事主管。 |

阿洛伊修斯·达姆斯基	第 716 步兵师，二等兵；职业不详。
恩斯特·迪林	第 352 步兵师，上尉；商人。
埃德加·福伊希廷格尔	第 21 装甲师师长，少将；德国工业联合会，技术顾问。
莱奥德加德·弗赖贝格	B 集团军群人事处长，上校；德国军人联合会，官员。
阿尔弗雷德·高泽	隆美尔的参谋长（1944 年 5 月离任），中将；美国陆军战史部德国分部。
约瑟夫·黑格尔	第 716 步兵师，一等兵；机械工。
弗朗茨·哈尔德	陆军总参谋长（1942 年 9 月离任），大将；美国陆军战史部德国分部。
弗里德里希·海因	第 84 军情报处长，少校；作家。
瓦尔特·赫尔梅斯	第 21 装甲师第 192 装甲掷弹兵团，二等兵；邮递员。
奥托·希尔德布兰德	第 21 装甲师，中尉；职业不详。
海因里希·霍夫曼	第 5 鱼雷艇分舰队，海军少校；联邦德国海军，波恩，国防部。
汉斯·霍夫纳	西线总司令部，驻法德军铁路运输总监，少将；联邦德国陆军。
鲁道夫·霍夫曼	第 15 集团军参谋长，中将；退役，美国陆军战史部德国分部，顾问。
威廉·胡梅里希	第 709 步兵师，上尉；北约中欧盟军，德国支援部队副指挥官。
特奥多尔·克兰克	西线海军总司令，海军上将；领取养老金，退役，近期重新工作。
赫尔穆特·朗	隆美尔的副官，上尉；仓库管理员。
赫尔穆特·迈尔	第 15 集团军情报处长，中校；联邦德国陆军。
威廉·迈尔－德特林	西线总司令部情报处长，上校；北约中欧盟军情报处长。
瓦尔特·奥姆森	圣马尔库夫炮兵连连长，上尉；港务官员。
马克斯·彭塞尔	第 7 集团军参谋长，少将；联邦德国陆军，中将。
维尔纳·普卢斯卡特	第 352 步兵师，少校；工程师。
约瑟夫·普里勒	第 26 战斗机联队联队长，空军中校；啤酒厂经理。
约瑟夫·赖歇特	第 711 步兵师师长，中将；退役。
威廉·里希特	第 716 步兵师师长，中将；退役。
弗里德里希·鲁格	隆美尔的海军顾问，海军中将；联邦德国海军总监。
卡尔·绍尔	第 709 步兵师，中尉；高中教师。
汉斯·申克·楚·施魏因斯贝格男爵	第 21 装甲师，少校；私营业主。
汉斯·施派德尔博士	隆美尔的参谋长，中将；北约中欧盟军地面部队指挥官，中将。
安东·施陶布瓦塞尔	B 集团军群情报处长，中校；联邦德国陆军。
维利·施滕策尔	第 6 伞兵团，一等兵；销售员。
瓦尔特·施特贝教授	西线德国空军首席气象学家；教师。

威廉·福格特	移动无线电监听部队，二等兵；德国法兰克福，泛美航空公司公共关系部。
威廉·冯·戈特贝格	第 21 装甲师第 22 装甲团，上尉；汽车代理公司经理。
维尔纳·冯·基斯托夫斯基	第 3 高射炮军第 1 团，上校；避雷针销售员。
赫尔曼·冯·奥佩尔恩－布罗尼科夫斯基	第 21 装甲师第 22 装甲团，上校；上将（退役），遗产管理人。
卡尔－耶斯科·冯·普特卡默	希特勒的海军副官，海军少将；出口企业，人事部主任。
汉斯·冯·扎尔穆特	第 15 集团军司令，大将；上将（退役）。
威廉·冯·施拉姆	官方战地记者，少校；作家。
瓦尔特·瓦利蒙特	国防军指挥参谋部副参谋长，炮兵上将；上将（退役）。
安东·温施	第 6 伞兵团，下士；职业不详。
博多·齐默尔曼	西线总司令部作战处长，上校；中将（退役），杂志和图书出版商。

参考书目

Babington-Smith, Constance. Air Spy. New York: Harper & Bros., 1957.

Baldwin, Hanson W. Great Mistakes of the War. New York: Harper & Bros., 1950.

Baumgartner, Lt. John W.; DePoto, 1st Sgt. Al; Fraccio, Sgt. William; Fuller, Cpl. Sammy. The 16th Infantry, 1798-1946. Privately printed.

Bird, Will R. No Retreating Footsteps. Nova Scotia: Kentville Publishing Co.

Blond, Georges. Le Dèbarquement, 6 Juin 1944. Paris: Arthème Fayard, 1951.

Bradley, Gen. Omar N. A Soldier's Story. New York: Henry Holt, 1951.

Bredin, L. Col. A.E.C. Three Assault Landings. London: Gale & Polden, 1946.

British First and Sixth Airborne Divisions, the Official Account of. By Air to Battle. London: His Majesty's Stationery Office, 1945.

Brown, John Mason. Many a Watchful Night. New York: Whittlesey House, 1944.

Butcher, Capt. Harry C. My Three Years with Eisenhower. New York: Simon and Schuster, 1946.

Canadian Department of National Defence. Canada's Battle in Normandy. Ottawa: King's Printer, 1946.

Chaplin, W. W. The Fifty-Two Days. Indianapolis and New York: Bobbs-Merrill, 1944.

Churchill, Winston S. The Second World War (Vols. I-VI). Boston: Houghton Mifflin, 1948-1953.

Clay, Maj. Ewart W. The Path of the 50th. London: Gale & Polden, 1950.

Colvin, Ian. Master Spy. New York: McGraw-Hill, 1951.

Cooper, John P., Jr., The History of the 110th Field Artillery. Baltimore: War Records Division, Maryland Historical Society, 1953.

Crankshaw, Edward. Gestapo. New York: Viking Press, 1956.

Danckwerts, P. V. King Red and Co. Royal Armoured Corps Journal, Vol. 1, July 1946.

Dawson, W. Forrest. Sage of the All American (82nd Airborne Div.). Privately printed.

Dempsey, Lt. Gen. M. C. Operations of the 2nd Army in Europe. London: War Office, 1957.

Edwards, Commander Kenneth, R.N., Operation Neptune. London: The Albatross Ltd, 1947.

Eisenhower, Dwight D. Crusade in Europe. New York: Doubleday, 1948.

First Infantry Division, with introduction by Hanson

Baldwin: H. R. Knickerbocker, Jack Thompson, Jack Belden, Don Whitehead, A. J. Liebling, Mark Watson, Cy Peterman, Iris Carpenter, Col. R. Ernest Dupuy, Drew Middleton and former officers: Danger Forward. Atlanta:Albert Love Enterprises, 1947.

First U.S. Army Report of Operations, 20 October 1943 to August 1944. Field Artillery Journal.

Fleming, Peter. Operation Sea Lion. New York: Simon and Schuster, 1947.

457 AAA AW Battalion. From Texas to Teismach. Nancy, France: Imprimerie A. Humblot, 1945.

Fuller, Maj. Gen. J.F.C. The Second World War. New York: Duell, Sloan and Pearce, 1949.

Gale, Lt. Gen. Sir Richard. With the 6th Airborne Division in Normandy. London: Sampson, Lowe, Marston & Co., Ltd., 1948.

Gavin, Lt. Gen. James M. Airborne Warfare. Washington, D.C.: Infantry Journal Press, 1947.

Glider Pilot Regimental Association. The Eagle (Vol. 2). London: 1954.

Goerlitz, Walter. The German General Staff (Introduction by Walter Millis). New York: Frederick A. Praeger, 1953.

Guderian, Gen. Heinz. Panzer Leader. New York: E.P. Button, 1952.

Gunning, Hugh. Borders in Battle. Barwick-on-Tweed, England: Martin and Co., 1948.

Hansen, Harold A.; Herndon, John G.; Langsdorf, William B. Fighting for Freedom. Philadelphia: John C. Winston, 1947.

Harrison, Gordon A. Cross-Channel Attack. Washington, D.C.: Office of the Chief of Military History, Department of the Army, 1951.

Hart, B. H. Liddell . The German Generals Talk. New York: William Morrow, 1948.

Hart, B. H. Liddell (ed.). The Rommel Papers. New York: Harcourt, Brace, 1953.

Hayn, Friedrich. Die Invasion. Heidelberg: Kurt Vowinckel Verlag, 1954.

Herval, René. Bataille de Normandie. Paris: Editions de Notre-Dame.

Hickey, Rev. R. M. The Scarlet Dawn. Campbellton, N.B.: Tribune Publishers, Ltd., 1949.

Hollister, Paul, and Strunsky, Robert (ed.). D-Day Through Victory in Europe. New York: Columbia Broadcasting System, 1945.

Holman, Gordon. Stand By to Beach! London: Hodder & Stoughton, 1944.

Jackson, Lt. Col. G. S. Operations of Eighth Corps. London: St. Clements Press, 1948.

Johnson, Franklyn A. One More Hill. New York: Funk & Wagnalls, 1949.

Karig, Commander Walter, USNR. Battle Report. New York: Farrar & Rinehart, 1946.

Lemonnier-Gruhier, François. La Brèche de Sainte-Marie-du-Mont. Paris: Editions Spes.

Life (editors of). Life's Picture History of World War II.

Lockhart, Robert Bruce. Comes the Reckoning. London: Putnam, 1950.

Lockhart, Robert Bruce. The Marines Were There. London: Putnam, 1950.

Lowman, Maj. F. H. Dropping into Normandy. Oxfordshire and Bucks Light Infantry Journal, January 1951.

McDougall, Murdoch C., Swiftly They Struck. London: Odhams Press, 1954.

Madden, Capt.J.R. Ex Coelis. Canadian Army Journal, Vol. XI, No. 1.

Marshall, S.L.A. Men Against Fire. New York: William Morrow, 1947.

Millar, Ian A.L. The Story of the Royal Canadian Corps. Privately printed.

Monks, Noel. Eye-Witness. London: Frederick Muller, 1955.

Montgomery, Field Marshal Sir Bernard. The Memoirs of Field Marshal Montgomery. Cleveland and New York: World Publishing Company, 1958.

Morgan, Lt. Gen. Sir Frederick. Overture to Overlord. London: Hodder & Stoughton, 1950.

Morison, Samuel Eliot. The Invasion of France and Germany. Boston: Little, Brown, 1957.

Moorehead, Alan. Eclipse. New York: Coward-McCann, 1945.

Munro, Ross. Gauntlet to Overlord. Toronto: The Macmillan Company of Canada, 1945.

Nightingale, Lt. Col. P. R. A History of the East Yorkshire Regiment. Privately printed.

Norman, Albert. Operation Overlord. Harrisburg, Pa.: The Military Service Publishing Co., 1952.

North, John. North-West Europe 1944-5. London: His Majesty's Stationery Office, 1953.

Otway, Col. Terence. The Second World War, 1939-1945— Airborne Forces. London: War office, 1946.

Parachute Field Ambulance (members of 224). Red Devils. Privately printed.

Pawle, Gerald. The Secret War. New York: William Sloan, 1957.

Pogue, Forrest C. The Supreme Command. Washington, D.C.: Office of the Chief of Military History, Department of the Army, 1946.

Pyle, Ernie. Brave Men. New York: Henry Holt, 1944.

Rapport, Leonard, and Northwood, Arthur, Jr. Rendezvous with Destiny. Washington, D.C.: Washington Infantry Journal Press, 1948.

Ridgway, Matthew B. Soldier: The Memoirs of Matthew B. Ridgway. New York: Harper & Bros., 1956.

Roberts, Derek Mills. Clash by Night. London: Kimber, 1956.

Royal Armoured Corps Journal, Vol. IV., Anti-invasion. London: Gale & Polden, 1950.

Ruppenthal, R. G. Utah to Cherbourg. Washington, D.C.: Office of the Chief of Military History, Department of the Army, 1946.

Salmond, J.B. The History of the 51st Highland Division, 1939-1945. Edinburg and London: William Blackwood & Sons, Ltd., 1953.

Saunders, Hilary St. George. The Green Beret. London: Michael Joseph, 1949.

Saunders, Hilary St. George. The Red Beret. London: Michael Joseph, 1950.

Semain, Bryan. Commando Men. London: Stevens& Sons, 1948.

Shulman, Milton. Defeat in the West. London: Seeker and Warburg, 1947.

Smith, Gen. Walter Bedell (with Steward Beach). Eisenhower's Six Great Decisions. New York: Longmans, Green, 1956.

Special Troops of the 4th Infantry Division. 4th Infantry Division. Baton Rouge, La: Army & Navy Publishing Co., 1946.

Speidel, Lt. Gen. Dr. Hans. Invasion 1944. Chicago: Henry Regnery, 1950.

Stacey, Col.C.P. The Canadian Army: 1939-1945. Ottawa: Kings Printers, 1948.

Stanford, Alfred. Force Mulberry. New York: William Morrow, 1951.

Story of the 79th Armoured Division The,. Hamburg. Privately printed.

Synge, Capt. W.A.T. The Story of the Green Howards. London. Privately printed.

Taylor, Charles H. Omaha Beachhead. Washington, D.C.:

Office of the Chief of Military History, Department of the Army, 1946.

Von Schweppenburg, Gen. Baron Leo Geyr. "Invasion without Laurels" in An Cosantoir, Vol. IX, No. 12, and Vol. X, No. 1. Dublin, 1949-50.

Waldron, Tom, and Gleeson, James. The Frogmen. London: Evans Bros., 1950.

Weller, George. The Story of the Paratroops. New York: Random House, 1958.

Wertenbaker, Charles Christian. Invasion! New York: D. Appleton- Century, 1944.

Wilmot, Chester. The Struggle for Europe. New York: Harper & Bros., 1952.

Young, Brig. Gen. Desmond. Rommel the Desert Fox. New York: Harper & Bros., 1950.

GERMAN MANUSCRIPTS AND CAPTURED DOCUMENTS

Blumentritt, Lt. Gen. Gunther. OB West and the Normandy Campaign, 6 June-24 July 1944, MS. B-284; A Study in Command, Vols. I, II, III, MS. B-344.

Dihm, Lt. Gen. Friedrich. Rommel and the Atlantic Wall (December 1943-July 1944), MSS. B-259, B-352, B-353.

Feuchtinger, Lt. Gen. Edgar. 21st Panzer Division in Combat Against American Troops in France and Germany, MS. A-871.

Guderian, Gen. Heinz. Panzer Tactics in Normandy.

Hauser, Gen. Paul. Seventh Army in Normandy.

Jodl, Gen. Alfred. Invasion and Normandy Campaign,

MS. A-913.

Keitel, Field Marshal Wilhelm, and Jodl, Gen. Alfred. Answers to Questions on Normandy. The Invasion, MS. A-915.

Pemsel, Lt. Gen. Max. Seventh Army (June 1942-5 June 1944), MS. B-234; Seventh Army (June 6-29 July 1944), MS. B-763.

Remer, Maj. Gen. Otto. The 20 July ' 44 Plot Against Hitler; The Battle of the 716 Division in Normandy. (6 June-23 June 1944), MS. B-621.

Roge, Commander. Part Played by the French Forces of the Interior During the Occupation of France, Before and After D-Day, MS. B-035.

Rommel, Field Marshal Erwin. Captured documents—private papers, photographs and 40 letters to Mrs. Lucia Maria Rommel and Son,Manfred (translated by Charles von Luttichau).

Ruge, Adm. Friedrich. Rommel and the Atlantic Wall (December 1943-July 1944), MSS. A-982, B-282.

Scheidt, Wilhelm. Hitler's Conduct of the War, MS. ML-864.

Schramm, Major Percy E. The West (1 April 1944-16 December 1944), MS. B-034; Notes on the Execution of War Diaries, MS. A-860.

Speidel, Lt. Gen. Dr. Hans. The Battle in Normandy: Rommel, His Generalship, His Ideas and His End, MS. C-017; A Study in Command, Vols. I, II, III, MS. B-718.

Staubwasser, Lt. Col. Anton. The Tactical Situation of the Enemy During the Normandy Battle, MS. B-782; Army Group B— Intelligence Estimate, MS. B-675.

Von Buttlar, Maj. Gen. Horst. A Study in Command, Vols. I, II, III, MS. B-672.

Von Criegern, Friedrich. 84th Corps (1917 January-June 1944), MS. B-784.

Von der Heydte, Lt. Col. Baron Friedrich. A German Parachute Regiment in Normandy, MS. B-839.

Von Gersdorff, Maj. Gen. A Critique of the Defense Against the Invasion, MS. A-895. German Defense in the Invasion, MS. B-122.

Von Rundstedt, Field Marshal Gerd. A Study in Command, Vols. I, II, III, MS. B-633.

Von Salmuth, Gen. Hans. 15th Army Operations in the Normandy, MS. B-746.

Von Schlieben, Lt. Col. Karl Wilhelm. The German 709th Infantry Division During the Fighting in Normandy, MS. B-845.

Von Schweppenburg, Gen. Baron Leo Geyr. Panzer Group West (Mid 1943-5 July 1944), MS. B-258.

War Diaries: Army Group B (Rommel's headquarters); OB West (Rundstedt's headquarters); Seventh Army (and Telephone Log); Fifteenth Army. All translated by Charles von Luttichau.

Warlimont, Gen. Walter. From the Invasion to the Siegfried Line.

Ziegelman, Lt. Col. History of the 352 Infantry Division, MS. B-432.

Zimmermann, Lt. Gen. Bodo. A Study in Command, Vols. I, II, III, MS. B-308.

鸣谢

      拙著的主要资料源自盟军和德军的 D 日幸存者、法国地下抵抗组织成员和普通民众，共计 1000 多人。他们慷慨而又无私地腾出时间，毫不厌烦地为我提供帮助。他们填写了调查表，待我们整理了这些表格，与其他老兵的调查表核对后，他们又爽快地提供了更多信息。他们耐心回复了我的许多信件和疑问，把大批文件和纪念品交给我使用，包括带有水渍的地图、残旧的日记、战后报告、日志、备忘簿、连队花名册、伤亡名单、私信、照片等，还接受了当面采访。我对这些提供帮助之人深表感激。我在前几页列出了提供帮助的军人和法国地下抵抗组织成员的完整名单。这份名单当然无法列出所有参与 D 日行动的人，但据我所知，它是独一无二的。

      过去三年来，我四处寻找这些幸存者，在美国、加拿大、英国、法国、德国采访了其中 700 人，将大约 383 人讲述的内容纳入拙著。出于编辑方面的各种原因，主要是重复，本书无法把每个人讲述的内容收录其中。但拙著的构架建立在所有当事人提供的资料的基础上，再加上盟军和德军的战后报告、战时日志、战史或其他官方记录（例如战争期间和战后，欧洲战区军事历史学家 S.L.A. 马歇尔准将有关作战的精彩采访）。

      首先，我要感谢《读者文摘》的编辑和发行人德威特·华莱士，他承担了几乎所有费用，这才让拙著得以完成。

      其次，我要感谢美国国防部长，不久前还担任陆军参谋长的马克斯韦尔·D. 泰勒将军，美国陆军情报处长 H.P. 斯托克少将，美国陆军杂志和图书处的 G. 切斯纳特上校、约翰·S. 切泽伯勒中校、C.J. 欧文中校，美国海军杂志和图书处的赫伯特·金佩尔海军中校，美国空军情报部的 J. 桑德曼上校和 W.M. 麦克上尉，国防部委派和旅行部的玛莎·霍勒夫人，以及在欧洲和其他地方总是帮助我的许多公共关系官员。以上人士不仅协助我寻找参战老兵，还处处提供方便，允许我查阅迄今为止依然保密的文件，为我提供详尽的地图，安排我往返欧洲，预约一场场采访。

我得感谢直到最近还担任军史处处长办公室首席历史学家的肯特·罗伯茨博士，以及他手下的威廉·F. 海茨少校、伊斯雷尔·威斯先生、德特马·芬克先生、查尔斯·冯·吕蒂肖先生，他们提供了慷慨的帮助和协作，允许我使用各种官方历史和记录，还不断给予指导和建议。在这里，我想提及查尔斯·冯·吕蒂肖的工作，8 个月来，他把所有业余时间用于翻译一扎扎德国文件和至关重要的德国战时日志。

协助我完成拙著的人士中，我想特别感谢以下几位：威廉·佩蒂中士，他细致地再现了游骑兵攻击奥克角的行动；第 1 步兵师的迈克尔·库尔茨下士、第 29 步兵师的爱德华·吉尔林少尉和诺曼·科塔准将，他们生动地描述了奥马哈海滩的情况；第 4 步兵师的盖尔登·约翰逊上校，他细致地分析了第一拨突击力量携带的装备；尤金·卡菲上校和哈里·布朗中士，他们描述了西奥多·罗斯福准将在犹他海滩的举动；D 日任第 4 步兵师师长的雷蒙德·O. 巴顿少将，他耐心地指导我，还把他的地图和官方文件借给我；E.E.E. 卡斯准将，他的英国第 8 步兵旅率先对剑滩发起突击，他不仅提供了详细的备忘录和文件，还与我分享了他就英军伤亡数的研究成果；西奥多·罗斯福夫人，她提出了许多善意的、经过深思熟虑的建议和评论；先前就职于《时代与生活》杂志社的威廉·沃尔顿，他是唯一一个跟随第 82 空降师跳伞的战地记者，他翻箱倒柜地找出自己的旧笔记本，还在历时两天的会谈期间重现了盟军发起突击时的气氛；皇家海军陆战队第 48 突击队的丹尼尔·J. 弗伦德、迈克尔·奥尔德沃思中尉，他们描述了朱诺海滩的情形；洛瓦特勋爵突击队的风笛手比尔·米林，他仔细寻找一番，列出了他吹奏了一整天的曲目。

我也得感谢马克斯韦尔·D. 泰勒将军，他从紧张的日程安排中抽出时间，陪我逐一分析第 101 空降师的突击行动，为准确起见，他后来还审阅了书稿的相关章节。霸王计划最初的设计者弗雷德里克·摩根爵士中将、率领第 82 空降师伞兵跳入诺曼底的詹姆斯·M. 加文中将也审阅了书稿的两三个版本，检查了书中的错误之处。

我也要感谢时任美国第 1 集团军司令的奥马尔·N. 布拉德利将军、德怀特·D. 艾森豪威尔将军的参谋长比德尔·B. 史密斯中将、英国第 1 军军长 J.T. 克罗克中将、英国第 6 空降师师长理查德·盖尔爵士将军，他们热心地回复我的询问，或接受我采访，或为我提供战时地图和文件。

德国一方，我得感谢波恩政府和许多协会的大力协助，他们帮我寻找当年的参战老兵，还安排了访谈。

许多德国人为拙著做出了贡献，我要特别感谢德国前任陆军总参谋长弗朗茨·哈尔德大将、隆美尔的副官赫尔穆特·朗上尉、冯·伦德施泰特元帅的参谋长京特·布鲁门特里特上将、隆美尔的参谋长汉斯·施派德尔博士中将、卢齐厄 - 玛丽亚·隆美尔夫人和她的儿子曼弗雷德、第 7 集团军参谋长马克斯·彭塞尔中将、第 15 集团军司令汉斯·冯·扎尔穆特大将、第 21 装甲师的冯·奥佩尔恩 - 布罗尼科夫斯基将军、德国空军第 26 战斗机联队的约瑟夫·普里勒上校、第 15 集团军的赫尔穆特·迈尔中校、第 352 步兵师的维尔纳·普卢斯卡特少校。他们和另外几十名老兵极为友善地接受了我的采访，耗费许多时间重现了这场战役的各个阶段。

研究调查期间，除了从 D 日参与者那里收集到的资料，杰出的历史学家和作者撰写的许多著作也让我获益颇多。我得感谢 D 日官方史《跨海峡攻击》的作者戈登·A. 哈里森、美国陆军《最高统帅部》的作者福雷斯特·波格博士，他们热情地提供指导，帮助我解决了许多存有争议的问题。事实证明，他们的著作极为宝贵，让我彻底了解了促成登陆的政治和军事事件，以及此次进攻的细节。另一些著作也帮了大忙，例如塞缪尔·E. 莫里森的《进攻法国和德国》、查尔斯·H. 泰勒的《奥马哈滩头》、R.G. 鲁彭塔尔的《从犹他到瑟堡》、伦纳德·拉波特和小阿瑟·诺伍德合著的《命运相会》、S.L.A. 马歇尔准将的《战火英雄》、C.P. 斯泰西上校的《加拿大陆军：1939—1945》。这些著作都被列入了参考书目。

在寻找参战老兵，收集资料，以及最终采访的过程中，我得到了《读者文摘》派驻美国、加拿大、英国、法国、德国的研究人员、分社代表、编辑的大力协助。纽约的弗朗西丝·沃德小姐和萨利·罗伯茨小姐，在部门编辑格特鲁德·阿伦德尔的指导下，翻阅了成堆的文件、调查表、信件，还随时掌握相关情况。伦敦的琼·艾萨克斯小姐也从事类似的工作，还多次进行了采访。在加拿大陆军部的协助下，《读者文摘》的沙恩·麦凯、南希·韦尔·巴桑特小姐找到并采访了数十位加拿大老兵。欧洲的工作最难，我得感谢《读者文摘》德文版编辑马克斯·C. 施赖伯给的建议，也要感谢《读者文摘》驻巴黎的欧洲编辑部副主编乔治·雷韦、约翰·D. 帕尼察、伊冯·富尔卡德，他们为组织、研究本项目付出了大量心血，还不知疲倦地进行了一次次访谈。我还要衷心感谢《读者文摘》助理总编霍巴特·刘易斯，感谢他从一开始就对本项目充满信心，在长达数月的工作期间始终大力协助。

要感谢的人还有很多，鉴于篇幅，我在这里只能列举几位：杰里·科恩，给出深思熟虑的评论，还在编辑方面提供了帮助；唐·拉森，就第82空降师的作战行动写来许多信件；录音机公司的唐·布赖斯、戴维·克尔，为采访工作提供了协助；《陆军时报》的约翰·维尔登上校、《贝德福德民主党人报》的肯尼斯·克劳奇、泛美航空公司的戴夫·帕森斯、IBM公司的特德·罗、通用动力公司的帕特·沙利文，他们通过自己的机构协助我寻找D日幸存者；苏珊娜·克利夫斯、西奥多·H. 怀特、彼得·施韦德、菲莉丝·杰克逊，仔细审阅了稿件的各个版本；莉莲·朗，承担了文秘工作；安妮·赖特，包办了文件归类、设立索引、处理信函以及所有打字工作；

还有我的爱妻凯瑟琳，虽然她有自己的写作任务，可还是整理并组织了我的研究工作，协助我完成手稿的最终修订，做出的贡献比任何人都多。

——科尼利厄斯·瑞恩

1944年4月，埃尔温·隆美尔元帅和手下军官视察大西洋壁垒前方海滩上的木制障碍。

1944年2月，隆美尔视察法国海岸的防御，站在他右侧（几乎离开画面）的是阿尔弗雷德·高泽中将，高泽在 B 集团军群参谋长任上干到1944年3月。面对镜头的军官身份不明，站在他身后的是隆美尔的副官赫尔穆特·朗上尉。

希特勒的大西洋壁垒让人望而生畏。此前从没有哪支进攻军队遇到过此类防御，但这道壁垒只完成一部分。这张照片能让读者对环绕登陆海滩的重型钢筋混凝土炮台多少有所了解。一座座重型炮台获得交通壕、机枪阵地、迫击炮位、地雷场补充，沙滩上布满迷宫般的防登陆障碍物，这些障碍物上也布有地雷。

加来附近，大西洋壁垒部署的"捷克刺猬"（防坦克拒马）。

隆美尔布设的防登陆海滩障碍物简单却致命，盘式地雷置于木桩上。这些装置大多是隆美尔设计的，他自豪地称之为"我的发明"。

盟国远征军最高统帅德怀特·D. 艾森豪威尔将军和盟军高级将领，从左至右分别是：美国第1集团军司令奥马尔·N. 布拉德利中将，盟国远征军海军司令伯特伦·拉姆齐海军上将，盟国远征军最高副统帅特德空军上将，艾森豪威尔，D 日地面部队总司令伯纳德·蒙哥马利元帅，盟国远征军空军司令利 - 马洛里空军上将，艾森豪威尔的参谋长沃尔特·比德尔·史密斯少将。

5月份最后几周，参加 D
日进攻的人员和装备忙于
登船，挤满各座港口。照
片里的部队和车辆在布里
克瑟姆登上三艘坦克登陆
舰。注意海滩上的硬质混
凝土地面，这是为便于人
员和装备登上吃水较浅的
登陆艇专门铺设的。

目的地：诺曼底。第101
空降师的一群伞兵在登上
DC-3运输机前做最后的
检查。

6月5日傍晚，第101空降师的伞兵登机前，艾森豪威尔同他们亲切交谈，这可能是盟军登陆诺曼底前拍摄的照片里最广为人知的一张。我一直想弄清这群士兵的身份，第101空降师老兵协会为我查明了详情。围在最高统帅身旁的是：威廉·波伊尔一等兵、汉斯·桑内斯下士、拉尔夫·庞巴诺一等兵、S.W.杰克逊一等兵、德尔伯特·威廉姆斯中士、威廉·E.海斯下士、卡尔·威克斯一等兵、威廉·斯特雷贝尔中尉、亨利·富勒一等兵、迈克尔·巴比奇一等兵、威廉·诺尔一等兵。

这张照片摄于诺曼底登陆前不久，盟军机组人员在英国某基地的C-47运输机周围忙碌。1944年6月6日，"霸王行动"头几个钟头，C-47运输机把美国第82、第101空降师的伞兵空投到圣梅尔埃格利斯附近的犹他海滩后方。

这张照片很罕见，也是已知唯一一张，第82空降师一群探路者飞赴诺曼底前的合影留念。他们是首批登陆法国的美国兵。照片里的人有多少在战争中活了下来，又有几个今天仍在世？我只找到第82空降师两名探路者，其中一个是二等兵罗伯特·M.墨菲，降落在勒夫罗夫夫人的后花园，照片里他站在第二排，右起第三人，带着羊毛帽。

1944年6月6日，全副武装的美军伞兵坐在军机内，飞越英吉利海峡，赶往法国诺曼底海岸，参加盟军的 D 日登陆，进攻德军支撑点。

美军伞兵准备跳出道格拉斯 C-47 运输机。

诺曼底登陆前夕，英国第 6 空降师师长理查德·盖尔将军向部下发表讲话。

1944年6月6日傍晚，作为英国第6空降师第二场空运的组成部分，第6空降旅的士兵准备飞赴诺曼底，他们在皇家空军某座机场欣赏霍萨滑翔机机身侧面用粉笔画的涂鸦。

1944年6月6日，美国陆军部队穿过英格兰海岸某登船港附近的街道，准备乘船赶赴法国诺曼底。

爱德华·沃特斯神父在码头上为美国第1步兵师突击部队布道，这些士兵即将奔赴奥马哈海滩。

等待从运兵车转移到登陆艇期间，罗科·费斯塔一等兵苦练法语，以便解放法国后与当地人交流。

1944年6月6日，坦克登陆舰驶向诺曼底海岸，甲板上的美军士兵以法郎做赌注打扑克。

D 日，美国士兵乘坐海岸警卫队的步兵登陆艇横渡英吉利海峡期间，借助箱子吃着 K 级口粮和芹菜汤。某个法国社区的居民，为登陆诺曼底的部队提供食物发挥了重要作用。

护航船队在阻塞气球和战斗机护送下，驶向诺曼底各片海滩。

第316运兵机大队的DC-3运输机，拖曳着韦科滑翔机飞越法国。

来自得克萨斯州圣安东尼奥市的路易斯·R.古德里奇牧师，在即将参加登陆行动的船上主持宗教仪式。

美国士兵进入登陆艇，准备抢滩登陆。

舰桥上，美国第1集团军司令奥马尔·N.布拉德利中将戴着眼镜，看着登陆艇驶向奥马哈海滩。站在他旁边的是"霸王行动"西路特遣队司令艾伦·柯克海军少将。

一艘艘突击艇掠过美国海军的"奥古斯塔"号巡洋舰。

H时几分钟前,奥马哈海滩隐约可见,浑身湿透的突击队员蹲在海岸警卫队的登陆艇内,准备冲向海岸。

D 日登陆法国海岸时，美军士兵冲下海岸警卫队登陆驳船的斜板，奔向纳粹守军火力扫射的海滩。照片里能看见前面的士兵趴倒在地，躲避德国人猛烈的机枪火力。但海岸警卫队和海军的两栖舰艇运来大批登陆部队，很快击退了纳粹守军。

离奥马哈海滩不远处，中弹的登陆艇腾起火焰。

1944年6月6日，海岸警卫队的船只在诺曼底近海中弹，海岸警卫队员救起两名幸存者。

另一艘受损登陆艇上的幸存者，利用救生筏登上海岸。

H 时的奥马哈海滩，突击队员冒着枪林弹雨，竭力穿过障碍物和巨浪。《生活》杂志已故的罗伯特·卡帕拍摄的这张照片，可能是 D 日最令人难忘的一张。

H 时 15 分钟后，登陆部队遭到敌火力压制，隐蔽在障碍物后。

H时25分钟后，第10突击队的工兵投入战斗，注意躲在障碍物和工兵坦克推土机后的士兵。

地面部队登陆前，美国第9航空队的中型轰炸机轰炸了奥克角。

美国陆军游骑兵展示他们冲击奥克角悬崖时使用的梯子，1944年6月6日，为支援奥马哈海滩的登陆行动，游骑兵对此处悬崖发起了突击。

美军突击队携带全套装备，跟随半履带车、"鸭子"两栖运输车等重装备，踏上法国北部的奥马哈海滩。背景处的硝烟是海军舰炮火力支援登陆行动造成的。

成百上千人乘坐登陆艇赶往海滩之际，美军突击队带着全套装备踏上法国北部的奥马哈海滩。

法国诺曼底地区的科莱维尔，美国第1步兵师第16步兵团第3营的突击队员，带着包括机枪在内的全套装备，沿奥马哈海滩的峭壁行进。被登陆艇送上岸的大批装备放在峭壁底部。

法国诺曼底地区科莱维尔的奥马哈海滩上，美国第1步兵师第16步兵团第3营一群突击队员，背靠相对安全的白垩峭壁稍事休息，随后就要攻往内陆。一同登陆的医护兵忙着处理他们的轻伤。

美国第1步兵师第16步兵团第3营一名医护兵，沿奥马哈海滩的窄道而行，为登陆期间负伤的官兵提供急救。美军官兵隐蔽在相对安全的白垩峭壁下，进入内陆前稍事休息。

法国诺曼底地区，美军第1步兵师第16步兵团第3营离开登陆艇冲上科莱维尔的奥马哈海滩后，一名士兵稍事休息。

法国诺曼底地区
科莱维尔的奥马
哈海滩上，美军
医护兵为伤兵填
写伤情报告。

法国诺曼底地区，美军第1步兵师第16步兵团第3营的突击队员，没能冲过科莱维尔奥马哈海滩的狭窄地段，趴在离岸边几百英尺处。

奥马哈海滩，伤员隐蔽在防波堤后，等待医疗后送。

美军突击队员离开登陆艇，带着装备赶往滩头阵地。

1944年6月6日，机动登陆艇载着负伤的美国士兵驶向运输船，把他们撤离战区。

1944年6月，法国诺曼底小镇圣梅尔埃格利斯的航拍图。D日，盟军与德军在镇内展开了激烈的战斗。

一架载有30人的霍萨滑翔机坠毁在圣梅尔埃格利斯附近的野外，8名伞兵丧生。

第82空降师4名伞兵冒着德军猛烈的炮火进入法国圣梅尔埃格利斯镇，盟军很快解放了该镇。

英军和美军伞兵死在诺曼底战场两端洪泛区的人最多。黑暗中，这些伞兵背着沉重的装备，通常无法解开降落伞，就像照片里这名伞兵那样，许多人淹死在不到3英尺深的水里。

反攻欧洲初期，一架盟军滑翔机失事，坠毁在法国某个果园里。

盟军空降兵进入法国北部某座城堡的庭院，隐蔽在此处的德军狙击手已被他们消灭。

美军陆航队的道格拉斯 C-47 运输机解开脱缆后的 CG-4A 韦科滑翔机，准备返回英国。这张照片是增援美军第 82 空降师或第 101 空降师期间拍摄的。注意地面上的霍萨滑翔机。

英军第一个登陆诺曼底的高级将领，第6空降师师长理查德·盖尔少将。这张照片摄于1944年6月10日或11日，地点是他设在朗维尔的师部。

"听我说，现在就剩咱们俩，我们绝不能分开。看在上帝的分上，我怎么做，你就怎么做，飞在我后面，千万别掉队。这次就咱俩出击，我觉得我们回不来了。"这是德军战斗机联队长约瑟夫·普里勒给僚机飞行员海因茨·沃达尔奇克下士下达的指示，两人驾机起飞，执行了德国空军在盟军登陆初期唯一一次空袭。

第一个登陆诺曼底的美军将领，第82空降师师长马修·B.李奇微少将。

隆美尔的参谋长汉斯·施派德尔博士中将。

1944年6月6日，犹他海滩登陆期间，美国海军"内华达"号战列舰以14英寸45倍径的前主炮轰击岸上的德军阵地。

美军第4步兵师的官兵涉水登上犹他海滩，第一轮突击伤亡较小，但上午晚些时候，猛烈的炮火席卷了海滩。

法国北部，登陆艇上的美军士兵带着全套装备跳入海里，涉水赶往马德莱恩沙丘的犹他海滩。

美军官兵登陆法国马德莱恩沙丘的犹他海滩初期阶段，冒着德军炮火冲下坦克登陆舰。

法国马德莱恩沙丘，美军官兵冲下坦克登陆舰，冒着敌军炮火冲上犹他海滩，迅速赶往前线，支援与敌人接触的其他美军部队。

第4步兵师的医护兵在沙滩上救治伤员。

第4步兵师的医护兵在沙滩
上救治伤员。

法国北部的犹他海滩，美军
第4步兵师第8步兵团的官
兵，离开在堑壕里休息的战
友，翻过山脊赶往内陆。其
他人很快会翻越山脊，跟上
他们。

德军发射的88炮弹在犹太海滩上的美军突击队员间炸开，照片右侧的美军士兵隐蔽在防波堤旁。

美军第4步兵师师长雷蒙德·O.巴顿少将（中间），在距离犹他海滩300码的首个指挥所召开会议。他右侧戴羊毛帽的是跟随第一拨突击部队登陆的副师长西奥多·罗斯福准将，蹲在他左手的是第746坦克营营长克拉伦斯·G.于普费中校。

D 日黄昏，犹他海滩上的美军士兵看着滑翔机编队从上空飞过，赶去增援仍遭受围攻的空降部队。

大批人员和装备从近海的各种登陆艇登上犹他海滩。

法国北部海岸的瑟堡附近，美国士兵站在齐腰深的水里，用救生索从一艘被敌人击沉的登陆艇上救出几名战友。

1944年6月6日法国北部瑟堡附近，美军正在为艰难抵达法国海岸的战友提供急救。落水士兵的登陆艇在敌军的行动中被击沉，有的人靠游泳渡水，有的人则漂浮在橡皮救生筏上。

1944年6月6日，美国士兵躲在散兵坑中，在诺曼底首次登陆行动中巩固滩头阵地。背景中，车辆和其他装备挤满了海滩，而登陆艇则将更多的部队和物资运上岸。

1944年夏季的诺曼底战役期间，法国地下抵抗组织成员与美军伞兵讨论战事。

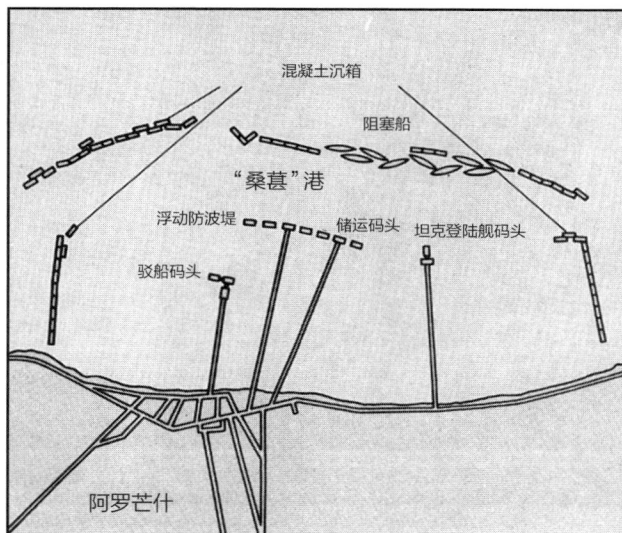

超过200万吨钢材和混凝土被拖运到法国沿岸，修建"桑葚"人工港。混凝土沉箱——有些高达18米、重6000吨，组成了港口的外墙。港口内部，随潮汐起落的液压操纵码头通过浮动路面与陆地相连。英军登陆海滩的"桑葚"港每天都要处理12000吨货物和2500辆各种车辆。

混凝土沉箱

阻塞船

"桑葚"港

浮动防波堤　　储运码头　　坦克登陆舰码头

驳船码头

阿罗芒什

阿罗芒什，"桑葚"人工港的航拍照片。

D 日过后，美军士兵收敛阵亡者的遗体。

英军士兵冒着敌人的火力登陆，此处可能是金滩。注意照片左侧，伤员躺在海水里，还有些人正在倒下，而右侧的士兵平静地沿海滩而行。这是 D 日拍摄的照片里最人性化的一张，因为它记录下每个参加登陆行动的老兵都记得的事情：某处突然有人阵亡，而另一处却有某种虚假的安全感。

1944年6月6日，英国皇家海军陆战队第47突击队的队员离开突击登陆艇，踏上金滩。

1944年6月6日8点40分，英国第1特种勤务旅的突击队员逼近剑滩。照片里能看见，第13/18皇家轻骑兵团的谢尔曼两栖坦克和第79装甲师的特种战车挤在前方海滩上。

1944年6月6日8点前后，战地摄影师从运送第13/18皇家轻骑兵团谢尔曼坦克的610号坦克登陆舰上，拍下英军首次冲击剑滩的场面。照片里能看见，第22龙骑兵团A中队一辆连枷坦克中弹后起火，其他坦克和步兵冲向海滩。

1944年6月6日，英军士兵离开停在剑滩外的步兵登陆舰，涉水上岸。

在两栖坦克率领下，英军士兵冲上一片不知名的海滩，可能是剑滩西半部。注意两栖坦克气球般的帆布防水围裙瘪了。

谢尔曼 DD 坦克，这种"会游泳的坦克"，在进行防水处理后成为两栖坦克，配备两个推进器和提供浮力的可充气帆布罩。在诺曼底登陆中，装备这种坦克的第741坦克营遭遇了巨大灾难。在海浪冲击下，坦克的帆布围裙破裂，支架折断，发动机进水，27辆坦克一辆接一辆地沉入海里。

1944年6月6日，英国第1特种勤务旅的突击队员蹲伏在剑滩地域，随后赶往内陆。

1944年6月6日傍晚，阵亡在剑滩德军WN-20支撑点铁丝网前方的英国士兵。

1944年6月6日，英国第1特种勤务旅第4突击队的突击队员从剑滩开赴内陆。

1944 年 6 月 6 日，洛瓦特勋爵第 1 特种勤务旅第 4 突击队的突击队员，与英军第 6 空降师的伞兵在贝努维尔会合。

1944年6月6日的剑滩地域，英国第1特种勤务旅第4突击队的士兵沿狮子路线赶往乌伊斯特勒昂。

滨海圣奥班炮台上的德国50毫米火炮。

位于贝努维尔村的飞马桥，它横跨卡昂运河，是英国第6空降师先遣机降步兵 D 日争夺的主要目标，摄于1944年6月9日。桥上停放着皇家信号吉普车、拖车以及利兰卡车，信号员正在桥上安装电话线。

贝努维尔，卡昂运河桥附近的几架霍萨滑翔机，摄于1944年6月8日。这些滑翔机是第6空降师突击部队的组成部分，搭载牛津郡和白金汉郡轻步兵团第2营D连、B连的士兵，D日凌晨他们夺得奥恩河和卡昂运河上的几座桥梁。前方的93号滑翔机，载有戴维·伍德中尉的排；后面的91号滑翔机，载有突袭部队指挥官约翰·霍华德少校，以及布拉泽里奇中尉的排。

梅维尔1号炮台后部，这是四座炮台中最大的一座。右侧出口连接台阶，通往炮台顶部的"图卜鲁格"发射阵地。正门上开了个机枪射孔。

赶往朱诺海滩的加拿大士兵挤在步兵登陆艇上，注意左侧的折叠自行车。

1944年6月6日，英国第4特种勤务旅旅部的突击队员离开步兵登陆艇，冲上滨海圣奥班的朱诺海滩。

1944年6月6日，加拿大士兵冲上库尔瑟勒海滩。

加拿大士兵扛着自行车登陆贝尔尼埃海滩。

1944年6月6日，滨海圣奥班附近的朱诺海滩上，防波堤前方堆满了尸体和搁浅的登陆艇。照片左侧是518号坦克登陆舰，右侧是522号突击登陆艇。

1944年6月6日，滨海圣奥班，新不伦瑞克北岸团的加拿大士兵隐蔽在钢梁和原木后，守卫着通往德军 WN-27 支撑点的接近地。

希特勒第三帝国的末日即将到来。德军俘虏步履蹒跚地走下奥马哈海滩。

D+2日，鲁德尔中校的部队获得接替，美军游骑兵押着德军俘虏爬下悬崖。摊开的美国国旗是识别标志，以免这些官兵遭到己方部队误击。

1944年6月17日，在法国卡朗唐诺曼底战役中阵亡美国士兵墓前，竖立着一个木制十字架、一顶士兵头盔和鲜花。法国平民在张贴的纪念标语上写道："为法国而死。"

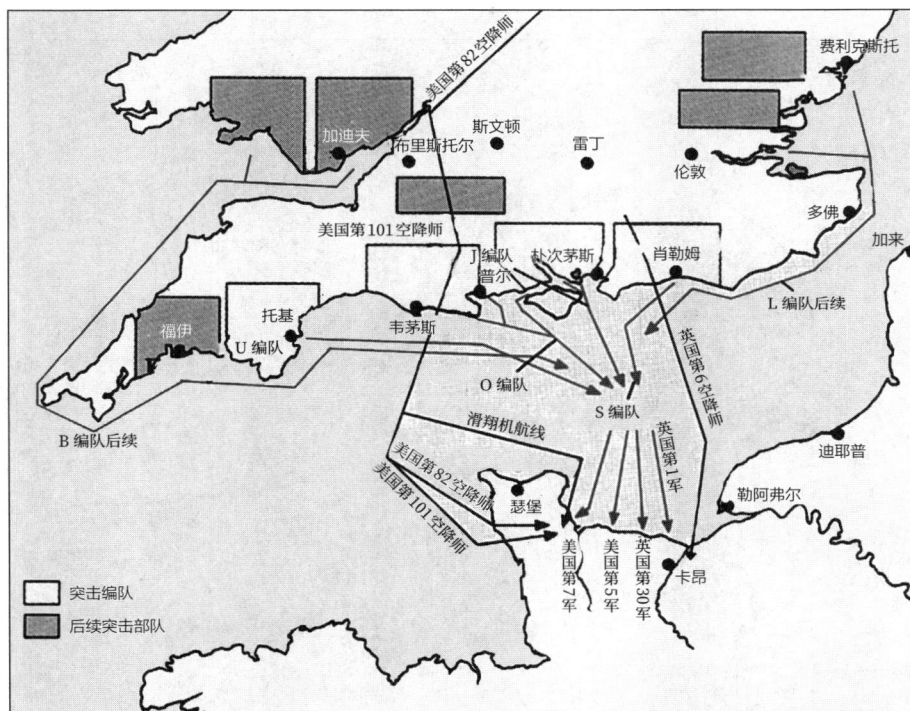

费利克斯托

加迪夫
布里斯托尔　斯文顿
雷丁
伦敦
美国第82空降师
多佛

美国第101空降师
加来

福伊
托基
U 编队
韦茅斯
J 编队
普尔
扑次茅斯
肖勒姆
L 编队后续

O 编队
S 编队
英国第6空降师
英国第1军

滑翔机航线
迪耶普

B 编队后续
美国第82空降师
美国第101空降师
瑟堡
美国第7军
美国第5军
英国第30军
卡昂
勒阿弗尔

□ 突击编队
■ 后续突击部队

盟军的计划是在 D 日登陆8个师，D+1日再登陆5个师，到 D+12日前再增加21个师。美国第1集团军将在犹他和奥马哈两个海滩登陆，他们的第82和第101空降师将在西面空降，保护该集团军的右翼，并与在犹他海滩登陆的部队一起切断科唐坦半岛。英军将在金滩和剑滩登陆，加拿大军队将在朱诺海滩登陆，目标是迅速夺取巴约和卡昂这两个交通枢纽，他们暴露的东部侧翼将由第6空降师保护。后续部队将迅速被送到岸上，以抵抗敌人的反攻，并积蓄力量，准备向法国北部突进。

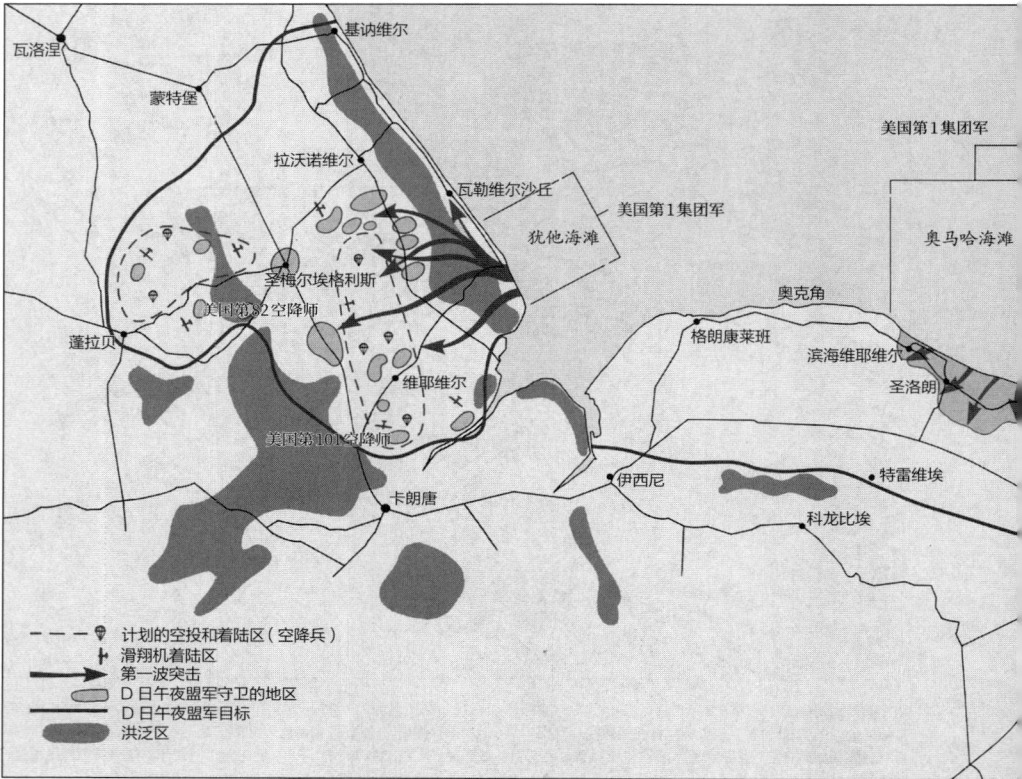

D 日当天的盟军行动。

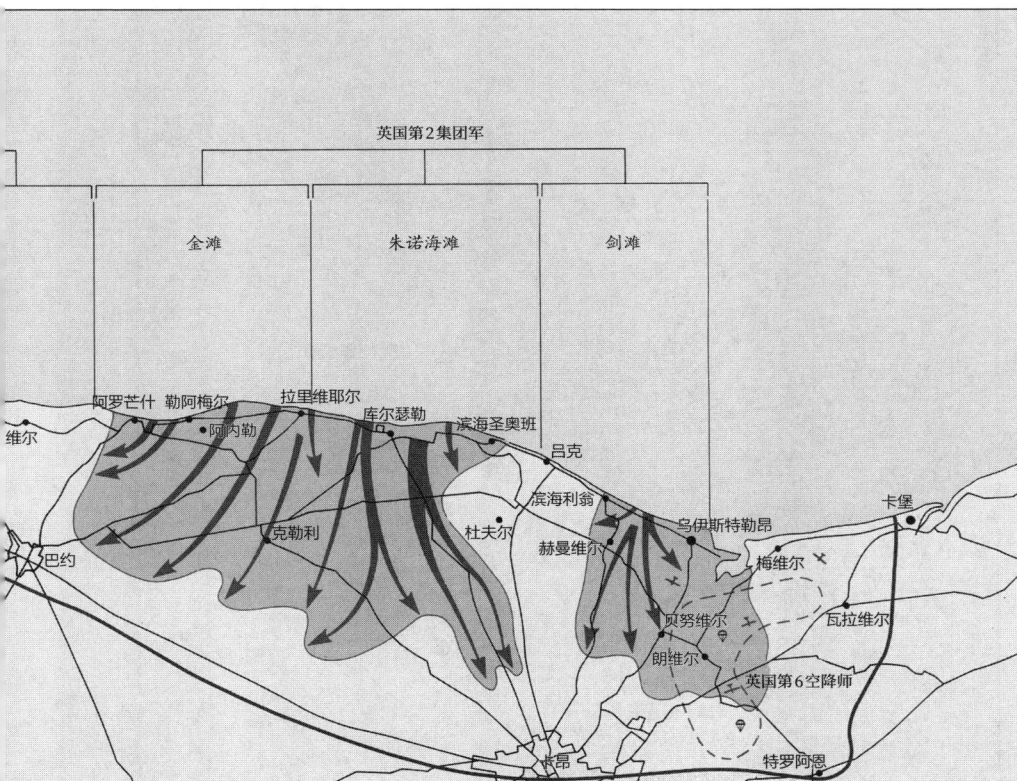

英国第2集团军

金滩　　　　　朱诺海滩　　　　剑滩

阿罗芒什　勒阿梅尔　　拉里维耶尔
维尔　　　　　阿内勒　　　库尔瑟勒　　滨海圣奥班
　　　　　　　　　　　　　　　　　　　吕克
　　　　　　　　　　　　　　　滨海利翁
　　　　　　　　克勒利　　　杜夫尔　　　　乌伊斯特勒昂　　　卡堡
巴约　　　　　　　　　　　赫曼维尔　　　梅维尔
　　　　　　　　　　　　　　　　　　　　　　瓦拉维尔
　　　　　　　　　　　　　　　贝努维尔
　　　　　　　　　　　　　　　朗维尔　　英国第6空降师
　　　　　　　　卡昂
　　　　　　　　　　　　　　　　特罗阿恩

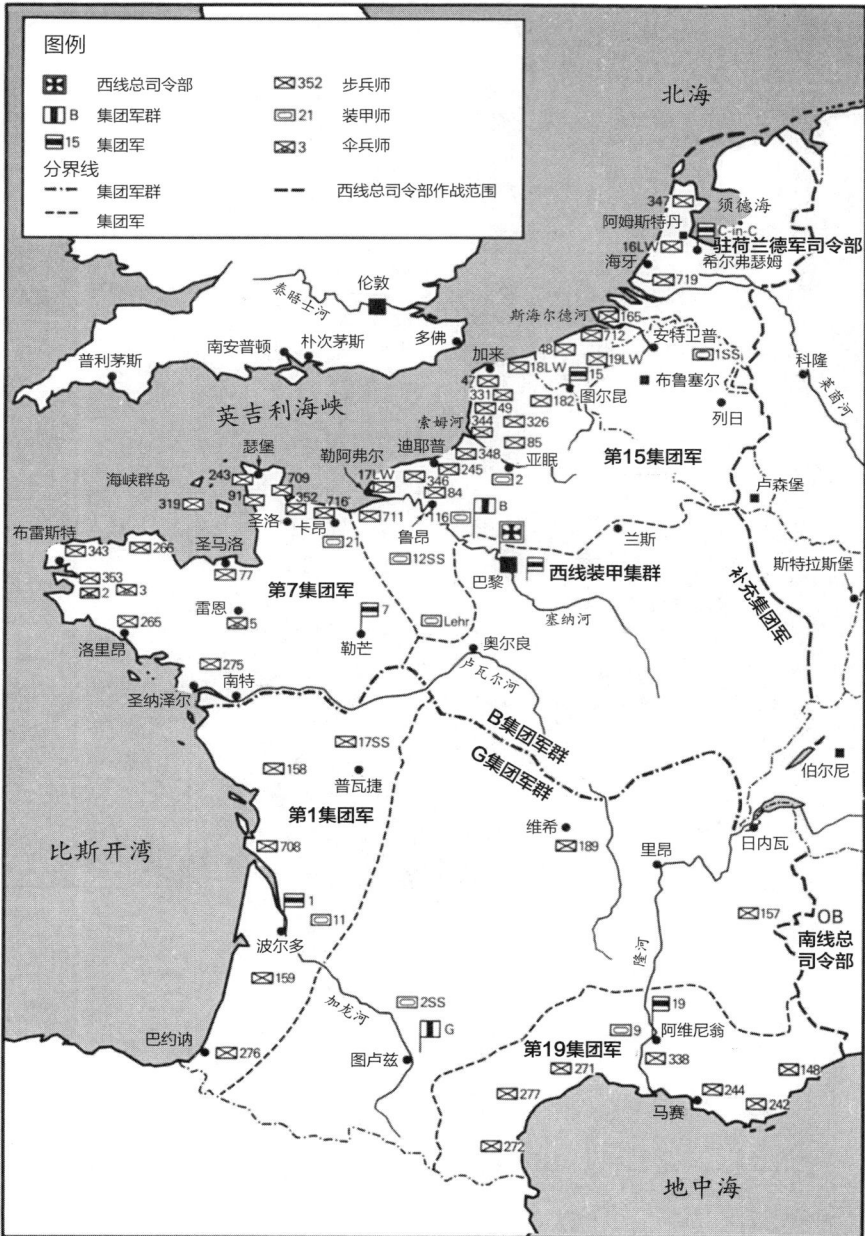

图例

⊞	西线总司令部	⊠ 352	步兵师
▯B	集团军群	▭ 21	装甲师
▯ 15	集团军	⊠ 3	伞兵师

分界线

—·—· 集团军群   — — 西线总司令部作战范围

—— 集团军

北海

北海

伦敦

泰晤士河

普利茅斯

南安普顿

朴次茅斯

多佛

英吉利海峡

347

阿姆斯特丹   须德海

16LW   C-in-C

海牙   希尔弗瑟姆   驻荷兰德军司令部

719

斯海尔德河   165

加来   48   712   安特卫普   1SS

47   18LW   19LW   科隆

331   182   图尔昆   莱茵河

索姆河   49   布鲁塞尔   列日

瑟堡   344   326   85

海峡群岛   243   709   迪耶普   348   亚眠   第15集团军   卢森堡

91   17LW   346   245   2

319   352   716   84   兰斯   斯特拉斯堡

圣洛   711   116   B   补充集团军

布雷斯特   343   266   卡昂   21   鲁昂   12SS   西线装甲集群

圣马洛   77   巴黎

2   353   3   第7集团军   Lehr   奥尔良   塞纳河

雷恩   5   勒芒   7

洛里昂   265   卢瓦尔河

南特   275

圣纳泽尔   17SS   B集团军群   伯尔尼

158   G集团军群

普瓦捷   维希   日内瓦

第1集团军   189   里昂

比斯开湾   708   157   OB

1   南线总司令部

11

波尔多   159

巴约讷   276   2SS   G   19   阿维尼翁

加龙河   图卢兹   9

第19集团军   338   148

271

277   马赛   244   242

272

地中海

1944年6月6日，西线德军作战序列。

1944年6月6日奥马哈海滩。

塞纳湾

犹他海滩

图例

目标线
空投区
伞兵营
伞降炮兵

克里斯贝奎
富卡尔维尔
圣日耳曼德瓦尔勒维尔
圣马丹德瓦尔勒维尔
奥比维拉于贝尔
普珀维尔
勒波尔
卡朗唐
圣玛丽迪蒙
昂戈维尔奥普兰
维耶维尔
阿泽维尔
伯兹维尔奥盖兰
讷维尔奥普兰
耶斯维尔
圣科姆迪蒙
蒙特布尔
马盖维尔
圣梅尔埃格利斯
圣米尔埃格利斯
莱斯福尔热
埃鲁德维尔
勒品
谢夫迪莱
拉菲尔
皮科维尔
奥尔格朗代
梅尔德雷利河
古尔贝尔维尔
科居尼
昂夫勒维尔
蓬拉贝
伯兹维尔拉巴斯蒂尔
博普特

502 Para 377
501 Para
506 Para
505 Para
507 Para
508 Para

82
101

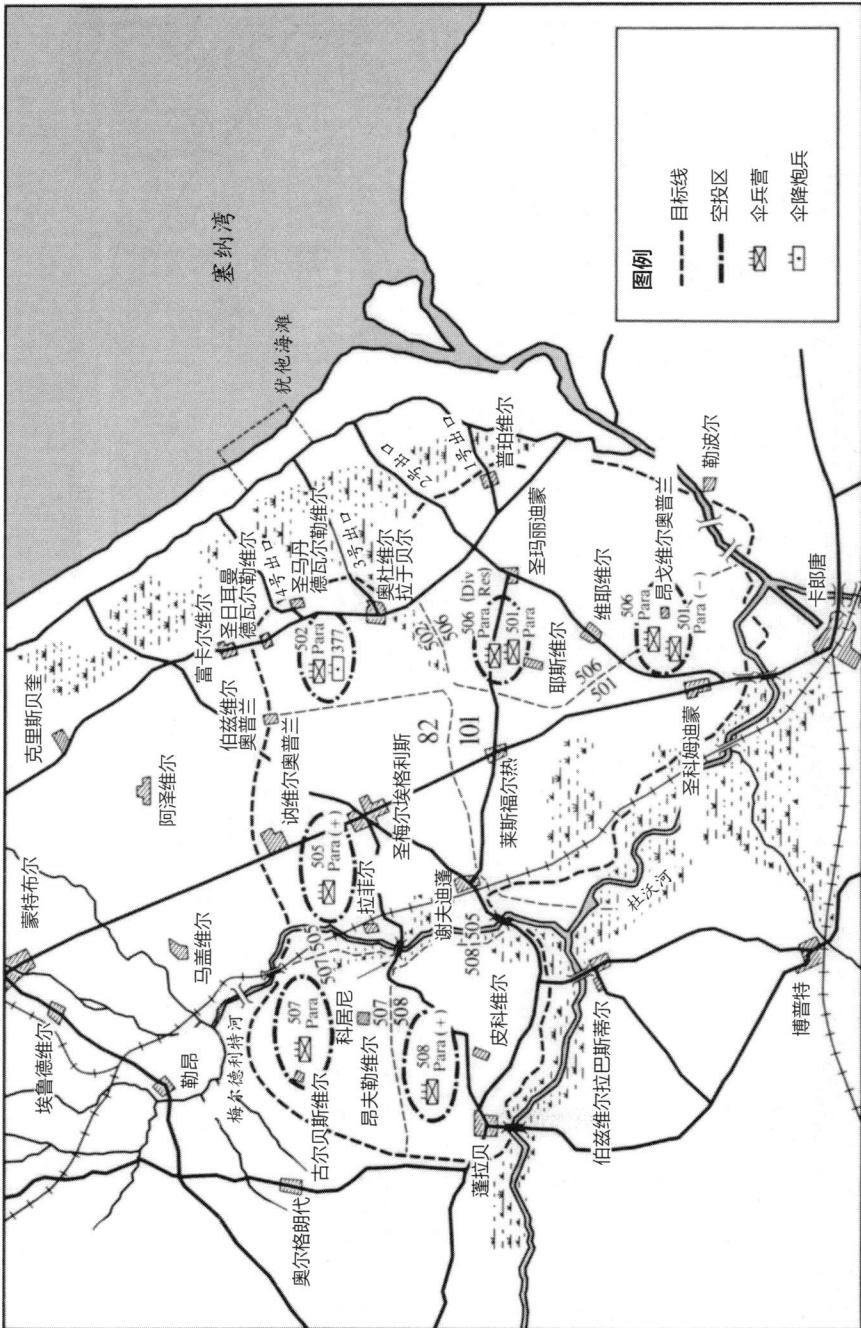

1944年6月6日，美军第82空降师和第101空降师的空投区区。

图例

- D日目标
- 德军防御阵地
- 盟军部队
- 德军部队
- 加拿大第3步兵师部
- 加拿大第3步兵师部
- 6月6—7日午夜的盟军战线

英军第3步兵师

剑滩

乌伊斯特勒昂

第6空降师

朗维尔

梅尔维尔

圣奥宾奈

小屈埃奈

贝努维尔

朱诺海滩

加拿大第3步兵师

加拿大第9步兵旅

加拿大第7步兵旅

加拿大第6装甲团

皇家温尼伯步兵团

加拿大第27装甲团
（预备旅）

里戈纳
步兵团

加拿大第8步兵旅

加拿大第10装甲团

北岸步兵团

加拿大
女王团
步兵团

贝尔
尼埃

金滩

英军第50步兵师

勒阿弗尔

拉里维耶尔

库尔瑟勒

小地狱

吕克

上利翁

朗格吕讷

滨海利翁

塔尔维勒

拉代尔夫朗德

滨海圣奥班

佩里耶

巴斯尼

滨海贝尼

杜夫雷拉代

利夫朗德

昂盖尔尼

阿尼西

第21装甲师

维隆松

比内维尔

沃村

邦维尔

勒雷那

勒河畔科

恩莱河畔隆比耶尔

丰坦昂里

利维

唐河畔科维比

勒夫雷特

恩卡米

莱比伊松

圣孔泰斯

滨海拉克鲁

滨海圣加布里尔

邦特里

皮尔庞特

卡内

卡米利

贝桑地区塞屈维尔

布雷特维尔洛尔盖勒斯

第716步兵师

比龙

沃勒

克勒利

屈利

第716步兵师

贝桑地区皮托

瑟莱河

64

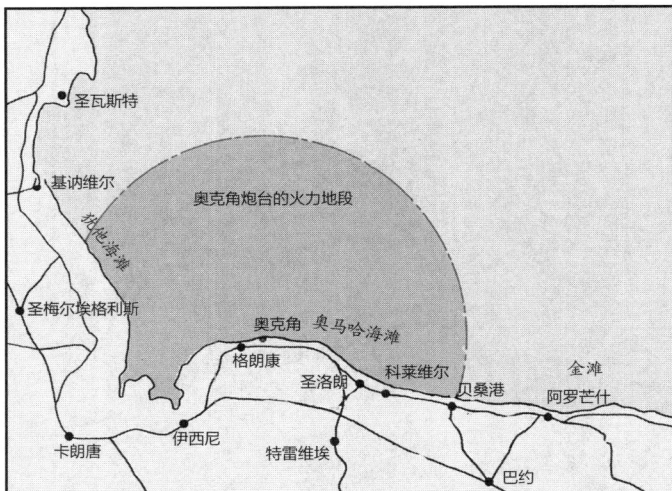

岸防炮兵(如奥克角的德国155毫米炮阵地)需要合适的控制设备才能执行其主要任务——摧毁敌方军舰。岸炮火力总是超过舰炮火力,因为它的发射平台更稳定,射程也超过除最大口径舰炮之外的所有舰炮。

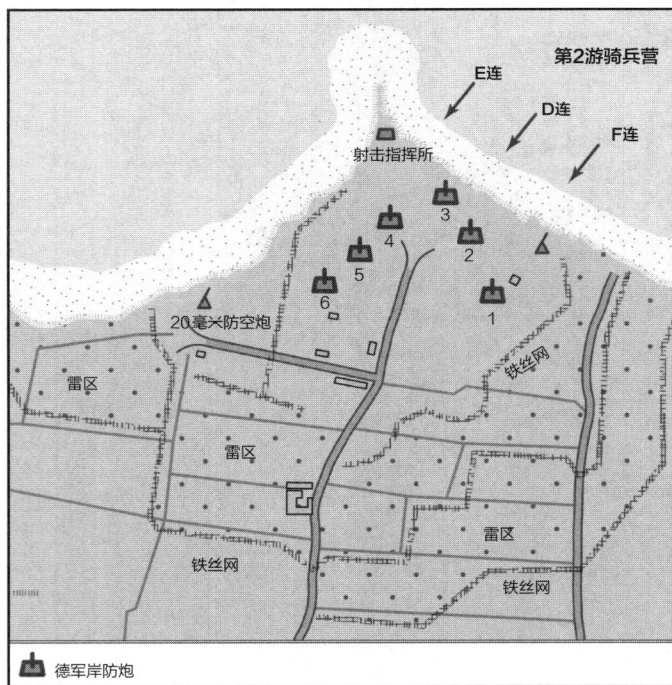

美军第2游骑兵营夺取奥克角的进攻计划。